촌놈들의
제국주의

| 한국경제대안 시리즈 3 |
촌놈들의 제국주의
한·중·일을 위한 평화경제학

2008년 6월 5일 초판 1쇄
2008년 11월 25일 초판 5쇄

지은이 | 우석훈

편 집 | 문해순, 박대우
영 업 | 김우정
관 리 | 이영하

종 이 | 대림지엽
인 쇄 | 미르인쇄
제 본 | 은정제책

펴낸이 | 장의덕
펴낸곳 | 도서출판 개마고원
등 록 | 1989년 9월 4일 제2-877호
주 소 | 서울시 마포구 공덕1동 105-225 2층
전 화 | (02) 326-1012
팩 스 | (02) 326-0232
이메일 | webmaster@kaema.co.kr

ISBN 978-89-5769-081-9 03300
ⓒ우석훈, 2008. Printed in Seoul Korea.

* 책값은 뒤표지에 표기되어 있습니다.
* 파본은 구입하신 서점에서 교환해 드립니다.

www.kaema.co.kr

국립중앙도서관 출판시도서목록(CIP)

촌놈들의 제국주의 : 한·중·일을 위한 평화경제학 / 우석훈 지음. -- 서울 : 개마고원, 2008
 p. ; cm -- (한국경제대안 시리즈 ; 3)

ISBN 978-89-5769-081-9 03300 : ₩12000

한국 경제[韓國經濟]

320.91-KDC4
330.95-DDC21   CIP2008001700

한국경제대안 시리즈 3

촌놈들의 제국주의

한·중·일을 위한 평화경제학

우석훈 지음

개마고원

책머리에

　　　　　　　　　　　　버락 오바마가 미국 대통령 후보 선출 과정에서 처음으로 힐러리 클린턴을 앞서기 시작한 날, 나는 파리에서 서울로 돌아오기 위해 길을 나서고 있었다. 마침 거리 가판대에서는 『르몽드』의 호외가 팔리고 있었다. 남의 나라 대통령 선거, 그것도 본 선거도 아니고 아직도 몇 달이나 남은 후보 경선 과정의 한 지역선거 결과에 이처럼 호외까지 내는 것은 정말 이례적인 일이기도 하고, 매우 신기한 경험이었다. 물론 지금의 미국 대통령 선거는 전 세계가 온 신경을 곤두세워 진지하게 주시하고 있는 중이다. 언어학자 소쉬르의 표현을 빌리자면 미국은 제국 중의 제국이니, 그 제국의 사령탑이 누가 되느냐 하는 게 중요한 일이긴 하다. 그렇다고 이렇게 호외를 발행하면서까지 이 사건의 추이를 지켜봐야 하는 걸까?

　　　　15년 전 아버지 부시를 제치고 클린턴이 대통령이 되던 순간,

나는 역시 파리에서 학생으로 공부하고 있었는데, 그때의 기억을 떠올려봐도 이 정도는 아니었다. 그저 8년 주기로 바뀌던 미국 공화당과 민주당 사이의 정권교체가 4년 정도 일찍 왔다는 것 이상의 의미는 없었다는 것이 내 오래된 기억이다. 그렇다면 1993년부터 길다면 길고 짧다면 짧은 이 15년이란 기간에 어떤 일이 벌어진 것일까? 클린턴이 대통령이 되고 제일 먼저 한 외교적 결정은, 소말리아의 미 해병과 델타포스를 철수시킨 일이었다. 만약 오바마가 대통령이 되면 미국은 이라크에서 전격적으로 철수하게 될 것인가? 그럴지도 모른다. 그러나 경선 과정 중의 일개 지역 선거 결과에 『르몽드』가 이토록 호들갑을 떨면서 호외까지 발행할 이유는 없지 않은가?

정확히 얘기하면 클린턴 2기, 깅그리치가 지휘하는 공화당의 강경파들(네오콘)이 미국 의회를 접수한 시기로부터 지금까지 세계를 지배하던 큰 흐름은, 군사적으로는 팽창적 군사패권주의, 경제적으로는 신자유주의, 그리고 무역에서는 강성 보호무역주의였다. 그리고 그렇게 생겨난 결과가 '강한 달러'의 시대였다. 혹자는 이것을 뭉뚱그려 '세계화' 혹은 '신자유주의적 질서로의 통합' 혹은 '워싱턴 컨센서스의 강화'라는 여러 가지 이름으로 표현하기도 한다. 이를 쉽게 말하면, 지난 11년간 세상은 네오콘이 지배하고 있었다는 얘기다.

영원한 것은 없다고 했던가? 이렇게 끝날 것 같지 않던 네오콘의 시대가 쇠락의 길에 접어든 것은, 2007년 미국 의회에서 민주당이 다시 다수파가 된 순간부터다. 도저히 그런 용어를 사용할 것 같지 않던 미국 무역대표부에 '공정무역Fair Trade의 정신'과 '호혜성'이라는 단어가 등장한 것이다. 경제학자로서, 나는 그 순간에 내 눈을 의심하지 않을 수 없었다. 살아서 이런 무역 문서를 보게 되다니…….

멈추지 않는 영광의 상징과도 같았던 '강한 달러'의 시대가 어느덧 끝나고, 공정무역과 평화를 앞에 내세운 버락 오바마의 선전이 이어지고, 미국의 국제적 위상과 세계 무역체제에 새로운 변화가 현재진행형으로 오는 중이다. 공화당 후보 매케인도 네오콘과는 전혀 다른 종류의 정치인이다. 결국 누가 미국의 대통령이 되든, 현재의 질서는 구질서가 되고 세계체제는 변화하게 된다. 5년 전, 노무현이 대통령이 되던 시기의 국제경제에 대한 여러 예측 및 분석과 비교하면, 이런 시기가 오게 될 것이라고 상상한 사람은 아마 없었을 것이다.

이제 무역도 변하고, 경제도 변하고, 정치도 변하게 될 것이다. 미국의 변화가 새로운 형태의 '강한 달러'를 만들어낼까? 그것은 모르겠지만, 국제 역학관계는 많이 변할 것이고, 무엇보다도 전성기를 달리던 신자유주의가 한풀 꺾일 것은 확실해 보인다. 3년 전, 신자유주의에 대한 대안은 있을 수 없고, 세계화에 적응하는 것 외에 다른 길은 없을 것이라고 많은 사람들이 외쳤는데, 그 신자유주의도 이제 클라이맥스를 지나서 쇠락기에 접어든 셈이다. 세상 오래 살고 볼 일이다.

그렇다면 과연 한국 자본주의는 어떻게 될 것인가? 미국에서 시작된 이런 변화가 한국에 약간의 변화라도 불러오게 될 것인가? 연구자로서 이런 질문을 하지 않을 수 없다. 그러나 불행히도 이런 변화가 한국에 별 파장을 미치지는 않을 것 같다. 이명박이 어떤 사람인가? 그가 대화와 타협을 하는 스타일이던가? 더욱 굴절되고 강화된 스타일로, 한국은 북한과도 충돌하고 일본·중국과도 틈틈이 충돌하며, 왜곡된 경제의 길을 걸어갈 가능성이 높아 보인다.

이미 전 세계의 시장과 자원을 무한정 빨아들이고 있는 중국은 베이징 올림픽을 거치면서 더욱 강력한 패권적 민족주의로 중국이란 '제국'의 재탄생을 도모해갈 것으로 보인다. 여기엔 순탄치 않은 한중 관계의 출발점이 될 위험이 여럿 도사리고 있다. 성화 봉송 중에 서울에서 벌어졌던 중국인들의 폭력시위를 보면서 여러분은 무슨 생각을 하셨는지 모르지만, 이는 앞으로 계속 반복되면서 커져 나갈 이런저런 충돌의 서곡에 불과하다. 그런데도 한국은 중국의 내수시장 진출에만 관심이 있을 뿐, 정작 제국의 외형을 갖추어가는 이 특수한 나라와 어떻게 평화를 만들어갈 것인지 생각하지 않는 것 같다.

한편 일본 역시 지금까지의 '평화국가'에서 더욱 강한 군사력을 용인하는 '보통국가'로의 전환을 꾀하고 있다. 이렇게 제국으로서의 예전 위용을 되찾으려는 일본과 한국은 앞으로 평화로운 관계를 만들어갈 수 있을까? 독도 문제 하나만으로도 한일 관계는 언제든지 대결구도로 치달을 가능성이 농후한 상황이다. 그러함에도 지금은 한국조차 '제국의 길'이란 호랑이 등에 스스로 올라타 있는 형국이다. 그러한 징후들은 이미 차고 넘친다. 하지만 바로 그렇기 때문에, 지금이야말로 각기 팽창일로에 들어선 동북아 3국이 평화경제학에 대해 진지하게 생각해야 할 때 아니겠는가.

이런 흐름 속에서 일관된 몇 가지 힘을 찾아볼 수 있을 텐데, '한국경제대안 시리즈'라는 이름으로 집필되고 있는 이 시리즈는 제한된 데이터 속에서나마 한국 경제의 미래를 불안하게 만드는 요소들을 겉으로 드러내고, 이에 대한 대안들을 찾아 제시해보려는 데 목적을 두고 있다. 그 셋째권인 이 『촌놈들의 제국주의』는 전체 시리즈 가운데 가장 장기적인 예측을 담고 있다. 나머지 책들이 한국 안의 문제를 주로 분석하는 데 비해, 전통적인 국제경제학과 발전경제학 그 중간에 해당하는 내용을 다루고 있는 셈이다.

평화라는 데에 시선을 맞추어 이 책을 읽으면 일종의 평화경제학에 대한 입문서가 될 것이고, 한·중·일의 경제통합에 시선을 맞추면 역내 경제통합에 대한 1차적 정책제안서가 될 것이다. 그리고 국내 문제에 시선을 맞추면 한국 경제의 산업적 구조조정에 대한 지침서가 될 수 있고, 북한 문제에 눈을 맞춰보면 남북경협과 통일 과정에 대한 또 다른 철학적 해석에 관한 책이 될 것이다. 어느 편으로 읽든지, 생소하고 익숙하지 않은 주제들에 대한 사색의 기회를 독자 여러분들에게 제공할 수 있을 것이다. 혹은 그렇기를 바란다.

이 책을 집필하면서 가능한 한 '지금의 십대'들이 독자가 될 수 있도록 노력했는데, 이는 한국 경제의 장기적 평화를 위해서는 이들의 선택이 핵심적이기 때문이다. 그러나 불행히도, 쉬운 내용은 아니다. 그래서 경제적 분석에 익숙하지 않은 십대들에게는 이 책이 꽤 큰 도전일 수밖에 없을 것이다. 그래도 십대들이 참고 읽어주기를 바라는 것이, 저자로서의 솔직한 소망이다.

좋든 싫든 한국은 2~3년간 격동의 시간을 보내게 될 것이고, 그 동안에 많은 사람들이 어쩔 수 없이 근본적 질문과 마주하게 될 것이다. 그 질문 속에 '평화'라는 주제어가 포함될 수 있기를 바라는 것이 연구자로서 나의 희망이다. 또한 십대들이 일상적으로 자기들끼리 하는 얘기에 '평화'라는 단어가 포함될 수만 있다면 학자로서 그 이상 바랄 게 없을 영광이요 보람이겠다.

나에게 누군가 학자로서의 희망 단 하나를 말하라 한다면, '전쟁 없는 상태'라고 답하고 싶다. 이 책은, 지난 5년 동안 내가 끊임없이 자신에게 물어보곤 하던 이 질문에 대한 내 나름의 대답인 셈이다. 한국 국민으로서 내가 바라는 것은 '큰 변화' 혹은 '엄청난 변화'가 아니라 작지만 의미 있는 '근본적 변화'이다. 경제학자로서 내가 소망하는 것은, 평화가 밥 먹여주는 시대이다. 전쟁이 밥 먹여주던 슬픈 20세기를 넘어서 말이다. 이 문제를 풀면, 한국 자본주의의 몇 가지 근본적인 문제가 같이 풀릴 수 있다는 것이 나의 잠정적 결론이다. 이 생각을 독자 여러분과 공유하고 싶다.

이 책이 세상에 등장할 수 있게 된 결정적 계기는 앞서 나온 책들의 공저자였던 박권일 씨 덕분에 주어졌다. 처음에 이 책은 박권일 씨가 김대중 대통령의 '햇볕정책'으로 잘 알려진 이른바 'DJ 독트린'의 대안을 찾아보자고 제안한 데서 시작되었고, 중간에 'DJ 독트린을 넘어서' '세계화 5거리' '절대평화를 위하여' 등 다양한 제목으로 디자인되었다가 결국 지금의 '촌놈들의 제국주의'라는 이름을 가지게 되었다. 그런데 이 책부터는 박권일 씨의 개인사정으로 같이 작업하지 못하게 되어 아쉬움이 크다. 월간 『말』지의 기자와 칼럼니스트 사이로 만난 터였지만, 그는 졸저 『한미 FTA, 폭주를 멈춰라』에서부터 에디터 역할을 맡은 후 약 3년간 작가와 에디터로 함께 꽤 많은 작업을 했었다. 그리고 이 시리즈에서도 그는 단순한 에디터가 아니라 내가 믿고 의지할 수 있는 거의 유일한 동료로 시시콜콜한 얘기까지 같이 나누며 버팀목이 되어주었다. 개인적인 문제로 그가 같이하지 못한 것이 많이 아쉽다.

부디 여러분들의 삶에도 명랑과 평화가 함께하기를…….

2008년 초여름

우석훈

차례

책머리에 • 05
여는글 전쟁 없는 한·중·일을 위하여 • 15

1장 세계화 시대, 촌놈들의 제국주의
식민지 없는 제국주의의 울분

- 제국과 식민지 국가, 그 소소한 차이에 대하여 47
- '마음속 전선' 세 가지 58
- 제국주의로의 전환, 그 역사적 출발점 64
- 수출형 개발도상국에서 제국주의적 패권주의로 73
- 잠깐 쉬어가는 '리카도 이야기' 77
- 한국 제국주의의 첫 출발, '다이나믹 코리아'와 '동북아 중심국가' 82
- 노무현 시대에 나타난 사회문화적 변화들 88
- 한미FTA와 노무현의 '경제영토' 95
- 극우사회의 출현과 파시즘으로의 전환 과정 101

2장 북으로 향하는 한국 자본주의
내부식민지 전략의 강화와 건설자본형 제국주의

- '오만과 편견'의 시대 113
- 'DJ 독트린' 118
- 통일 근본주의와 이윤 중심주의의 결합: 민족패권주의 125
- 두 가지 시나리오: 스위스형과 베트남형 134
- 서울 중심주의의 확대: 2등국민과 3등국민 모델 144
- 미래를 위해 최소한 짚어봐야 할 것들 153

3장 한·중·일을 기다리는 위기들
극우파 블록의 확대와 생태적 위기

- 증오의 탄생 167
- 군인들의 '적대적 동업관계' 174
- 증오의 확대 재생산과 극우 블록의 다이내믹스 178
- 이중국가로의 전환: 마름모꼴 경제에서 8자형 경제로 186
- 생태적 전환의 지체, 그리고 운명의 순간 197
- 산업구조의 문제: 군산복합체와 제국주의적 산업구조 206
- 자본주의의 단파동과 장파동, 그리고 공황의 사회적 역할 216

4장 평화라는 이름의 공공재
대안은 있는가?

- 평화라는 궁극의 공공재 227
- 평화경제 유지의 현실적 조건 234
- 한·중·일의 경제통합 238
- 한·중·일의 평화 인프라: 에라스무스 프로그램을 보라 244
- 파시즘 시대의 도래와 미래 세대의 문제 250
- 평화의 파토스: 쇼비니즘을 넘어서는 길 256

닫는글 교육 파시즘의 시대, 학교 파시즘에 부쳐 • 263

여는글
전쟁 없는
한·중·일을 위하여

'지도 확인'을 겸한 커피 한 잔의 휴식

혹시 커피를 즐기시는 분이라면, 지금은 커피 한 잔을 앞에 놓고 있어도 좋을 것이고, 녹차나 생강차, 아니면 맹물 한 잔을 앞에 놓아도 좋을 것이다. 지금 시작하는 얘기는 전혀 심각하게 들을 필요가 없는 것이기 때문이다.

'한국경제대안 시리즈'의 첫째권에 해당하는 『88만원 세대』가 처음 꼴을 갖춰가기 시작한 지 어느새 1년이 넘었다. 최초 시작했을 때와 비교해서 약간 차이가 생기기는 했다. 애초 앞의 세 권까지는 병렬형 구조로 생각하고 시작했는데, 첫째권이 정리되어갈 무렵 전체적으로 기승전결의 구조가 되는 약간의 변화가 생긴 것이다. 여러분들이 지금 집어 든 이 책은 시리즈에서 셋째권에 해당하고, 이야기의 구조상 전轉, 즉 '전환'에 해당한다. 실제로도 앞서 두 권이 한국이라는 공간을 중심으로 벌어지는 일들에 해당한다면, 이 셋째권부터는 무대가 한국·중국·일본으로 넓어지고, 경우에 따라서는 중동지역과 중남미 혹은 아프리카와 같이 더 넓은 공간으로까지 확대된다. 물론 그렇게 드넓은 공간에서 정의와 진리의 깃발 아래 언제나 승리하는 사람들의 멋진 이야기가 펼쳐지면 좋겠지만, 불행히도 이 책은 그런 찬란한 승리와 영광에 관한 이야기는 아닐 것 같다.

여러분 중의 일부는 이미 첫째권을 읽었을 것이고, 그중의 또 일부는 둘째권을 읽기도 했을 것이다. 그리고 또 그 두 권과는 전혀 상관없이 이 책을 펼쳐 든 분도 있을 것이다. 물론 전체적으로는 연결되는 이야기지만, 개별적으로 각권을 보시더라도 내용 전개상 큰 무리는 없으니, 앞서 나온 두 권을 읽고 나서야 이 책을 볼 수 있을 것이라고 걱정할 필요는 없다. 우연히 집어 들었든, 혹은 이 시리즈를 따라오면서 집어 들었든, 책을 읽고 즐기는 데 크게 불편함이 없도록 이야기가 진행될 것이다.

원래는 이 시리즈를 조금 더 명랑하고 흥겹고, 문학과 음악의 흥취도 깃든 그런 책으로 만들고 싶었는데, 나의 재능 부족으로 상당히 공포스러운 얘기가 돼버렸다. 그래서 첫째권이 출간된 이후 《딴지일보》라는, 내가 존경하는 한 인터넷 신문이 나의 이 작업에 '본격 호러경제학'이라는 새로운 장르 이름을 부여하기도 했다. 영광스러운 일이기는 하지만, 명랑한 일은 아니다. 나의 전작들이 미세먼지, 식품안전, 그리고 국제통상의 부정적인 측면들을 주로 다루고 있어서 '공포특집'이라는 별명으로 불리고 있다는 얘기를 듣기는 했지만, 기왕의 그런 별명에다 '본격 호러'라는 말까지 따라붙으니 시리즈의 저자로서 민망할 따름이다.

어쨌든 이 한국경제대안 시리즈는 전체적으로 미국 작가 레모니 스니켓Lemony Snicket의 소설 '불행 시리즈A Series of Unfortunate Events'(국내 번역서 제목은 '위험한 대결')와 유사한 내적 구조를 가지게 되었다. 해리포터 시리즈를 제외하면 최근 전 세계 어린이들이 가장 많이 읽은 책이 이 '불행 시리즈'이며, 또 어린이들이 자기 용돈으로 직접 산 책 중에서는 가장 많이 팔린 책이라고 한다. 어쨌든 영화사 디즈니를 통해서 〈마스크〉의 주인공 짐 캐리의 놀라운 연기로 재현된 '올라프 백작'만큼, 나도 한국 경제의 구석구석에서 매번 너무 뻔한 목소리로 등장해서 올라프 백작식 공포를 한국인들, 특히 '88만원 세대'라고 우리가 불렀던 한국의 이십대들에게 안겨주고 있는 것이 아닌가 하는 미안함이 들기도 한다.

화재로 갑자기 부모를 잃은 보들레어가의 3남매 이야기. 사실 레모니 스니켓의 이 이야기를 관통하는 구조는 단 한 가지인데, 즉 "하나의 불행이 끝나면 더 큰 불행이 온다"는 것이다. 후견인을 자처하지만 실제로는 아이들 부모의 유산을 노리는 악당에 불과한, 그리고 매번 다른 모습으로 등장하는 올라프 백작과, 3남매의 안전을 지키는 데 전혀 도움이 되지 않는 은행가들이 등장하면서, 이 끔찍하면서도 매혹적인 '불행 시리즈'는 기막히게도 21세기를 살아가는 우리들의 현실 이야기가 된다. TV, 광고, 신문 혹은 지하철에 덕지덕지 붙은 광고판에 이르기까지, 21세기에 들어와 마케팅이라는 장치를 통해서

★ 레모니 스니켓의 '불행 시리즈'는 영화로도 만들어졌는데 우리나라에는 〈위험한 대결〉이란 제목으로 상영된 바 있다.

'공공선'의 이미지를 획득한 자본은 올라프 백작처럼 매번 그 모습을 바꿔가면서 새로운 불행을 만들어낸다. 그리고 3남매가 상속받은 재산을 지켜주는 은행가는 바로 정부政府라고 할 수 있는데, 불운하게도 '불행 시리즈'의 무능한 은행가처럼, 정부는 누구나 한눈에 알아볼 수 있는 변장을 한 올라프 백작을 전혀 알아보지 못하는 기막힌 능청스러움을 가지고 있다. 어른들은 쉽게 속일 수 있어도, 아직 악마와 한 번도 거래를 한 적이 없는 어린이들을 속이기는 어려울지도 모른다.

  나의 한국경제대안 시리즈가 레모니 스니켓의 '불행 시리즈'와 모티브를 공유하는 것은, 결국 "우리 모두 불행해진다"라는 상황 인식 위에 서 있기 때문이다. 첫째권 『88만원 세대』는 한국의 이십대 90~95% 정도에 해당하는 젊은이들이 어떻게 해서 불행해지는가, 바로 그 불행의 구조를 파헤쳐본 것이다. 둘째권은, 대기업에 대한 조직론 분석을 통해 이십대 가운데 대기업 입사에 성공한 5%의 승자들이 어떻게 21세기 한국 기업들의 '조직의 덫'에 빠져서 질식하게 되는지에 관한 이야기를 다루었다.

그렇다면 여기에서 한국 경제의 불행은 끝이 날까? 과연 지금 한국 경제의 승자라고 할 수 있는 기성세대와 부자들은 영원히 행복할까? 이들이 만나게 될 더 큰 불행과 전체적으로 우리가 피하기 어려운 구조에 대한 얘기들이 바야흐로 이 셋째권에서 펼쳐질 것이다. 그리고 '괴물의 탄생'으로 이름 붙여질 넷째권에서는 어떻게 우리 모두가 불행해지는지를 다루게 될 것이다.

커피 휴식, 계속: 두 여인 이야기

이미 커피 한 잔을 마셔버리신 독자 중에 카페인 중독의 부담이 없으신 분들은 커피 한 잔을 더 드셔도 괜찮을 것이다. 녹차나 다른 차의 경우도 마찬가지이다. 이 「여는글」의 두번째 이야기는 아주 매력적인 여성들에 관한 이야기이다.

내가 대학에 들어갔을 때 경제학과는 정원이 200명이 넘는 큰 학과였는데, 그 가운데 여학생은 14명이었다. 그것도 매년 4명 정도 들어오던 데 비하면 평소보다 3배 이상 많은 것이라고 했다. 원래 경제학이라는 학문을 여성들이 별로 하지 않는가 보다 하고 그때는 무심코 넘겼었는데, 나중에 프랑스로 유학을 갔을 때 이런 편견이 일거에 무너지는 경험을 했다. 당시 파리10대학 경제학과 대학원은 1000

명 가까운 학생이 동시에 입학하는 아주 큰 대학원이었는데, 그 절반 이상이 여학생이었던 것이다. 게다가 내가 있던 국제경제학 분과는 국제기구나 다국적기업 같은 데에 취직이 잘 되는 곳이었는데, 이 분과 학생 80명 중에서 20명 정도만 남학생이었다.

물론 이유가 있기는 했다. 프랑스가 여성해방의 정도에서 다른 나라보다 훨씬 앞서기는 했지만, 아무리 그래도 취직하는 순간에는 여전히 보이지 않는 차별 같은 것들이 존재하기 때문에 특정 학과에 여학생들이 집중되는 경향이 있었던 것이다. 인문사회 계열에서는 경제학과·법학과·정치학과에서 특히 여학생 비율이 높았다. 교수들 가운데 여자 교수 비율이 그리 높지는 않았긴 해도 한국과 비교할 정도는 아니었고, 내 박사논문의 심사위원장도 지금 베르사유대학의 총장이 된, 젊고 유능했던 여성 경제학자였다. 그러나 우리나라와 일본, 미국 같은 곳에서는 여전히 경제학계는 보수적인 입장이 완강해서 그런지, 여성 경제학자들이 크게 두각을 나타내지는 않는 분위기다.

몇 년 전 나의 경제학 공부에 가장 큰 영향을 끼친 세 사람을 꼽아보니 전부 여성들이란 걸 우연히 깨달은 적이 있다. 첫째권인 『88만원 세대』에서는, 직접 인용하지는 않았지만, 경제와 고용 사이의 관계에 대해서 처음으로 진지하게 검토하면서 '황금시대Golden Age'라는 개념을 제시한 조안 로빈슨Joan Robinson 여사에게서 상당히 많은 생각의 틀을 빌려왔었다. 경제학계에서 '천사'라는 별명으로 통하는 조안 로빈슨을 칭송하는 사람들은 여전히 많다. 또 옥스퍼드대학 최초의 여성 경제학 박사, 최초의 과 커플 같은, 그녀를 따라다니는 전설도 많다.

그러나 셋째권인 이 책의 프레임을 제공한 인물은 조안 로빈슨이 아니다. 우리나라에서는 많이 알려지지 않은 로자 룩셈부르크Rosa Luxemburg와, 역시 한국 사람들은 거의 이름을 기억하지 못하는 도넬라 메도우Donella Meadows가 바로 그 주인공들이다. 물론 이 세 사람은 전혀 다른 특징을 가지고 있고, 또 나에게는 전혀 다른 의미로 학문적 스승이 되어준 사람들이기는 한데, 이들이 모두 여성이었다는 것을 나는 한참 뒤에 알게 되었다. 일부러 내가 여성 경제학자만을 골라 그들의 이론에 깊이 감명받을 이유가, 특히 이십대에 그럴 이유가 뭐 있었겠는가.

아주 나중에 그 이유에 대해 생각해보았는데, 이 세 명의 공통된 특징은 한마디로 전쟁에 찬성하지 않은 사람들이라는 것이었다. 특히 로자 룩셈부르크와 도넬라 메도우는 생의 마지막 순간까지 어떻게 하면 인간들이 전쟁을 하지 않을 것인가에 대해 적극적으로 고민했던 사람들이다. 무엇보다도 어떻게 구조적으로 자본주의 내에서 전쟁이 일어나게 되며, 그 전쟁을 막기 위해 우리가 할 수 있는 것은 무엇인가에 대해.

먼저 로자 룩셈부르크에 대해 잠깐 생각해보자. 역사적으로 거의 최초의 여성 경제학자라고 할 수 있는 로자는 고등학교 때 우등생이었다. 그러나 공산당 당원으로 활동한 사실이 알려지면서 1등 졸업 대신에 야밤에 스위스로 도망가야 했고, 나중에 취리히대학에서 경제학 박사가 된다. 유대인이며 독일사민당의 이론가로서 최고의 반열에 올랐던 그녀는, 결국 1차 세계대전이 벌어지는 것에 대해 반대했던 활동으로 미움을 받아 전쟁이 끝나자마자 젊은 장교들에 의해 살해되고는 싸늘한 시신으로 강가에서 발견된다. 경제학자 중에서 그녀보다 더 적극적으로 세계대전에 반대했던 이는 없는 것 같다. 이 책의 제목에 들어가 있는 '제국주의'라는 용어를 본격적으로 분석해서 전 세계에 유행시킨 사람도 바로 로자 룩셈부르크다. 로자가 테러 속에서 죽도록 상황을 조장한 사람은 다름 아닌 같은 당 소속의 이른바 독일 좌파들이었는데, 나중에 이러한 전통 아래서 바로 독일 민족사회주의National Sozialismus, 즉 나치가 등장하게 된다. 어찌 보면, 독일이 벌인 1차 세계대전은 노동자들이 로자의 뜻을 꺾으면서 시작되었고, 그녀의 죽음 뒤에 2차 세계대전이 잉태되기 시작한 것이라고 할 수 있다. 그런 그녀가 평소 가장 사랑한 말은 "만국의 노동자여, 단결하라!"였다고 한다. 그리고 그녀와 뜻을 같이했던 사람들은 바로 '스파르타쿠스단'이었다.

──── 1916년에 독일의 혁명적 사회주의자들이 조직한 정치단체. 세계대전에 반대하여 독일사민당을 탈당한 리프크네히트, 룩셈부르크 등이 중심이 되었고, 마르크스주의 원칙을 고수하며 프롤레타리아 독재를 주장했다. 1919년 1월, 독일공산당을 창설하여 무장봉기를 꾀했으나 실패했다. ────

또 다른 여성인 도넬라 메도우가 했던 경고는 여전히 현재진행형이다. 그녀의 경제학적 메시지는 넷째권에서 자세히 다루기로 하고, 여기에서는 그녀가 얼마나 매력적인 삶을 살았는지에 대해서만 잠깐 살펴보기로 하자. '다나'라는 애칭으로 불린 당대 최고의 여성 엔지니어이며, '제로성장론'을 만들어낸 이 여인의 이름을 잘 모르는 사람이라도 그녀가 서른한 살에 발간한 한 보고서에 대해 모르는 사람은 별로 없을 것이다. 아마 21세기를 사는 사람 가운데 중등교육 이상의 학력자라면 교과서 어디에선가 이 보고서 얘기를 들어보았을 것이다. 도넬라 메도우가 바로 그 첫번째 '로마클럽 보고서'의 저자이다.

　　1960년대 후반, 세상에 대한 고민을 나누는 전직 대통령이나 장관 같은 이들의 모임이 있었다. 그들은 앞으로 인류가 과연 어떻게 될 것인지 알고 싶었다. 그래서 돈을 모아 당시 슈퍼컴퓨터를 가지고 있던 MIT대학의 시스템 공학자들에게 이 질문에 답해주기를 주문했다. 이때 대학 연구팀을 실질적으로 이끌었던 사람이 바로 이십대 후반의 여성 엔지니어였던 도넬라 메도우였고, 그렇게 해서 1972년 세상에 얼굴을 내민 것이 바로 '성장의 한계'라는 제목으로 출간된 '로마클럽 보고서'였다. 세계적으로 명성을 얻게 된 그녀는 나중에 귀농하여 유기농 농사를 지으면서 저술 활동과 연구를 계속하다가 2001년 사망한다. 그녀의 유고작에는 결국 온 인류가 전쟁으로 종말을 맞을 것이라는 연구 데이터가 남아 있지만, 그녀와 오랫동안 함께한 연구진 가운데서 인류가 이 전쟁을 피할 수 있으리라는 희망을 마지막까지 버리지 않은 이는 그녀밖에 없었다고 한다.

　　이렇게 전쟁에 대해서 근본적으로 고민했던 중요한 경제학자들은 왜 모두 여성이었을까? 해답 없는 질문이지만, 로자 룩셈부르크가 했던 다음과 같은 말에 작은 실마리가 있을지도 모른다.

　　"레닌과 그의 부하들은 무기 들고 군대놀이 하고 싶어 혁명을 얘기하는 철부지들이라니까요."

커피 휴식, 마지막: 오페라 이야기

혹시 지금 집에서 조용히 이 책을 보시는 분이라면, 바그너나 베르디 아니면 비제의 오페라를 들을 수 있으면 좋겠다. 바그너의 《탄호이저 서곡》이나 《발퀴레 서곡》, 아니면 베르디의 《아이다》를 틀어도 좋고, 조금 더 서정적인 분위기를 원한다면 비제의 《카르멘》을 틀어놓아도 좋을 것 같다. 이런 오페라들은 독자 여러분들을 잠시, 전쟁의 어두운 기운이 감돌기 시작하지만 아직은 화려한 19세기 후반 유럽의 어느 오페라하우스 같은 곳으로 안내할 것이다.

유명한 오페라에 나오는 아리아나 합창곡 혹은 서곡과 같은 것들은 오페라를 전혀 모르거나 혹은 고전음악에 대해서 아무런 감흥을 느끼지 못하는 사람들도 들어보면 이미 어디에선가 많이 들어서 익숙한 멜로디인 경우가 흔하다. 그렇게 익숙한 오페라 중에는 모차르트처럼 18세기에 주로 활동했던 몇 명의 경우를 제외하면 상당수가 19세기에, 그것도 독일·이탈리아·프랑스에서 만들어진 것들이다.

이런 대표적인 오페라에 나오는 곡들 가운데 소프라노의 고음 선율이 매력적인 《발퀴레 서곡》이란 것이 있다. 영화 《지옥의 묵시록》에서 미국 헬기들이 베트남의 한 마을을 폭격할 때, 헬기에 달린 확성기를 통해 베트남 주민들에게 틀어주었던 바로 그 곡이다. 걸프전을 다룬 2005년 영화 《자헤드-그들만의 전쟁》에서, 훈련 도중에 그 장면을 틀어놓고 팝콘을 먹던 해병대원들이 이 음악에 맞춰 환호하는

★ 영화 〈지옥의 묵시록〉에서 〈발퀴레 서곡〉이 헬기의 스피커를 통해 터져 나오는 가운데 폭격이 이루어지는 장면.

모습이 코믹하게 패러디되기도 했다. 한동안 아케이드 게임 중 전쟁 게임에 배경음악으로 사용되기도 한 이 음악은, 하여간 들으면 누구나 "아, 이거!"라고 할 만한 음악이다.

그런데 이 〈발퀴레 서곡〉은 바그너의 유명한 오페라 《니벨룽겐의 반지》의 일부이다. 19세기 독일에서 활동했던 세계적인 음악가 바그너에게는 히틀러라는 꼬리표가 늘 따라붙는다. 히틀러는 정권을 잡자마자 리스트의 딸이자 바그너의 미망인인 코지마를 극진히 대접하는 것을 시작으로, 《니벨룽겐의 반지》를 유대인 학살의 전주곡으로 틀어댔다. 영화 〈스타워즈〉에서 다스 베이더가 등장할 때 다스 베이더 행진곡이 음산하게 브라스밴드의 합주와 함께 울려 퍼지는 것처럼, 히틀러가 등장하거나 카퍼레이드를 할 때면 어김없이 바그너의 〈탄호이저 서곡〉이 울려 퍼졌다. 그래서 2차 세계대전이 끝나고 세워진 이스라엘에서는 '니벨룽'으로 유대인을 비꼬았던 《니벨룽겐의 반지》는 금지곡이 되었고, 바그너 음악을 지휘했던 주빈 메타 같은 명지휘자들이 곤란한 상황에 처하기도 했다.

그렇다면 이 시기에 오페라 부문에서는 바그너가 유럽 최고였을까? 그렇지는 않다. 이탈리아의 베르디가 당대에는 훨씬 유명했다. 지금 시각으로 본다면, 이탈리아어를 칭송하던 베르디의 독일어 버전이 바그너였다고 보면 크게 무리는 아닐 것이다. 1869년 오랫동안 말도 많고 탈도 많았던 이집트의 수에즈 운하가 개통되었을 때, 베르디는 카이로 오페라 극장에서 《아이다》의 초연을 지휘하고 있었다.(수에즈 운하는 나중에 이집트의 나세르 대통령이 국유화를 선언한 1956년에야 이집트인의 손으로 돌아가게 된다.) 영국과 프랑스의 제국주의적 진출을 찬양하려는 적극적인 의사가 있었든 없었든 간에, 어쨌든 오페라 《아이다》는 그런 맥락에서 찬송받고 정치적으로 활용되었던 게 사실이다.

이렇게 이탈리아에서는 베르디, 그리고 그와 쌍벽을 이루는 푸치니가 활약하고 있고 독일에서는 바그너가 맹위를 떨치고 있을 때, 프랑스 파리에서는 어떤 일이 벌어지고 있었던가? 다른 나라만큼 내세울 만한 오페라 작곡가가 없던 파리의 극장에서는 후한 돈을 내고 불어 가사로 된 오페라를 작곡하도록 작곡가들에게 권유했고, 이탈리아어나 독일어가 아닌 불어로 된 오페라를 프랑스 귀족들은 갈망했다. 이 와중에 드디어 조르주 비제의 《카르멘》이 등장했다. 이 오페라는 군인들이 등장하고 군인의 사랑에 관한 이야기이지만, 제국주의적 위풍당당함과는 거리가 먼 이 카르멘의 '하바네라'에 파리 귀족들은 기립박수를 치게 된다. 내용이야 무슨 상관이 있으랴! 아프리카 마다가스카르 섬에서 아시아의 베트남까지, 프랑스 제국주의가 들어간 곳마다 당당하게 울려 퍼지게 될 불어 소프라노 아리아가 드디어 등장하게 됐는데…….

　　19세기 세상을 지배하는 제국의 심장 런던에서 시와 소설을 중심으로 새로운 문학적 아방가르드가 실험되고 있던 그 무렵, 대영제국에 치여 세계경영의 패권을 넘겨주거나 혹은 기회를 박탈당한 나라들이 이렇게 자민족 언어로 된 위풍당당한 오페라를 앞다투어 만들며 경쟁하고 있었던 것이다. 북구의 오래된 신화에서 심지어는 이집트의 영웅 서사까지 등장시킨 19세기 유럽의 오페라는 그야말로 현대적 스펙터클의 시작이기도 했으며, 요즘 1000억 원 이상을 투입하는 대형 블록버스터 영화와는 비교할 수도 없이 국가의 총력을 기울여 만들던 국책사업 비슷한 것이었다. 물론 이렇게 독일·프랑스·이탈리아가 민족국가의 번영을 기원하며 오페라를 경쟁적으로 만들고 있던 시기, 이들보다 훨씬 뒤처져 있던 러시아와 동구에서는 국민음악파가 등장하여 슬라브풍을 비롯한 다양한 민족 색채를 만들고 있었다. 상업적으로 다른 나라가 거의 범접할 수 없을 만큼 절대적 위치를 차지한 오늘날의 브로드웨이 뮤지컬도 시대의 반영과 대중들에 대한 선동성이라는 면에서는 19세기 중·후반의 독일·이탈리아·프랑스 세 나라가 만들어내던 오페라의 위력에 결코 비할 것이 못 된다. 이게 불과 150년 전의 일이다.

　　그러나 과한 것은 없느니만 못한 법이다. 이런 오페라 붐이 민족팽창주의적 기운을 타고 절정을 향해 달려 나간 지 30년이 안 되어 1차 세계대전이 발발하게 되고, 그 후에 이 세 나라는 전 세계를 휘감은 전쟁의 한가운데에 놓이게 되었다. 1945년이 되어서야 비로소 긴장과 전쟁 국면이 사라지게 되지만, 이미 전쟁은 많은 것을 할퀴고 지나갔다. 그 한가운데서 전쟁터 중의 전쟁터가 되었던 그 세 나라의 고통은 더 말해 무엇하겠는가.

화和라는 글자에 대하여

한국인들은 대개 일본인 하면 '전투적'이거나 '투쟁적'인 이미지를 떠올리는 것 같다. 식민지 시절의 기억 때문인지, 아니면 할리우드에서 전 세계로 뿌려대는 사무라이와 닌자 혹은 야쿠자 같은 정형화된 이미지 때문인지는 명확하지 않다. 그러나 일본에 대해 깊이 고민해보지 않은 대다수 한국인들은 아마도 나처럼 일본은 전쟁을 좋아한다는 이미지를 가지고 있을 것 같다. 당연하게도 일본의 식민지 시절을 겪었던 상식적인 한국인들에게 일본의 이미지는 일본 제국주의, 즉 '일제'이다. 그들은 전쟁을 좋아하고, 또 전쟁으로 성장한 민족이라고 배웠다. 스무 살 초반까지 내가 일본에 대해서 가지고 있던 이런 이미지는 결코 과장된 것도 아니고, 한국인의 평균과 아주 다르지도 않을 것이다.

그런데 내가 진짜 일본 친구를 갖게 된 후, 그들에게 충격적인 얘기 하나를 들은 적이 있다. 박사과정을 거의 끝내가던 시절, 파리에서 있었던 크리스마스 파티였다고 기억되는데, 그날따라 사회학을 하던 영국 친구들이 많았고, 일본 친구들도 적지 않게 왔었다. 그날 각자 자신들이 가장 좋아하는 글자 하나, 그야말로 박사과정의 명예는 물론

이요 자기 민족의 명예까지 걸고--그러나 결국 장난일 뿐인--단어 하나를 적어내기로 했다. 나는 '정情'이라는 글자를 적어 냈다. 한국인은 정이 많고, 정으로 움직인다는 생각을 그때까지는 했던 것 같다. 그날의 분위기를 전달하기 위해서 비밀 하나를 밝히자면, 사회학 박사 3년 차였고 누구나 곧 엘제비어Elzeveir 같은 훌륭한 출판사에서 자신의 책을 출간할 것이라고 믿어 의심치 않았던 영국 친구는 '럭비'라고 적어냈다. 그도 진심이었을 것이다.

그 자리에서 나는 처음으로 일본인이 '화和'라는 글자를 적어낸 것을 보았다. '和—peace'라고 쓰여 있는 걸 보고, 나는 그런 자리니까 그냥 장난으로 해보는 것이라 생각했다. 설마 그렇게 호전적인 일본인들이 가장 좋아하는 단어가 평화를 의미하는 '화'일 리야…….

그러나 그 말이 허구는 아니었다. 나중에 만나본 일본의 많은 외교관들과 학자들, 기자들에게 물어본 결과, 일본인이 가장 사랑하는 단어는 역시 '화'였다. 심지어 일본인들은 자신들과 관련된 모든 곳에 그 글자를 적어놓고 있었다. 이를테면 우리의 '한'복에 해당하는 그들의 의상이 바로 '화'복인 식이다. 이제는 별로 의미가 없을지도 모르지만, 그들의 헌법은 어쨌든 '평화헌법'이라는 이름을 가지고 있다.

아니, 그렇다면 일본인들은 왜 그리 '화'라는 글자를 좋아할까? 내가 세운 가설은 그들에겐 전쟁으로 생긴 상처가 많고, 그래서 절대로 전쟁을 다시 하고 싶지 않아서 그들의 삶에 평화라는 말을 그렇게 가득 새겨놓았다는 것이다. 그런데 일본인들이 말하는 '화'가 과연 전쟁을 막아주고, 사람들에게 평화를 가져다주는 효과가 있을까? 불과

100년 전에 그들은 한국과 중국을 식민지로 만들려고 기를 쓰던 제국주의자들이었고, 그 뒤엔 '제국 중의 제국'이라는 미국의 진주만에 기습 폭격을 가했던 사람들인데 말이다. 한국인들로선 이해하기 어렵겠지만, 그럼에도 불구하고 나는 그것을 일종의 '장치'로 이해한다.

평화를 특별히 더 사랑하는 사람이나 그런 민족이 있을까? 유물론적인 관점에서 본다면, 특별히 더 평화를 사랑하는 인간이 있을 리 없다. 다만 제도적이거나 진화론적인 관점에서 본다면 그런 것들은 안전장치이고, 또한 매우 중요한 장치이다. 억지로라도 '화'가 중요하다고 생각하는 사람들은 어쨌든 확률적으로 전쟁을 벌일 가능성이 조금은 줄어들지 않겠는가.

이렇듯 제도로서의 '화'는 지금 우리에게 무엇보다 절실히 필요하다는 생각을 다시 해보게 된다. 경제학자로서 내가 이해한 바로는, 19세기 중·후반, 독일·프랑스·이탈리아라는 인접한 세 나라가 대결의식을 가졌던 것 이상으로, 동북아라고 불리는 한·중·일을 점점 더 대결과 결투로 몰아가는 위기 요소들은 차고 넘친다. 삼국통일 이후 비교적 안정적으로 현대까지 온 한국에 비하면 중세적 전쟁을 너무 많이 겪은 일본이 가슴속에 새기고 있는 단어 '화', 이 단어의 현대적 의미에 대해서 다시 곰곰이 생각해볼 필요가 있을 것 같다.

촌놈들……

2006년 한국인들이 겪은 아프가니스탄에서의 인질 사건은 상당히 상징적인 사건이다. 한국과 아프가니스탄은 단순히 거리상으로 멀 뿐 아니라, 정치적으로도 경제적으로도 참으로 서로 먼 나라이다. 대부분의 한국인에게 아프가니스탄은 영화 〈람보 3〉에서 람보가 맹활약했던 공간 혹은 9·11테러의 범인들이 출발했던 곳 정도로만 이해되고 있는 장소일 것이다. 한마디로, 물리적으로도 멀고 정서적으로도 먼 곳이다. 그러나 한 순간에, 그렇게 먼 곳이 매일매일 그곳에서 벌어지는 일들을 생중계하듯이 봐야 할 정도가 되었다. 그렇게 이 사건은 사뭇 상식적이지 않은 흐름 위에 있다. 원칙적으로, 이 사건은 세계화라는 관점은 물론이고 경제적인 관점으로도 분석이 불가능한 사건이다. 도대체 한국과는 아무런 상관도 없는 그곳에 왜 한국의 청년들이 선교라는 이름으로 가 있어야 하고, 또 납치도 당하고, 아주 불행히도 일부는 죽어야 했을까?

종교가 아주 위험한 곳에 들어가는 일은 15~16세기, 자본주의가 막 형성되려고 하던 시기에 시작됐으며, 인류의 '파이어니어'라는 유럽의 일부 여행가들과 선교사들은 새로운 대륙을 찾고자 아주 먼 곳으로 여행을 떠났다. 물론 그들의 종교적 편견으로 인해 기독교가 아닌 종교를 가진 많은 지역을 '비非문명'으로 규정하고, 문명 국가라면 결코 행하기 어려운 잔인한 학살을 저지르기도 했다. 그러나 이런 정도의 얘기는 제국주의의 확대라는 용어로 이해가 가능하다. 19세기 후반, 한국에 도착했던 초기 선교사들도 그들 모국의 자본이 가지고 있던 세계 진출 전략과 자신들은 아무런 상관이 없다고 얘기할 수는 없었을 것이다.

그러나 아프가니스탄에 선교를 하러 갔다가 인질이 된 한국의 청년들이 거대한 한국 '제국주의'의 사명을 가지고 비문명 국가에 제국주의의 첨병으로 갔다고 설명하는 것이 현실적이지는 않다. 그렇다면 그들은 왜 아프가니스탄의 그 척박한 산악지대에 서 있어야 했고, 그들 중의 일부는 죽어야 했을까?

아주 전형적인 서양식 도식이라면, 보통은 종교집단이나 문화집단이 자본의 큰 그림 아래서 움직이는 것이 일반적이다. 그러나 목숨까지 걸고, 심지어는 '사망각서'까지 쓰는 청년들이 존재하는 상황에서 과연 한국 자본주의는 아프가니스탄에 어떠한 이해관계를 가지고 있었던 것일까? 중동지역에 대한 이해관계를 끌어대며 억지로 설명할 수는 있겠지만, 이것은 아무래도 무리한 설명이다.

서울에서 통용되는 상식으로 다시 설명해보자.

① 한국의 교회는 서로 경쟁 중이므로 '교회 마케팅'에서 승리하기 위해서는 더 위험한 곳에서의 선교 실적이 필요하다.

② 한국의 대학생은 취직이 아주 어렵기 때문에, 아프가니스탄과 같은 특수한 지역에서 한 봉사활동이 취직에 도움이 된다고 생각한다.

③ 한국의 정부는 전후좌우에 대한 아무런 판단이 없기 때문에 이러한 일련의 흐름을 정책적으로 조율할 능력이 없다.

④ 한국의 자본은, 결국 이런 방식의 진출들이 마치 19세기의 종교 활동이 그랬던 것처럼 나중에는 자신들의 수출 활동에 도움이 될 것이라고 생각하여 그것을 지지한다.

이 정도의 조건이라면 왜 아무런 상관도 없는 아프가니스탄에 한국의 젊은이들이 자신들의 '지불비용'으로 떠났고, 또한 그 규모와 숫자가 통제되기 어려운 정도에 달했는지를 이해할 수 있을 것이다.

그렇다면 우리는 왜 이 대목에서 스스로를 '촌놈'이라고 부를 수밖에 없는가? 아무런 준비도, 아무런 계획도 없이, 17~18세기에 유럽이 했던 제국주의의 길을 조절장치 하나 없이 따라가고 있기 때문이다. 이 슬픈 죽음들은 한국 자본주의 발전 과정의 합리적 전개에 관한 논리로는 잘 설명되지 않는다.

이렇게 생각해보자. 10년 전, 일본인들이 지금의 한국 교회가 하듯이 촌스럽게 굴었다면, 그들은 아마 지금의 한국인들보다 10배 이상 더 많이 납치되고 훨씬 많은 몸값을 치렀을 것이다. 아닌가? 혹은 지금 한국인들이 동남아와 외국에서 하는 방식대로 유럽인들이나 미국인들이 행동했다면 어떻게 되었을까? 어쩌면 100배 이상 많이 납치되고, 더 많은 몸값을 치렀을 것이다.

쉽게 말해 한국인들은 한 번도 안 해보던 일을 처음 하는 중이다. 비슷비슷해 보이는 일본, 중국 혹은 미국, 프랑스, 독일, 아니면 이탈리아, 이런 나라들과 달리 한국은 단 한 번도 제국주의 경영을 경험해본 적이 없다. 안 그런가? 그런 차이가 지금 한국인들이 종교적 이유든 외교적 이유든 외국에서의 이 야릇한 피해—그리고 동남아 지역에서는 가해—의 원인을 만들어내는 게 아닌가? 속으로는 뭔가 제국주의 비슷한 걸 하고 싶은데, 능력이 안 따라주다 보니 그런 사태가 벌어지는 것 아니겠는가 말이다.

전쟁 없는 한·중·일을 위한 희망

할리우드 영화에서는 전쟁을 많이 다룬다. 사람들이 사실적인 전쟁 장면을 원하기에, 점점 더 할리우드의 영화는 진짜보다 더 진짜 같은 영화가 된다. 할리우드 영화에 익숙한 사람들은 이런 전쟁영화가 존재하는 것이 당연하다고 생각할 수 있다. 그러나 유럽에서는 이런 대규모 전쟁영화가 만들어지는 경우가 거의 없다. 그저 할리우드 영화자본의 규모가 유럽에 비해서 크니까 전쟁 블록버스터를 만들 수 있을 것이라고 단순히 생각하기 쉽다. 그렇지만 반드시 그런 것은 아니다. 프로이트식 표현대로라면 두 번에 걸친 거대한 전쟁이 '집단적 초자아'를 형성했고, 그 결과 전쟁을 즐기는 영화 자체를 만들지 않는 식으로 발현되었다고 설명할 수도 있다. 문화든 제도든 끊임없이 전쟁을 피하기 위한 장치를 만들어내는 것이, 유럽이 2차 세계대전 이후에 스스로를 지키기 위해서 한 일 가운데 하나이다.

예를 들어 프랑스 영화와 비교해보면 바로 여기에 차이점이 존재한다. 프랑스 영화 속에서 전략에 대한 질문은 대수롭지 않게 다루어지며 오히려 중산층의 상황과 내면적인 고민을 더욱 깊이 다룬다. 또한 전쟁, 평화, 안전 혹은 군대의 폭력성에 관한 얘기들을 영화의 소재로 다루는 경우도 거의 없다. 프랑스 영화에서 전통적으로 이러한 소재는 오히려 거부의 대상이거나 심지어는 부정의 대상이었다. 물론 수년 전부터 이러한 경향이 조금씩 완화되고 있는 것처럼 보이지만 말이다.(장 미셸 발랑탱, 『할리우드, 펜

타곤, 워싱턴: 세계 전략의 세 가지 주제』에서)

　　20세기에 두 차례의 큰 전쟁을 치른 유럽은 1990년대 이후 유럽경제연합EEC이라는 새로운 형태의 지역경제 장치를 만들어내었는데, 이 과정을 외부에서 보면 단순히 서로 경제적 이해가 맞는 국가들끼리 '공동의 이익'을 추구한 자연스러운 과정으로 보이기 십상이다. 물론 그런 측면이 전혀 없는 것은 아니지만, 실제 유럽경제연합을 만드는 과정에서는 분야별로 손해를 보는 국가들이 많이 있었다. 이 과정에서 사실 가장 많은 양보가 이뤄진 경우는 프랑스와 독일 사이에서였는데, 두 번에 걸친 세계대전에서 가장 심하게 격돌한 마당이 되었던 프랑스와 독일에서 다시는 전쟁을 해서는 안 된다는 인식이 강했기 때문이다. 거기다 '너희 둘이 다시 싸우면 우리 모두 다 피곤해진다'는 식의 압박 분위기를 만들어낸 유럽의 내부 흐름이 가세되어, 적어도 유럽 역내에서는 20세기 전쟁과 같은 대규모 전쟁을 예방해줄 '거대한 제도'가 탄생할 수 있었던 것이다. 뒤집어서 생각하면, 끊임없이 전쟁을 만들어내는 '21세기 제국' 미국이 존재함에도 일부 국지전을 빼고는 냉전이 종료된 이후 지금까지 그럭저럭 세계평화가 유지될 수 있었던 것은 유럽이 일종의 '영구 평화체제' 같은 것을 일구어낸 덕분이라고 할 수 있다.

　　역사가 기계적으로 다시 순환된다고 보지는 않지만, 현재의 한·중·일 세 나라의 형국은 19세기 중반 유럽의 모습, 특히 독일·이탈리아·프랑스가 서로 경쟁하며 자신들의 독자적 '민족국가'를 키워

나가던 시기의 모습과 매우 닮았다. 역사적으로 보면 중국과 일본은 불과 100년 전에 전쟁을 치렀으며, 한국과 중국은 아주 오래된 전쟁의 역사를 가지고 있다. 그렇다고 시장과 경제적 번영으로 서로 얽힌다고 해서, 그것이 기계적으로 이 세 나라 관계에 영원한 평화를 보장해 줄 것인가? 그렇지는 않을 것 같다. 제어되지 않은 팽창, 무한한 외부 자원 및 시장을 요구하는 상황이 지속된다면, 어느 순간 전쟁은 일어나게 되어 있다. 자본주의 이전의 전쟁과 자본주의 시대의 중요한 전쟁 사이엔 약간 차이가 있지만, 어쨌든 자본주의는 어느 정도 규모가 형성되면 자연스럽게 그 안에 전쟁을 부르는 힘들도 커진다는 것을 지난 2세기 동안의 세계사가 보여준다.

그리고 독일 바이마르공화국 시기의 기록적 인플레이션이나, 2차 세계대전이 발발하게 된 계기를 직접적으로 만든 1929년의 대공황에 버금가는 경제의 구조적 위기는 이제 역사 속에서 영원히 사라졌을까? 그렇지는 않다. '신자유주의'라는 이름으로 불리는 지난 20년간의 세계 경제구조는 상당히 불완전한데다 굉장히 많은 불평등을 전 세계적으로 만들어내고 있기에 결코 '지속가능한' 것일 수 없다. 미국과 소련 사이의 경쟁이라는 '냉전체제'는 50년 정도 세계체제로 작동하다가, 1990년대 초반 지금의 신자유주의 방식으로 전환되었다. '세계화' '금융화' 혹은 '신자유주의'처럼 약간씩 의미를 달리하며 다양한 이름으로 불리는 이 세계경제체제는 냉전체제만큼이나 불안정한 시스템인데, 이 장치는 여러 가지 내부 폭발 요소들을 가지고 있다.

현재 전 세계 아동의 50%가 굶주리고 있다. 인류가 문명을 만들어낸 이후로 이렇게 대규모의 인간이 굶주렸던 적은 일찍이 없었다. 몇 차례에 걸친 유럽의 대기근 때에도 이 정도는 아니었다. 기근과 내전으로 지금은 아프리카나 중남미의 가난한 나라들이 고통을 당하고 있지만, 그나마 이 불안한 평화 상태가 앞으로도 수십 년 동안 변치 않고 계속된다는 보장은 없다. 이런 가운데 물론 한국이나 일본, 중국이 역내 전쟁에 대해서 직접적으로 고민해야 할 시기는 아직 아닐지도 모른다. 그러나 지금과 같이 여유 있는 시기에 전쟁을 방지하기 위한 다양한 장치들에 대해서 고민하고 전쟁에 대비하지 않으면, 앞으로 20~30년 후에도 이 지역이 지금과 같이 평화로울 것이라는 보장은 어디에도 없다.

    최근 2~3년 동안 동북아 지역에서 나타난 세 나라의 사회문화적 요소들을 살펴보면, 평화보다는 전쟁에 훨씬 더 가까워져 있다는 것을 금방 알 수 있을 것이다. 만약 누군가가 이 세 나라 사이의 '전쟁 친화도'를 마치 냉전시대에 핵전쟁으로 생겨날 파국을 예고하는 지구 종말시계처럼 계측했다면, 시계의 시침이 전쟁 쪽으로 한 시간 정도는 더 갔을 것이다. 만약 12시에 전쟁이 벌어진다고 치면, 지금 우리는 몇 시쯤에 와 있는 것일까? 1시? 6시? 아니면 10시? 역내에 있는 사람들은 1시나 2시 정도일 것이라고 생각하겠지만, 이 지역 내의 긴장도와 자원 사용양식, 시장의 해외 의존도 등 객관적 요소들을 종합적으로 살펴보면, 이미 10시는 넘은 상태라고 할 수 있을 것이다.

    일본 제국주의가 1945년 패망하면서 만들어진 이 지역의 평화는 1950년 한국전으로 깨어졌고, 그 후 55년째 이 지역에 긴장은 있었지만 아직 평화가 유지되고 있는 상태이다. 앞으로 올 50년도 지난 50년과 같이 한·중·일 세 나라가 여전히 평화 속에서 각자의 번영을 추구할 수 있을까? 이는 지금 이 지역에서 어떤 제도나 장치들을 마련하고, 그것이 경제적으로 혹은 문화적으로 얼마나 잘 정착되게 하느냐에 달려 있다.

유럽의 경우에도 '완전평화'를 위한 오늘날의 시스템을 만들어 내는 데에 20년 정도의 시간이 걸렸다. 한·중·일의 경우도 마찬가지일 것이다. 그러나 지금과 같이 각 나라의 번영만을 위해 최선을 다하고 있을 때, 지금의 평화 속에 또 다른 전쟁의 씨앗이 잉태되어 자라나고 있다는 사실 또한 명확하다. 몇 가지 중요한 위기 요소들이 새롭게 등장하고 있기 때문이다.

우선 규모로는 세계 10위권 이상의 경제 대국이 세 나라나 몰려 있지만, 한·중·일 모두가 미국처럼 완벽하게 자신들의 영토 내에서 전쟁이 벌어지지 않게 할 정도로 스스로를 지켜낼 수 있는 초강국들이 아니란 점을 상기할 필요가 있다. 이미 일본과 중국은 남중국해의 석유수송로를 둘러싸고 언제든지 충돌할 일촉즉발의 위험을 안고 있다. 또한 독도와 관련된 논란이 벌어질 때마다 일전불사一戰不辭를 외치는 한국인들을 생각해보면, 우리는 시한폭탄을 안고 사는 셈이다. 게다가 이런 과격한 민족주의가, 적어도 한국의 경우, 이십대나 십대로 내려간다고 해서 줄어들지는 않는 것 같다. 일본의 경우도 이와 비슷해 보인다. 이러한 최근 변화와 앞으로 발생할 변화들이 서로 상호작용을 일으키면서 급진전된다면, 앞으로 오는 30년 내에 한·중·

★ 평창정 민주주의 성향으로 인해 격발된 이번 폭력 사건 앞으로 닥칠 국가간 충돌의 예고편인지도 모른다.(『문화일보』 2008년 4월 30일자)

일 세 나라가 적어도 역외 지역에서 충돌할 가능성은, 19세기 후반의 유럽 국가들처럼, 상당히 농후하다. 그러한 충돌이 실제 역내 전쟁으로까지 비화될 가능성이 전혀 없다고 할 수 있을까?

"작년 다르고, 올해 다르다"는 표현이 있다. 한·중·일의 한 해 한 해 변화가 바로 그런데, 세 나라가 머나먼 아프리카에서 석유를 확보하기 위한 본격적인 경쟁에 들어갔다는 소문은 이제 더는 비밀이 아니다. 중국이 석유특구를 아프리카에서 확보하는 동안, 한국이나 일본은 두고 보기만 하겠는가?

요즘의 많은 경제학자와 정치인들은, 사회가 존재하는 이유는 '번영'에 있으며 거기에 이르는 가장 확실한 길은 '높은 경제성장률 확보'라고 믿는 것 같다. 그러나 정말로 좋은 경제가 확보해야 할 가장 기본적이며 궁극적인 목표는 바로 '전쟁 없는 경제'가 아닐까? 17~18세기 고전학파 경제학자들은 정치적 갈등과 전쟁을 '시장에서의 경쟁'으로 전환시키는 것이 전쟁을 줄이는 길이라고 생각했다. 그러나 이런 가설은, 역사적으로 입증되지 않았다.

지금 한·중·일 세 나라에 필요한 것은, 다양하고 종합적인 방식으로 '완전평화 시스템'을 만드는 것이다. 세계에서 부자들이 노년에 가장 이민 가고 싶은 나라로 수십 년 전부터 스위스가 꼽힌다. 물론 스위스의 소득세 구조가 부자들에게 좀더 유리해서 그렇다는 분석도 있지만, 오랫동안 스위스를 관찰한 내가 보기에는 영세중립국인 스위스가 최후까지 전쟁이 없을 것 같은 나라로 인식되고 있다는 점도 중요해 보인다. 가난할 때에는 먹고사는 게 큰일이다. 그러나 부유해질수록, 평화라는 특수재에 대한 수요는 높아지게 되어 있다.

짧은 휴식을 마치며

한국경제대안 시리즈의 첫번째 책은 십대와 이십대를 중심으로 서술되었으며, 두번째 책은 주로 대기업에서 경영의 문제를 담당해야 하는 사람들이 기업조직 속에서 풀어야 하는 문제를 중심으로 했기에 내용이 쉽지는 않다. 이 세번째 책은 되도록이면 중3 혹은 고등학생들이 읽을 수 있도록 평이하면서도 지나치게 전문적인 용어들을 사용하지 않도록 배려할 생각이다. 물론 그렇다고 해서 중3 이상의 학력을 가진 사람이면 모두 쉽게 읽을 수 있다는 뜻은 아니다. 도스토

옙스키의 『죄와 벌』이나 『카라마조프의 형제들』, 아니면 막심 고리키의 『어머니』나 카뮈의 『페스트』를 읽었거나 읽고 싶어하는 학생들을 머리에 떠올리면서 그들의 수준에 맞추려고 노력했다는 것을 미리 알려드린다. 그렇더라도 아무려면 경제학 책인데 만화책처럼 술술 읽히기야 하겠는가. 내 딴엔 애를 썼지만 그저 이 정도가 나의 능력인 것을. 부디 많은 십대 독자들이 이 안타까움을 너그럽게 이해해주기를 바라는 수밖에…….

내가, 지금의 중3 혹은 고등학생들이 수학식이 많고 난해해서 이 책을 전혀 읽을 수 없는 상황은 최대한 피하려 노력한 이유는 따로 있다. 사실 한·중·일의 평화가 바로 이들의 손에 달려 있기 때문이다. 10년 혹은 20년이 지나면 이 사람들이 사회 여론을 형성하는 주축이 될 것이며, 사회적 의사 결정에 가장 정열적으로 참여하게 될 것이다. 민주주의란 어쩌면 로마 황제 앞에 서 있는 검투사의 운명을 결정하는 수많은 민중들의 함성과 비슷한 것인지 모른다. 그들이 패배한 검투사를 살려주라고 하면 그는 살 것이요, 죽이라고 하면 죽을 것이다. 형식적 민주화가 강해진 경우도, 히틀러처럼 대중을 '조작의 대상'으로 생각한 파시스트의 경우에도 역시 중요한 사안들은 이러한 대중들의 함성에 의해 결정되었다. 10년 후 혹은 20년 후의 어느 날, 지금의 십대가 "전쟁, 전쟁, 전쟁!"을 외친다면, 결국 우리는 전쟁 속으로 들어가게 될 것이다. 그러나 바로 그날, 더 많은 지금의 십대들이 "평화, 평화, 평화!"를 외친다면, 우리는 하나의 위기를 극복하고 그 다음 단계로 진화할 수 있게 될 것이다.

독자 여러분께 미리 알려드릴 것이 있다. 이 책에서는 '대안'을 '정답'의 형태로 제시할 생각이 전혀 없다는 사실이다. 어떤 인문사회과학이 과연 한국을 위해서 혹은 한·중·일을 위해서 맞춤형 정답을 만들 수 있겠는가? 우리는 더 많은 고민이 필요하고, 더 자주 머리를 맞대며 대안을 찾아가기 위한 노력을 해야 한다. 그러나 이를 위해서는 '질문'이 필요할 것이다. 세상에 공짜는 없고, 더군다나 평화의 대가가 공짜일 가능성은 전무하다. 누군가 '평화로 가는 길'은 없다고 했다. 평화는 그 자체가 길인 셈인데, 우리는 때때로 길 위에서 어디로 가야 하는가를 묻는 바보 같은 일을 하고는 한다. 언제나 미래가 지금보다 나을 것이라고 생각하기는 하지만, 나중에 생각해보면 더 나은 시절을 고민하던 바로 그때가 가장 좋았던 때라는 걸 깨닫게 되는 경우가 종종 있다. '전쟁 없는 한·중·일'의 경우가 그렇다. 적어도 우리는 지난 50년 동안, 전쟁이 없는 상황을 만끽하지 않았는가?

또한 연구보고서나 논문을 쓰는 것과 대중적인 책을 쓰는 것에는 약간 차이가 있었다는 것도 고백해야겠다. 수없이 많은 국민경제 데이터나 특정 산업에 대한 자료들을 보면서 연구자로서 논문을 쓸 때는 그 대상을 사랑하게 되는 일이 그렇게 자주 벌어지지 않는다. 철강, 석유화학, 시멘트, 자동차 산업 등이 내가 현대그룹과 정부에서 일할 때 주로 보고서를 작성하던 분야였는데, 그런 보고서를 쓴다고 해서 특별히 해당 산업에 대해 깊은 애정이 생겨나지는 않는다. '이해'와 '애정'은 조금 다른 종류의 감정인 모양이다. 『88만원 세대』를 집필하면서부터 한국의 이십대에게 전에는 없던 애정을 가지게 된 것이 사실이고 보면 말이다. 안타까움을 뛰어넘는, 묘한 사랑 같은 것이랄까?

　　이번 책을 집필하는 과정에서도, 오랫동안 해당 분야를 연구해 온 전문 연구자와 비교하기는 어렵겠지만, 나름으로는 중국과 일본의 경제 흐름을 개괄적으로라도 이해하기 위해 꽤 많은 자료를 보았다. 한국의 십대에 대해서도 별 특별한 감정이 없었다는 것이 처음 이 작업을 시작할 때의 솔직한 내 심정인데, 이제는 한·일·중국의 십대들의 삶이 조금은 보이는 것 같고, 그 안에서 야릇한 애정이 생겨났다. 안타까운 가운데서도 이 나라에 사는 십대들에 대한 미묘한 사랑의 감정이, 어쩌면 내가 한·중·일의 '완전평화'가 가능할 것이라고 약간은 확신하게 된 '근거 없는 낙관주의'의 근원인지도 모르겠다.

　　세상에 영원한 평화는 존재하지 않는다. 이것은 자본주의가 아니라 '사회주의 할아버지'가 오더라도 마찬가지일 것이다. 그러나 지금의 십대들이 자신의 사회적 삶을 마치고 은퇴하는 순간까지라도 전쟁이 없는 한·중·일을 만들 수 있다면, 우리 세대를 살았던 경제학자로서 나는 너무나 기쁠 것 같다. 그 다음에는? 그것은 또 그 다음 세대의 몫이다. 다음 단계의 도전을 생각해야 할 때, 이미 세상에는 국가의 구분이 사라진 세계정부가 등장할지도 모르고, 아니면 강력한 생태적 재앙을 만나 정부라는 것 자체가 사라질지도 모른다. 하지만 우리 시대의 한·중·일에 던져진 '마지막 싸움'은 바로 우리 세대에 전쟁이 없는 상태를 유지해야 한다는 과제일 것이다.

　　우리는 선거권을 가진 이후로 이미 많은 선거에서 졌고, 또 정치적으로도 많이 실망했으며, 신자유주의라는 세계적 흐름 속에서 늘졌다. 그러나 이 '우리 시대의 이 마지막 싸움'에서만큼은 지고 싶지 않고, 또 져서도 안 될 것 같다. 그 승리의 열쇠는, 지금 한국·중국·일본의 십대들이 쥐고 있다.

1장
세계화 시대, 촌놈들의 제국주의
식민지 없는 제국주의의 울분

★ 이 장에서 우리는 지난 10년 동안 과연 한국에서 어떠한 변화가 생겼고, 누구도 공개적으로 얘기하지는 않았지만, 그동안 이 경제가 얼마나 더 절실하게 식민지를 필요로 하게 되었고, 또 얼마나 이 사회가 간절하게 '경제적 영토'를 원하게 되었는지에 대해서 살펴볼 것이다. 그리고 한국이 공식적으로 '제국'을 선언한 적은 없지만, 이미 한국 경제는 식민지가 있어야만 자원과 고용, 외부 시장을 원활히 해결할 수 있을 정도로 내부 불균형이 커진 상태임을 확인할 것이다. ★

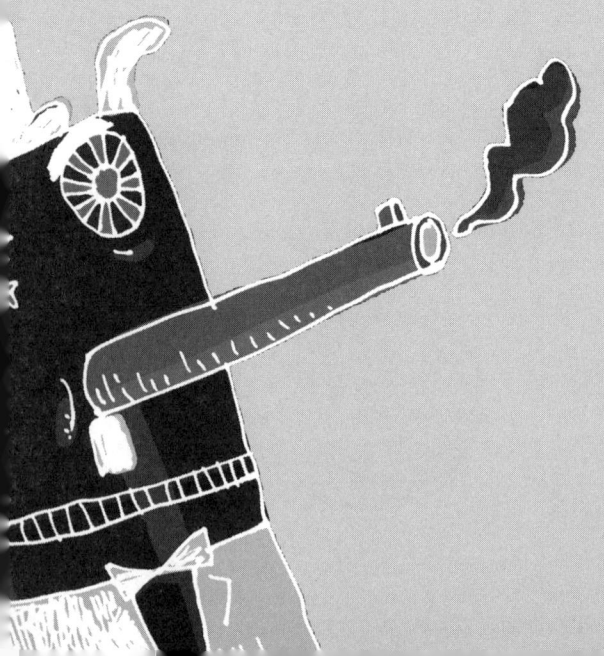

제국과 식민지 국가, 그 소소한 차이에 대하여

한국인들은 노무현 정권 시절에 UN 사무총장이 된 외교관 반기문에게 상당히 자부심을 느끼는 경향이 있다. 어느 정도는 이해할 수 있는 일이다. 한국인이 UN 사무총장이라는 걸 자랑스러워하는 것은, 21세기가 세계화 시대라고는 하지만 여전히 '국가'라는 장치가 강력하게 작동한다는 반증이기도 할 것이다. 그 반기문 총장이 한국에서 작지만 의미 있는 스캔들을 처음 일으킨 것은, 그가 UN 사무총장으로서 사용하게 될 인장에 고구려의 국가 상징이었다고 어떤 한국인들이 굳게 믿고 있는, 다리 세 개 달린 까마귀, 즉 '삼족오' 디자인을 택했을 때이다. 실제 고구려가 삼족오 깃발을 국가 상징으로 사용했는지, 그리고 전투에서 깃발로 사용했는지에 대해서는 아직 역사적 고증이 끝난 일이 아니지만, 현실에서는 그게 중요한 것이 아니었다. 한국의 TV들은 고구려의 시조가 주인공인 〈주몽〉에서 고구려의 마지막 수호신이 주인공인 〈연개소문〉, 고구려의 후속 국가 발해의 창시자를 다룬 〈대조영〉, 한국 역사상 가장 넓은 영토를 정복했던 광개토대왕을 '욘사마' 배용준으로 등장시킨 〈태왕사신기〉에 이르기까지 무려 3년 동안 황금시간대를 고구려 관련 드라마

潘유엔사무총장에 '三足烏 직인' 선물

전각예술가 정병례씨

내년 1월 임기를 시작하는 반기문(潘基文) 차기 유엔사무총장에게 '삼족오(三足烏) 직인'(사진)이 증정됐다. 삼족오는 고구려 벽화에 나오는 세 발 달린 까마귀. 국내 대표적 전각(篆刻) 예술가인 고암(古岩) 정병례(鄭炳例)씨는 "한국이미지커뮤니케이션연구원(CICI)의 의뢰로 삼족오를 새긴 유엔 사무총장 직인을 만들었다"고 12일 밝혔다.

가로·세로 7cm, 높이 18.5cm의 이 육면체 직인은 바닥에 'Ban Ki-moon Secretary-General The United Nations' (유엔 사무총장 반기문)라 새기고 그 위에 태양을, 오른쪽에는 힘찬 날갯짓을 하는 삼족오의 모습을 새겼다. 10년 전부터 계속 삼족오를 재해석한 작품을 선보였던 정씨는 "이번 작품을 위해 구상부터 제작까지 두 달을 매달렸다"고 말했다.

정씨는 "삼족오는 우리 민족의 심볼과도 같은 존재로, 태양을 밀어내고 우주를 향해 날개를 펼치는 모습을 통해 세계의 평화와 안녕을 기원하는 뜻을 담았다"고 말했다. 이 직인은 내년 1월 12일 서울 코엑스 인터컨티넨탈호텔에서 열리는 '제3회 한국 이미지 디딤돌상' 시상식에서 수상자인 반 차기 총장에게 전달될 예정이다.

유석재기자 (블로그karma.chosun.com)

★ '세계의 대통령이라 할 유엔 사무총장의 직인에 굳이 삼족오를 넣어야만 했을까?'(『조선일보』, 2006년 12월 13일자) '한국 민족의'

로 가득 채웠다. 삼족오 깃발을 꽂은 고구려의 군마는 수나라 당나라 같은 중국의 화려했던 군대를 무찔렀고, 한국인들의 마음은 고구려 제국의 노스탤지어에 깊이 빠져 있었다. 게다가 세계정부에 해당하는 UN의 사무총장이 바로 이 삼족오 인장으로 무수히 많은 국제문서에 도장을 찍게 될 것이라니⋯⋯. 국민들의 열광은 어쩌면 당연한 일이었다. 그러나 이 사건은 작은 스캔들에 불과하다.(똑같은 건국 신화지만, 환상과 유머로 가득한 프랑스 영화 〈아스테릭스〉와 비교해보시라.)

이런 흐름 속에서 한국은 세계적 국가이며, 한국 국민은 '사실상' 제국의 국민이라는 것을 국제적으로 공인받는 또 다른 사건이 생겼으니, 이것이 바로 2007년 여름 한국을 강타한 아프가니스탄의 피랍자 사건이다. 마치 18~19세기 유럽 제국주의자들이 기독교를 앞세워 식민지들의 문호를 열었던 것처럼 한국 기독교인들도 이미 수년 전부터 동남아는 물론 중동지역에까지 진출하고 있었다. 이런 상황에서 미국이나 독일 혹은 일본 국민과 마찬가지로 '피랍을 당하는 국민'까지 되었으니, 이 사건에 안타까워하면서도 어떤 사람들은 또 은근히 자부심을 느끼기도 했는지 모른다. 21세기, 마지막 제국이라고 할 수 있는 미국 국민들과 마찬가지로 한국 정부도 한국 국민을 보호해주어야 한다고 요구하는 것은 당연한 일이다.

어쨌거나 지난 5년 동안의 노무현 정부 기간에 상당히 강화되어온 일련의 변화는, 이제 '삼족오 제국주의'라고 불러도 이상하지 않을 정도로 사회경제적인 패턴으로 자리를 잡았다. 그러나 이 기묘한 제국주의 의식意識은, 실제로는 외부식민지를 가지고 있지 않은 공허한 메아리와 같다. 제국주의이고는 싶으나 미국 눈치를 살펴야 하고, 또 아무도 한국 같은 엉성한 나라에게 기꺼이 식민지가 될 턱이 없는 이 기묘한 현상을 우리는 '촌놈들의 제국주의'라고 부를 수 있을 것이다.

냉전이 한창이던 1960~70년대, 학자들은 전 세계를 세 개의 블록으로 이해하곤 했다. 제1세계는 미국 중심의 자본주의 국가들이고, 제2세계는 소련 중심의 사회주의 국가들, 그리고 여기에 해당하지 않는 국가들을 '제3세계'라고 불렀다. 한국이나 멕시코같이 나중에 OECD에 가입한 몇 나라들을 제외하면 대체로 제1세계와 지금의 OECD 국가들은 일치한다. 산업혁명을 중심으로 설명해보자. 산업혁명을 먼저 이루어낸 영국과 프랑스는 당대에 세계를 지배하던 스페인과 네덜란드 같은 나라들과 함께 일찌감치 식민지 쟁탈전에 나섰다. 그리고 독일과 일본은 뒤늦게 산업화에 뛰어들었기 때문에 이들을

'후발산업국가'라고 부르고, 이 후발국가들이 제국주의로 전환하면서 식민지 쟁탈전이 심화되어 두 차례에 걸친 세계대전이 벌어지게 되었다는 것이 아주 표준적인 경제학 교과서의 설명이다.

20년 전 대학생이던 내가 처음 경제학을 배울 때, 독일이나 일본을 후발주자라 부르는 걸 보고서 그렇다면 한국은 어떻게 분류할 것인가에 대해 고민한 적이 있다. 그 당시의 국제정치학적 분류라면 한국은 '제3세계'이고, UN의 개발도상국가와 저개발국가라는 두 가지 분류법에 따르면 엄연한 '개도국'이었다. 그 후 우리가 '한국 경제 영광의 30년'이라고 부르는 시기를 거치면서, 1990년대 중반부터는 국제적으로도 이미 한국을 선진국으로 분류할 것인지, 아니면 개도국으로 분류할 것인지 논란이 일기 시작했다. 이런 일의 가장 대표적인 경우가 1992년에 만들어진 UN 기후변화협약인데, 온실가스 배출 의무가 부과되는 이 협약에서 한국은 일단 개도국으로 분류되었고, 1997년 일본에서 작성된 '교토의정서Kyoto Protocol'에서도 개도국으로서의 지위가 유지되고 있었다. 특히 이 시기에 한국은 OECD 가입절차를 밟고 있었으므로, OECD 국가와 개도국으로서의 지위에 대한 격론이 있었다. 그러나 그로부터 10년 후인 2007년, 발리에서 작성된 '발리 로드맵'에 의해 향후 온실가스 감축 의무를 부과받은 새로운 협

─── '기후변화에 관한 유엔 기본협약'은, 이산화탄소 등 온실가스의 배출을 제한하여 지구온난화를 방지할 목적으로 1992년 5월 정식 체결되었다. 국가별로 유럽연합 등은 8%, 일본 등은 6%라는 식으로 각각 다른 감축 의무를 부과하여 38개국 평균 5.2%를 감축하도록 규정하고 있다. 2008년 현재 한국은 개발도상국 등급이며, 아직까지 강제성은 없으나 올해의 기후변화협약 회의에서 강제성이 부여되는 국가 등급으로 변경될 가능성이 높다. 이 국제협상은 부시의 비준 거부로 표류하고 있으나, 국제적인 고유가와 함께 조만간 태풍의 핵으로 떠오를 전망이다. ───

상에서, 한국이 개도국의 지위를 계속 유지해야 한다고 생각하는 사람은 아무도 없게 되었다.

따져보면, 1990년대 후반에서 21세기 초 사이 어느 시점에서 한국은 이전의 제3세계(요즘 분류방식으로는 '개발도상국developing country')에서 선진국('발전된 국가developed country')으로 질적 변화가 이루어졌다고 할 수 있을 것이다. 물론 선진국과 개도국을 1인당 국민소득만으로 기계적으로 구분하기는 어렵다. 흔히 한국 경제의 규모를 세계 10위권이라 하지만, 1인당 국민소득의 기준을 들이대면 아직도 30위권 안팎에 머무르는 국가이다. 덩치만 보자면 중국은 세계에서 가장 큰 선진국이겠지만, 중국을 선진국으로 분류하는 사람은 아직 없다.

내가 부분적으로 경험해본 프랑스·독일·영국 같은 유럽 국가와 한국 사이에는 미묘한 차이가 존재하는데, 이 차이를 설명하는 것이 쉽지는 않다. '성급한 일반화의 오류'를 피하면서 설명해보도록 하자. 대영제국이었던 영국과 영국 식민지였던 국가들은 '영연방英聯邦'이라는 이름으로, 아직도 완전히 단절되지 않은 묘한 네트워크 관계를 유지하고 있다. 프랑스의 경우도 '프랑코폰francophone'이라는 이름으로 아프리카의 많은 옛 식민지들과 여전히 긴밀한 관계를 맺고 있다. 반면 독일은 제국주의 시대가 너무 짧아서 독일어를 모국어로 이식시킬 정도로 깊은 관계를 맺지는 못했지만, 독일의 많은 지식인들과 정치인들이 프랑스를 모델로 삼아 독일어가 세계적으로 더 널리 사용되도록 해야 한다고 여기는 것은 분명한 것 같다.

어쨌든 프랑스나 영국 같은 나라들은 어떤 식으로든 아직도 소위 '세계경영'이라는 이름으로 식민지 시대의 자산관리 비슷한 것을 하는 것처럼 보인다. 그렇다면 일본은 어떨까? 유럽만큼 체계적이지는 않지만, 분명히 예전 식민지였던 국가들을 바라보는 눈 속에 '애틋한' 무엇인가가 존재하는 것 같기는 하다.

　이렇게 식민지 관리의 경험이 있는 나라에는 경제학 교과서로는 설명하기 어려운 독특한 무엇인가가 있는데, 그 특징을 다소 거칠게 찾아보자면, 전혀 필요하지도 않을 것 같은 학문들을 여전히 중요하게 다룬다는 점이다. 내가 파리에서 대학원에 다닐 때에 아프리카 경제에 대해서 꽤 많은 시간을 할애해 배운 적이 있다. 10년 이상이 흐른 지금, 다시 생각해보면 아직까지도 그 정도로 정밀하고 고급스러운, 아프리카 국가들에 대한 분석을 거의 본 적이 없다. 프랑스에서는 단순히 거시경제 지표 몇 개만이 아니라, 실제로 그 나라가 작동하는 방식이나 사회문화가 형성되는 방식들에 대해서 꽤 자세하게 연구했는데, 이러한 연구가 반드시 '언젠가 다시 저 나라를 침략하겠다'는 우파들의 연구에 그치는 게 아니었다. 자신들이 저질렀던 일들에 대한 보상이 필요하다는 이유로 아프리카 국가들에 대한 경제원조의 필요성이나 그들의 인권을 강조하는 좌파들도 매우 상세하게 연구를 하고 있었다.

　한국의 고급 연구자들은 절반 정도가 미국에서, 그리고 그 나머지가 일본과 유럽에서 공부하는 폭인데, 특히 사회과학 분야에서 이 한국인 연구자들은 아주 고급스럽게 한국에 대해 분석하고 연구한 결과를 그 나라에 연구결과물로 제출하고 학위를 받는다. 이렇게 하면 가만히 앉아 있어도 고급정보가 모여드니, 그런 나라들은 얼마나 세상에 대해서 자세하고도 정확한 이해를 갖게 되겠는가. 실제로 전 세계에 대해 가장 정확한 정보를 가지고 있는 나라가 미국이라는 점을 생각하면, 수많은 고급 두뇌들이 미국 대학에서 얼마나 자세하게 자국에 대해 분석하여 그 정보를 넘겨주는가, 약간 무섭다는 생각이 들 때가 있다.

　　반면, 한국에서는 국제지역학 연구가 아주 미약한데다 대학에서 이루어지는 많은 연구들이 미국에 치중되어 있으며, 경제적 관계가 강화되는 일본과 중국에 대해서는 그저 보조적인 차원에서 연구가 일부 이루어지는 형편이다. 이런 것은 분명 제국주의를 관리해본 국가와 그렇지 않은 국가 사이에서 발생하는 차이일 것이다. 스스로 식민지라고 생각하거나, 아니면 식민지가 되지 않는 것이 중요하다고 생각하는 나라에서, 스스로를 지키는 것과 관련되지 않은―그야말로 '학문적 호기심'이라고밖에 설명되지 않는―전 세계 다른 나라의 소소한 정보들을 모으고 분석하는 것은 별 의미를 가지지 못하는 것 같다. 이렇게 '지역학'이라는 학문은 분명히 제국들의 식민지 관리와 관련된 학문의 특징을 강하게 갖는데, 한국은 OECD 선진국 중에서 다른 나라의 역사나 전통 혹은 경제나 의식구조에 대해서 연구하는 지역학이라는 특수한 연구분야가 거의 존재하지 않는, 드문 국가 중의 하나이다. 한국과 같은 시기에 OECD에 가입한 멕시코와 비교해도 그 차이는 현저해 보인다.

　　이와 함께 한국 사회과학의 특징 중 하나로 '인류학'이 아주 약하다는 점을 들 수 있다. 서울대를 제외하면 이 독특한 학문을 독립된 학과로 가지고 있는 대학이 거의 없다. 인류학은 상대방에 대한 이해와 함께 '자신에 대한 성찰'이라는 두 가지 방향을 모두 가진 독특한 학문으로, 현대 사회과학에서는 '꽃 중의 꽃'이라고 할 수 있다. 한국에 인류학이 독립된 분과로 존재하지 않다시피 하다는 얘기를 해주면, 외국 학자들은 깜짝 놀라곤 한다. 가까운 일본과 비교해보더라도 제국주의 시절에 강화되었던 일본의 엄청난 인류학 전통과 비교하면, 이런 현상은 아무래도 식민지 관리 경험이 없었다는 역사적 사실로 설명될 수 있을 것이다.

약간 과도한 일반화이기는 한데, 수많은 학문이 대학에서 별도의 '분과'로 분류되는 한국에서 '생태학'이 아직 분화되어 있지 않다는 것도 일정 부분 식민지 의식의 연장선상에서 따져볼 수 있다. 식민지 관리를 했던 제국들은 식민지의 자연과 생태 조건에 대해서도 많은 관심을 가졌는데, 이런 전통이 경제적 가치가 거의 없어 보이는 생태와 같은 순수학문에도 꽤 많은 돈을 들여 공들인 지식들을 만들어내게 된다. 다윈이 갈라파고스에 갔다 온 뒤에 『종의 기원』을 쓴 것도 식민지 문제와 아주 무관하지는 않으며, 아프리카나 태평양 지역에 대한 생태 연구 역시 식민지 경영과 관련된 자금에 연루되어 있었다.

이런 몇 가지 기본적인 차이에서 조금 더 근본적인 차이점들을 도출해볼 수 있다. 한국에서는 한국 자체에 대한 학문적 성찰과 분석보다는 모국에 해당하는 미국과의 경제적·정신적 연관관계가 더욱 중요하게 취급되는 경향이 존재하는 것 같다. 그러다 보니, 많은 경우 한국에 대한 지식의 크기가 의외로 좁아지는 부작용이 생겨난다. 한국사를 공부하기 위해서라도 일본으로 유학 가야 한다는 일부 사학자들의 지적은, 비단 한국사에서만 발생하는 일이 아니란 얘기다.

이는 전 세계에서 한국에만 존재하는 영어 붐과도 자연스럽게 연결된다. 실제로 식민지를 관리하여 스스로 제대로 된 제국주의를 행하려는 국가라면 의당 다른 나라의 언어와 그 나라의 여러 지식에 대해 연구를 하도록 하겠지만, 현재 한국의 모습은 그런 모습과는 거리가 멀다. 물론 한국 내에서는 많은 지식인들이 이제 영어는 세계 공용어라고 강조하지만, 영어만으로 생활이 가능하고 불편 없이 '비즈니스'를 할 수 있는 나라는 사실 몇 군데 되지 않는다. 앞으로 10년 혹은 20년이 지나더라도 이런 상황이 근본적으로 바뀌지는 않을 것 같다.

이런 한국 지식인들과 고급 관료들의 의식을 가장 극적으로 보여주는 대목은 파견지 언어에 대한 한국 외교관과 일본 외교관의 접근방식이다. 일본 외교관은 세계 어느 나라에 가든지 그 나라의 언어를 배우려고 하고, 또 그렇게 하지 않으면 외교부 내부에서 제대로 대접받기가 어렵다. 그러나 한국 외교관들이 가장 선호하는 언어는 '영어'이며, 아주 특별히 노력하는 일부를 제외하면 파견국의 언어를 배우려고 노력하는 경우를 보기가 어렵다. 이런 차이점은, 꼭 외교관이 아니더라도 신문사나 방송국에서 현지에 파견하는 기자들이나, 무역회사에서 수입 국가에 주재시키는 무역 실무자의 경우에서도 쉽게 관찰된다. 한국 내에서 특정 국가의 역사나 언어를 이해하려는 노력은 정말로 '학문적 호기심' 이외의 것은 아닌데, 이런 현상이 스스로 '프로페셔널'이라고 부르는 전문직 내에서도 여전히 벌어지는 것은 다른 OECD 국가 내에서는 잘 볼 수 없는 특이한 일이다. 한국에 온 수많은 외교관이나 상사 직원들이 자연스럽게 한국어를 구사하는 것과 비교해보라.

　이렇게 식민지 관리 경험이 있는 사회와 피식민지로 지배받은 경험을 가지고 있는 사회 사이에는, 이후의 발전 양상에도 어느 정도 차이가 생기는 듯하다. 내가 세계 어느 나라에서도 보지 못한 희한한 사건 두 가지에 대해서 얘기하는 것으로 이 '소소한 차이'에 대한 이야기는 마칠까 한다.

　선진국에서는 대개 '국사國史'가 보수적이되 명예로우면서도 어느 정도는 먹고살 만한 연구분야이다. 그러나 '삼족오'를 그렇게 자랑스러워하고 단군신화에 열광하는 한국 사람들임에도, 정작 한국에서 '국사'는 먹고살기에 적합한 학문이 아니게 된 지 오래다.『해방 전후사의 재인식』이라는 책으로 한국 극우파들의 핵심을 형성하게 된 서울대 안병직 교수 연구팀의 젊은 연구진들이 일본 도요타의 지원금을 받는다고 해서 한때 사회적 논란이 된 적이 있다. 나는 안병직 교수의 연구내용에 대해서 전적으로 동의하는 것은 아니지만, 도요타 장학금을 받는다고 해서 비난해서는 안 된다는 입장이었다. 우파이건 좌파이건 한국에서 한국에 대해 연구하는 일은 정말로 배고픈 일이기 때문이다. 지역학으로서의 한국 연구마저 이런 터에 아프리카나 중동 지역 혹은 동남아 같은 곳을 체계적으로 연구하는 분야의 상황이 어떨지는 미루어 짐작할 수 있다. 부끄럽지만, 우리의 현실이 이렇다. 이런 나라가 제국이 될 수 있을까? 정말 난해한 일이다.

또 다른 사건 하나를 얘기해보자. 미국과의 FTA가 추진되면서 나도 졸저를 한 권 출간하는 바람에 그 논쟁의 한가운데에 들어가 국회 FTA특위에 출석해서 증언한 경험이 있다. 그 와중에 미국 경제를 전공한 학자를 정부와 시민단체, 노동단체가 모두 애타게 찾았는데, 미국에 유학한 그 수많은 경제학자들과 입만 열면 "미국에서는……"이라고 했던 사람들 가운데 실제로 미국 경제를 전공한 사람이 없었다는 사실은, 경제학자들 사이에서 오랫동안 회자된 얘기이다. 이 믿을 수 없는 사실이 현실이다. 지역학으로서의 미국학 역시 한국에서는 배고픈 학문으로, 아무도 이를 전공한 사람이 없던 것이다.

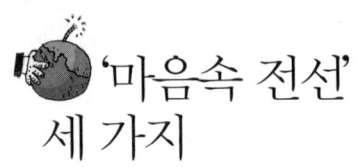
'마음속 전선' 세 가지

　　　　　　많은 한국인들에게 '제국으로서의 한국'이라는 말은 생경하고 낯선 개념일 것이다. 이 책을 준비하면서도 많은 사람들과 만났는데, 앞서의 두 권을 준비하면서는 주로 전문가와 정치인, 관료 들을 만났던 데 비해 이 셋째권의 경우엔 평범한 십대와 이십대가 많았다. 그들에게 '제국'이라는 단어에서 연상되는 이미지에 대해서 물어봤을 때, 대부분의 십대와 이십대는 아무런 의미 있는 이미지를 연상해내지 못했다. 다시 질문을 했을 때는 현 서울대의 전신인 '경성제국대학', 일본 제국주의의 줄임말인 '일제', 그리고 '운동권' 일부가 미국 제국주의의 줄임말인 '미제' 정도를 생각해내었다. 어느 유럽 도시에 가더라도 대부분 있는 '임페리얼 호텔'이나 '엠퍼러'라는 상점 이름과 같이 여전히 제국주의 문화유산이 생활 속에 있는 나라들과 달리, '제국'이라는 단어는 이렇게 한국의 십대와 이십대에게 낯설고 아득한 개념이었다.

　　　　반면 '식민지'라는 단어에 대해서는 많은 십대와 이십대가 맹렬하게 반응했다. 물론 그 반응은 독자 여러분들이 상상할 수 있는 그런 반응과 크게 다르지 않다. '정신대'에 대해서 얘기하는 사람들이 많았고, '치욕'이라는 단어를 많이 사용했고, "강해져야 한다!"는 말도 쏟아져 나왔다. 겉으로만 보면, 한국의 십대와 이십대에게 일제시대의 경험은 치유되지 않은 과거의 강력한 트라우마처럼 보인다. 한편으로는 중국·일본과 평화롭게 공존해야 한다는 생각을 가지고 있으면서도, 다른 한편으로는 '강해지지 않으면 언젠가는 먹힌다'는 생각을 광범위하게 공유하는 것 같아 보였다. 말하자면 한국의 근대는 일본으로부터 왔지만 그것은 '불완전한 근대'요, '상처투성이인 근대화'로 받아들이고 있는 셈이다.

일본 제국주의는 아시아의 여러 식민지 중에서 한국을 "특별히 아낀다"는 점을 강조하기 위해 '내선일체內鮮一體'라는 이름으로 특수한 정책을 쓰기도 했는데, 현대를 사는 한국인 중에서 그걸 고맙다고 마음속 깊이 느낄 사람은 많지 않을 것 같다. 입장을 바꿔서 일본 제국주의의 눈으로 본다면, "너희가 그럴 수 있느냐"라고 할 수도 있을 것이다. 가혹했던 필리핀이나 말레이시아의 경우와 비교하면, 사실 식민지 지배양식이 어떤 식으로든 다르기는 한 것 같다. 그러나 엄연한 식민지 피지배자로서 마음속에 울분이 남는 것은 너무도 당연한 일이다.

이와 관련하여 근자의 두드러진 변화 몇 가지만 살펴보자. 5년 전 한국은 중국에 대해서 일종의 우월감과 함께 묘한 연대감을 가지고 있었던 것 같은데, 이제 많은 한국인들은 심리적으로 적어도 세 개의 전선을 가지고 있는 듯하다. '독도'로 상징되는 일본과의 전선은, 정서적으로는 적어도 몇 번은 전쟁 직전까지 갔다. '고구려 역사'로 상징되는 중국과의 전선은 5년 전에는 존재하지 않던 것인데(중국 쪽의

★ 이남의 좌·우를 막론하고, 한국 사회는 언제든 이웃 나라와 민주주의 정서에 기초한 심리적 전쟁을 치를 만반의 준비를 갖추고 있는 것 같다.(《세계일보》 2005년 3월 16일자)

"日주장은 절반의 선전포고"
소설가 조정래씨 "국민들 위기의식 필요"

일본의 독도 영유권 주장은 침략행위이고 선전포고와 같다는 주장이 제기됐다. 대하소설 '태백산맥' '아리랑'의 작가 조정래(62·사진)씨는 15일 오전 KBS 1라디오 '안녕하십니까 손관수입니다'와 인터뷰에서 "지금 일본이 독도 문제를 들먹이는 것은 절반의 침략행위이고 절반의 선전포고와 같다"며 "우리 영토는 국민의 생명이고 재산이기 때문에 침략행위가 일어난다면 전쟁밖에 없다"고 강도높게 말했다.

조씨는 "그런 위기의식을 갖지 않으면 일본이 끝없이 이 문제를 제기할 것이라는 인식을 갖춰야 한다"고 말했다.

조씨는 그간 정부의 독도 정책에 대해 "지금까지 정부가 일반인 관광도 하지 말라는 식으로 막았는데, 이것은 일본이 우리 땅이라고 주장할 권한이 있음을 암묵적으로 암시한 것이나 마찬가지였다"며 비판했다.

그는 "(정부의) 관광객 허용은 잘한 것이고, 더 나아가서 어업에 종사하겠다는 주민들을 이주시키고 독도 어씨, 독도 김씨가 나오도록 새로운 성씨 등록도 해줘야 한다"고 말했다.

조씨는 "일본이 과거 우리나라를 병탄했을 때 설마 설마 했던 부분이 있었다"면서 "지금 독도 문제를 무시하거나 침묵하는 것은 (일본 입장에) 동조하는 것과 같다"고 경고했다.

그는 "일본이 역사교과서를 자꾸 잘못 만들수록 우리는 역사교육을 강화해야 하는데 역대 장관들은 역사교육을 계속 등한시하고 역사시간을 줄였다"면서 "교과서 왜곡문제에 대해서는 공동의 역사적 피해를 입은 중국과 연대해 동북아시아에서 일본의 입지를 고립시켜 이런 행동을 함부로 못하도록 해야 한다"고 말했다.

향후 한일관계에 대해서는 "우리의 친일세력들이 사라지는 세대라면, 일본의 양심도 사라지는 세대이기 때문에 일본의 양심세력과 우리 양심세력이 우호하고 협력을 강화하면 한일관계가 좋은 쪽으로 흘러갈 것"이라고 낙관했다.

안용성 기자

'동북공정'이라는 국책사업의 효과가 더 커서 그런지, 아니면 한국 내의 중국 수입품과 기업 유치와 같은 내부경제의 효과가 더 커서 그런 것인지 명확하게 판단하기는 쉽지 않지만), 어쨌든 많은 한국인들은 중국과도 냉랭한 '마음속 전선'을 가지고 있는 듯하다. 여기에 북한과의 전통적인 마음속 전선 한 개가 추가된다. 어쩌면 한국인들 마음속에선 이 '세 가지 전선'이 심리적 전쟁을 치르고 있는 중인지도 모른다.

한국의 좌파로 분류할 수 있는 대표적인 지식인을 이런 상황에 놓고 한번 생각해보자. 먼저 전통적으로 한국인들의 마음속 전선은 한국전 이후로, 특히 박정희의 유신경제 이후로 북한과의 전선이 주요 전선이었다는 점을 환기해두자.

'독도'를 상징물로 하는 일본과의 마음속 전쟁에서, 그 최전선에 서 있는 사람으로는, 대하소설『태백산맥』과『아리랑』으로 한국을 대표하는 최고 작가 반열에 오른 소설가 조정래를 들 수 있을 것이다. 일제시대의 경험과 빨치산 등을 소재로 북한과의 화해를 주요 모티브로 삼아왔던 조정래는 일본이라는 '공동의 적'을 내세우면서 북한과의 통일을 주장하는 대표적인 한국의 좌파 작가인데, 그는 독도 사건이 불거지면 일본과의 전쟁도 불사해야 한다며, 공개적으로 반일파의 최전선에 서고는 한다. 특이한 일이지만, 그와 사상적으로 정반대에 서 있다고 할 수 있는, 박정희의 사촌이자 유신체제를 직접 디자인한 군인 출신 정치인 김종필은 한일수교를 하면서 "차라리 독도를 폭파시키자"라고 했던 적이 있다. 김종필은 일반적인 이념과 상관없이, 독도 문제에서는 조정래와 대척점을 이루는 사람인 셈이다.

중국의 동북공정에 의한 고구려 역사 왜곡 문제에서 그 전선의 맨 앞에 서 있는 지식인은 김지하이다. 유신시대 때 가장 핍박을 받았던 대표적 저항시인 김지하는「오적五賊」이라는 시로 한국 현대사에서 절대 사라지지 않을 족적을 남긴 사람이다. 박정희 군사정권 시절의 한국 민중의 저항을 상징하는 사람으로, 서른세 살이던 1974년에 박정희 정권으로부터 사형 구형을 받기도 했다. 이런 김지하가, 최근 한국 문화가 세계의 중심이 될 것이라는 일종의 문화국가론을 강력히 주장하는 중이다. 한편에서 '한류'의 적극적 세계 공략에 이념적 구심점을 제공하는 이도 바로 이「오적」을 쓴 시인이다.

이런 중국과 일본과의 '마음속 전선'이 강화되는 와중에, 전통적으로 가장 강했던 '북한과의 전선'에서 이번에는 거꾸로 그 전선을 없애야 한다고 외쳤던 좌파 지식인 가운데 가장 영향력 있는 사람으로는 『창작과비평』을 수십 년간 이끌어온 문학평론가 백낙청 교수를 꼽을 수 있을 것이다. 지난 5년 동안 그의 활동 역시 눈부셨는데, 닫혀 있던 북한의 문을 열고 실제 남북정상회담을 사회적 의제로 이끌어낸 흐름의 맨 앞에 백낙청이 서 있었다고 해도 과언이 아니다. 지금 와서 냉정하게 평가하자면, 백낙청의 경우는 통일운동의 맨 마지막 단계의 문을 닫는 역할을 하면서, 어쩌면 '북방개척론'으로 대표되는 한국 자본주의의 제국주의화 맨 앞에서 외줄을 타듯이 서 있다고 할 수 있을 것이다.

이 경우, 평화와 전쟁은 그야말로 종이 한 장 차이다. 현재 한국에서는 북한과의 통일 혹은 공존을 얘기하는 것이 전통적인 평화주의와 자본의 팽창을 의미하는 제국주의 사이에서 불안한 전환점이 되고 있다. 쉽게 말해, 좌파 지식인 백낙청의 입에서 나오는 '통일을 위한 노력'이 평화주의라고 한다면, 비록 대선에서 패배했지만 가장 적극적으로 제국주의적 국민경제 전환에 대한 비전을 제시했던 2007년 민주신당의 정동영 대통령 후보가 아마 한국 정치사에서 가장 노골적으로 제국주의적 주장을 한 사람일 것이다.

공간적인 조건으로 이해할 때, 한국은 이렇게 세 가지 '마음속 전선'을 가지고 있는 셈이다. 그러한 마음속 이미지대로라면 전쟁을 치러도 벌써 몇 번은 치렀을 정도로 매우 강렬한 대결의식이지만, 일본은 물론이고 중국, 심지어 북한마저도 한국 입장에서는 쉽게 조절하고 제압할 수 있는 대상이 당연히 아니다. 경제적으로는 물론이고,

군사적으로도 중국과 일본은 한국보다 훨씬 큰 강국이다.

이런 상황을 이해한다면, 왜 지금과 같은 미국과의 관계에 대해서 많은 한국인들이 집착하는지를 알아차리기가 훨씬 쉽다. 동아시아에서 미국이란 존재는 한국이 조금 더 경제발전에 집중할 수 있게 해주는 물리적 조건이기도 한 게 현실이다. 국제정치란 게 '주고받는 관계'라고는 하지만, 이는 다른 개도국이 가질 수 없던 냉전시대의 유산이라는, 약간은 독특한 조건인 것도 사실이다. 그러나 모든 일에는 대가가 있는 법. 미국이 도와준 지금까지의 평화 속에서 한국인은 스스로 평화를 지키는 방법, 더 나아가 적극적으로 평화를 만들어내는 법에 대해서 능동적으로 생각해보지 못했다. 평화와 전쟁 두 가지만을 견준다면, 한국에서는 적어도 중국과 일본에 대해 적극적으로 전쟁을 주장하는 편이 대중적 인기도 훨씬 높고, 비즈니스에서도 강한 '쇼비니즘 마케팅'의 요소가 된다. 북한과의 관계에서 전쟁보다는 평화를 주장하는 영화들이 흥행에서 더 유리하다는 최근의 변화와 비교한다면, 이런 점들은 좀더 명확해진다.

이런 마음속의 '세 가지 전선'이라는 흥행 요소와 함께, 영화나 음악 같은 대중문화가 점차 강화된 민족주의 혹은 아직은 덜 정제된 '쇼비니즘 마케팅'의 형태를 띠게 되는 것은 어쩌면 당연한 일이다. 일본을 이기는 것, 이것이 한국 쇼비니즘 마케팅의 1차 전선이고, 중국을 이기는 것은 이제 어느덧 2차 전선이 되고 있다. 그리고 이러한 마음속 전선은 점점 더 강화되어 지난 5년 사이에 어느덧 하나의 방향을 가지게 되었다.

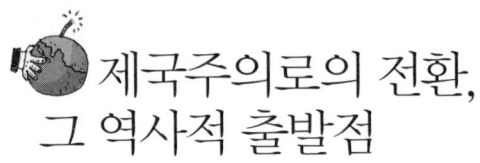
제국주의로의 전환, 그 역사적 출발점

2002년 12월 대통령 선거에서 기적적으로 승리하면서 시작된 노무현 정권 5년간의 역사적 특징과 역할을 전면적으로 평가하기에는 아직 이른 시간이다. 우파 성향의 신문들은 이 정권을 '좌파 정부'라고 부르지만, 그렇게 분류하는 건 국제적인 평균에 비춰볼 때 동의하기가 애매하다. 물론 노무현 대통령 스스로 얘기한, '좌파 신자유주의'라는 기묘한 형용모순은 오히려 슬픈 정신분열증에 가깝지만······.

그러나 한 가지 확실한 것은, IMF 경제위기와 함께 1998년에 등장했던 김대중 정권 기간에 외환을 갚느라고 정신없던 한국이 제국의 속성을 가지게 된다는 것은 상상하기 어려운 일이었는데, 그 뒤 등장한 노무현 정권이 끝나갈 때쯤 한국에 제국주의적인 담론과 문화적 상상이 어느 정도 자리를 잡아가기 시작하는 뚜렷한 변화가 있었다는 점이다. 훗날의 역사가가 '한국 제국주의'에 대해서 분석을 한다면, 그 첫번째 전환점은 분명 노무현 정부의 어느 한 시점으로 잡게 될 가능성이 높다.

과거의 대표적 산업국가들이 제국주의로 전환되던 19세기 중

엽의 변화들은 몇 가지로 유형화할 수 있다. 그 가운데 국내의 여건이 성숙하여 자연스럽게 제국주의로 전환한 영국이나 프랑스 혹은 미국의 경우보다는, 국내의 경제위기를 극복하는 과정에서 파시즘으로 전환하면서 제국주의 체제를 강화한 독일 혹은 이탈리아의 경우가 노무현 정권기의 변화와 더 비슷한 유형이다. 아마 한국이 21세기적 의미에서 제국주의의 길을 가게 된다면, 독일형 혹은 이탈리아형에 가까울 것이다.

지나치게 정치적이거나 이데올로기적인 시각을 버리고, 조금 담담하게 노무현 정권의 특징을 '한국 경제의 제국주의적 전환'이라는 관점으로 들여다보자. 이 독특한 정권은 전통적 의미의 20세기 유럽식 좌파 정부와는 성격이 많이 달라서, 오히려 민족주의 정권에 더 가까웠다고 할 수 있다. 이렇게 된 데에는 식민 지배를 경험한 한국의 특수성도 작용했을 것이다. 일반적으로 극우파나 우파들은 민족국가가 세워지는 과정에서 형성된다는 점에 비춰보면, 한국은 그 점에서 좀 독특한 편이다. '반공＝국시國是'임을 더욱 강화시킨 한국전쟁과 세계냉전의 영향으로 한국의 지배층은 그 출발부터 한국전쟁의 구세주 미국에 압도적으로 경도되었고, 그 바람에 오히려 좌파 내에서 민족주의 성향이 아주 강했던 게 사실이다. 실제로 한국의 좌파 운동은 오랫동안 이런 민족주의자들이 주류를 이룬 채 전개되었다.(김대중 대통령의 경우는 강한 민족주의자라고 보기는 어렵고, 아시아적 가치를 일부 강조하는, 약간 독특한 보편주의자 정도로 볼 수 있을 것이다.) 노무현 정부를 구성한 여러 정치 세력 중에도 민족주의 정서가 강한 사람들이 많았다.

노무현 정권 초기, 이런 약간의 민족주의적 정서를 가진 사람들이 국정을 어떤 방향으로 이끌어갈 것인지 결정되지 않은 시간이 잠시 있었지만, 곧 아주 강한 민족패권주의 방향으로 이들을 끌고 간 사건이 벌어지게 된다. 바로 '이라크 파병'이었다. 이라크전은 부시 행정부의 성격을 규정하는 큰 사건이자 21세기 세계질서와 자원외교의 주요 방향을 결정짓는 결정적 사건이다. 그러나 이와는 직접적인 연관관계가 별로 없다고 할 수 있는 한국, 특히 노무현 정부에 더 결정적인 사건이 되었고, 이후 5년간의 한국 사회 흐름을 규정하는 제일 중요한 '모멘텀'이 되었다.

사실, 미국에 대해 어느 정도의 독립성을 갖겠다는 민족주의 정서가 노무현 정권을 탄생시킨 주요한 사회적 동력이기도 했다. 그래서 그가 대선 캠페인을 진행하는 와중에, 장갑차에 두 여중생을 치어 죽게 한 미군에 항의하여 수십만 명이 참여한 촛불시위도 가능했다. 이때 많은 사람들은 새로 들어설 정부가 '반미'는 아니더라도 미국에 대해서 약간의 자율성은 가질 것이라고 예상했었다.

그렇게 선거와 함께 격동의 겨울을 보내고 새로 돌아온 봄에 느닷없이 이라크전이 발발한 것은 역사적 우연이라고 할 수도 있을 것이다. 어쨌든 그 해 정부는 이라크 파병 방침을 비교적 일찍 정하고 국민여론을 '조작'하기 시작했는데, 이 과정에서 한국은 '자신이 비

―――― 2003년 3월 20일 미군과 영국군이 합동으로 이라크를 침략한 전쟁이다. 그 후 우리나라를 비롯해 이탈리아·스페인·일본·네덜란드·폴란드 등이 참전했다. 같은 해 12월 13일 이라크 사담 후세인 대통령의 체포로 종전이 선언되었지만, 미군 통치 아래 크고 작은 게릴라전과 테러가 끊이지 않고 있다. 세계보건기구(WHO)는 2008년 3월 현재까지 사망자 수가 최대 22만 명에 이를 것으로 추산하고 있다. 21세기 초의 세계질서 재편에 영향을 미친 이 전쟁은 결국 석유가격을 2배 가까이 올리는 고유가시대를 만들어냈다. ――――

용을 지불하는' 경제적 군사 파병을 한국 자본주의 역사에서 처음으로 결정하게 된다. 본격적인 제국주의형 자원전쟁에 끼어들기 시작한 것이다.

물론 그 전에도 한국은 UN 평화유지군에 파병한 적이 수차례 있었다. 이보다 훨씬 전인 박정희 정권 시절에는 '사실상 용병'이라는 비아냥거림을 받은 베트남 파병(1964~1973년)도 있었다. 어쩌면 경제적 이해에 의한 전쟁 참여는 베트남 파병 편이 더 절박했다고 할 수 있다. 그 시절 박정희가 이끌던 한국 경제는, 경제학에서 '도약기take-off period'라고 부르는 초기 출발을 위해 그 어느 때보다 절실하게 외부 자금이 필요했기 때문이다. 당시 한국은 세계은행의 자금 지원은 물론, 해외 차관을 얻기 위해 보통은 '굴욕적'이라고 표현되는 한일 외교를 재개해야 했던 그런 시기였다.

물론 박정희 정권의 '파병'이란 선택에 대해 당시 국민적인 논의가 있었다고 보기는 어렵고, 좀 냉정하게 본다면 '미국의 용병'이었다는 게 사실에 훨씬 가까울 것 같다. 또한 그 당시 한미 관계 등을 복합적으로 살펴보면, 사실 박정희에게는 다른 선택의 여지가 없었고, 단지 그런 독재자의 선택을 국민들에게 이해시키는 과정이 파병에 대한 논의 과정이었다고 할 수 있을 것 같다. 마치 가난에 찌들어 있던 20세기 이전의 스위스가 알프스에서 아버지들을 전 세계에 파병한 경우와 비슷했다. 그야말로 '용병형 파병'이었던 셈이다. 이 파병에서 한국 정부가 참전 비용을 지불하지 않은 것은 물론이다.

그러나 2004년 이라크 파병의 경우는, 사회경제적 조건 및 논의 과정의 특징상 그 이전의 파병과는 완전히 질을 달리하는 측면이 있다. 이 시기에 한국 국민들이 파병에 대해서 가장 중요하게 생각했던 것은 '국익'이라는 이름의 경제적 이익이었는데, 실제로 그 국익이란 기준이 상당히 모호하기는 했다. 그러나 당시 논의가 되었던 몇 가지 사실들을 중심으로 이 국익의 요소들을 재구성해보면 다음과 같다.

① 중동지역의 석유 개발 및 사용에 대한 권리
② 이라크 지역 전후 재건에 대한 한국 건설업체의 참가
③ 중동지역의 한국 영향력 확대에 의한 전자제품 등 수출 증가

여기에 국익으로 표현은 되었지만, 경제적 이익으로 직접 환원하기 어려운 요소 한 가지를 추가해보자.

④ 미국과의 전통적 동맹관계의 강화와 이를 통한 북한에 대한 미국의 양보

이 네번째 요소는 용병으로서의 속성에 더 가깝다고 할 수 있지만, 1980~90년대의 파병 논의와 다르게 이라크 파병은 경제적 이해, 특히 한국 자본의 해외에서의 활동을 더욱 원활하게 하고 자원과 시장을 확보한다는 고전적인 '제국주의'의 정의에 더 잘 들어맞는다. 물론 이 파병의 효과를 경제적으로 정확히 진단하기는 아직 이르다. 그러나 후세인 정권 붕괴 이후—실제로는 김선일 씨의 납치 및 사망 이후—한국인들은 외교부의 관리 아래 사실상 기자를 비롯해 기업의 정상적인 활동도 불가능한 상태이기 때문에 실질적인 경제적 효과를 달성했다고 보기는 어렵다. 게다가 재건·복구와 관련된 건설 수주는 대부분 미국 업체들이 챙겼기 때문에, 이 과정에서 한국 건설업체들이 눈에 띄

게 경제적 특혜를 얻었다고 보기도 어렵다. 더 정확한 평가는 나중에 객관적 자료들이 공개되고 나서 종합적으로 판단할 일이기는 하지만, 어쨌든 많이 양보하더라도 파병 찬성론자들이 기대했던 만큼의 경제적 효과가 아직 발생하지 않은 것은 확실해 보인다.

그러나 '자이툰'(평화를 상징한다는 '올리브'의 아랍어) 부대가 이라크에 파병되는 과정에서 벌어졌던 사회적 논의는 제국주의 국가가 군대를 파견하는 과정과 형식적으로는 정확히 일치한다. 어떻게 그 효과를 치장하든지 간에, 이라크 파병을 결정지은 중요한 요소들은 '국익'이라는 이름으로 불렸던 경제적 이해관계이며, 이 파병이 방어적 의미의 전쟁이 아니라는 점 역시 분명한 사실이다.

이 파병의 의미를 조금 냉철하게 규정한다면, 미국을 등에 업은 일종의 전쟁 연습이라고 할 수 있다. 즉, 앞으로 경제적 이해가 존재하기만 한다면 언제든지 파병을 통해 세계전쟁에 가담하겠다는, 일종의 한국 자본주의의 질적 전환에 대한 '암묵적 선언'인 셈이다. 실제로 이라크에서 한국은 미국과 영국에 이어 파병 규모가 세번째인 국가이며, 언제라도 이란이나 요르단과 같이 또 다른 전선으로 파병이 확대될 가능성 또한 다분한 상황이다. 물론 한국은 아직 독자적으로 해외에서 작전을 수행할 능력을 갖추고 있지는 않다. 하지만 미군과 함께라면 언제, 어디서든지 작전을 수행할 수 있다는 강력한 믿음을 가지고 있는 듯하다.

여기서 한 가지 중요한 사실은, 이라크의 한국군은 이제 UN 평화유지군의 깃발이 아니라 한국군의 독자적인 깃발을 가지고 있다는

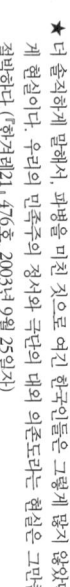

★ 더 솔직하게 말해서, 파병을 미친 짓으로 여긴 한국인들은 그렇게 많지 않았으며, 파병은 미친 짓이다. 우리의 민주주의 정서와 극단의 대미 의존도라는 현실은 그만큼 절박하다.(『한겨레21』 476호, 2003년 9월 25일자)

점이다. 물론 많은 경우 UN 평화유지군과 파견군 사이의 성격을 명확히 구분하기가 쉽지 않다. 그러나 경제적 이익에 의하여 자국의 군대가 움직이기 시작하는 것은, 정치적 목적 혹은 국제정치적 역학관계에 의해서 평화유지군으로서의 인도적 목적으로 파병하는 것과는 분명히 다르다. UN 평화유지군에서도 국익을 따지는 경제적 논의가 진행되던가?

  더 명확히 표현하자면, 노무현 정부의 이라크 파병은 미국의 강요에 마지못해 따른 게 아니었다. 노무현 정부가 해외에서의 군사활동을 강력히 원했고, 무엇보다 절반 이상의 국민이 한국 군대가 해외에서 활동하는 것을 원한 것이다. 물론 이러한 파병 결정이 민주적 절차 측면에서 심각하게 하자가 있는 것은 아니다. 논의가 다소 일방적으로 흐르기는 했지만, 법적 절차에서 정부는 한국 자본주의가 원하는 전쟁을 결정했고, 국회는 국민들이 원하는 대로 이 파병에 동의한 것이다.

물론 단순한 한 건의 파병이 한국 자본주의를 제국주의로 전환시키는 것은 아니지만, 절차적으로 이 사건은 두 가지 의미를 갖는다. 이미 내부적으로 경제적 문제를 해결할 수 없게 된 한국 경제가 절실히 해외 시장과 해외 자원을 갈망하고 있다는 것이 첫번째 의미이다. 두번째 의미는, 조금 더 우울한데, 한국이 전쟁에 참가한다고 할지라도 이것이 과거처럼 권위주의 정권이 일방적으로 행하는 게 아니라 대단히 민주적이며 절차적으로 하자 없이, 그야말로 '국민들이 원해서'—그것도 '경제적인 이유'로 원하기 때문에—행해진다는 점이다.

'국익'이라는 개념은 상당히 추상적이기는 하지만, '국익이 있느냐, 없느냐?'라는 논의 자체가 파병과 전쟁이라는—일반적인 경제적 범주에서는 잘 포함되지 않는—특수한 관계로까지 연결되는 것은 다분히 제국주의적인 현상이다. 이익이 있어도 대부분의 국가들은 전쟁에 참여하지 않는다. 여전히 대의와 명분 같은 것으로 참전 혹은 파병 같은 일을 결정하게 된다.

멀리 갈 것도 없이, 당장 한국전쟁부터 보자. 여기에는 16개 국가가 전투병력으로, 5개 국가가 의료지원으로 참가했다. 남아공·에티오피아·콜롬비아·벨기에 등 얼핏 봐도, 사회주의 국가가 늘어나는 것을 공동으로 저지해야 한다는 정치적 이유 외에는 아무런 동기를 찾아보기 어려운 많은 나라의 군인들이 참전해서 부상당하거나 죽었다. 이런 국가들의 파병을 '국익'이라는 관점으로 설명하기는 매우 어려우며, 당연히 제국주의적 파병과는 거리가 멀다.

그러나 2004년 노무현 정권은 이라크 파병을 경제적 이익 위에 세우려고 했고, 결론적으로 이 사건으로 오히려 정치적 손실이 더 많았음에도 불구하고 파병을 강행했다. 이미 한국 자본주의가, 작은 규모이지만 어느덧 외부에서의 전쟁을 원하는 단계로 조금씩 전환되고 있는 것이다. 물론 모든 한국인이 전쟁을 원하는 것은 아니다. 그러나 최소한 50% 이상의 한국인은 이미 '경제적 이익'이 존재한다면 전쟁을 하는 것이 타당하다는 선택을 한 적이 있고, 이러한 변화는 2002년에서 2004년 사이 어느 시점에서 발생했을 것이다. 바로 그 순간을, 한국이 제국주의로 전환되는 첫번째 장벽을 넘은 시점으로 분석하게 될 날이 올 것이다.

수출형 개발도상국에서 제국주의적 패권주의로

아마도 세계 자본주의 역사에서 제국주의를 향한 내부 구조의 전환이 한국만큼 빠르게 진행된 예는 일찍이 없었을 것이다. 물론 제정 러시아처럼 아직 산업혁명도 제대로 거치지 않은 상태에서 군사패권주의부터 먼저 수행한 경우가 없지는 않지만, 이는 차르 체제 아래서의 군사주의와 같은 특수성으로 설명할 수 있을 것이다. 그러나 한국처럼 개발도상국을 갓 벗어난 선진국 중간 단계에서 제국주의적 속성이 이렇게 빠르게 발현된 경우는, 적어도 내가 아는 경제사 지식 내에서는 없다.

여기에는 한국 경제의 시스템 형성에 관한 중대한 속성 한 가지가 개입한다. 일반적으로 중남미 국가나 아프리카 국가들이 취하는 '수입대체 전략'(주요한 수입품들을 국내 생산으로 하나씩 대체해가면서 단계적으로 산업 단계를 고도화하겠다는 전략)과는 정반대로, 박정희 시절의 유신경제는 국내 소비재가 아니라 처음부터 전략적 수출품을 집중 생산하는 방식의 '수출주도형 전략'을 산업발전 방법론으로 택했다는 점이다. 한국의 이러한 발전전략이 다른 저개발국가들에도 유효할는지에 대해서는, 세계은행을 비롯한 국제경제학 혹은 발전경제학의 여러 전문가들 사이에서 아직도 여전히 논쟁 중에 있다. 현재로서는 아시아 국가 가운데 대표적으로 베트남이 한국과 같은 수출주도형 전략을 택하고 있기는 한데, 그 성과에 대해서 평가하기에는 이른 시점이다.

한국의 수출주도형 경제는 1970년대 초반의 석유화학 업종을 중심으로 한 산업고도화 전략을 거쳐, 결국 1980년대 이후 자동차·조선·전자산업과 같은 1990년대의 3대 수출산업을 잉태하게 된다. 그리고 이 기간에 앞서의 책들에서 자세히 설명했던 '한국 경제 영광의 30년'이 펼쳐지게 된다. 이 시기에 이른바 한국 특유의 대기업이라 할 '재벌'들과 국가 사이에 맺어진 일종의 신사협정―이를 세계은행의 전문가들은 '경연적 시장contestable market'이라는 용어로 설명하기도 한다―을 가장 특징적으로 보여주는 표현은 바로 "밖에서 벌어 안을 살찌운다"는 것이다.(현대그룹의 정주영 회장이 이 표현을 가장 먼저 썼다고 알려져 있기는 한데, 실제 누가 먼저 이 얘기를 했는지는 명확하지 않다.) 어쨌든 한국 경제 전성기의 작동 메커니즘이 수출을 통한 외화 획득, 즉 일종의 '가공무역' 과정이었음은 분명하다.

물론 싱가포르나 홍콩처럼 단순 중계무역에 가까운 경제 모델이 있기는 하지만, 도시국가에 가까운 이런 모델을 제외하면 한국은 물질적인 측면에서 투입과 산출이 가장 대규모로, 가장 빈번하게 이루어지는 국민경제 모델이라 할 수 있다. 세계 13위 정도의 경제규모이지만 석유 수입은 세계 5위라는 지수 하나만 보더라도, 단순 중계가 아니라 원료를 구입하고 이를 제품으로 전환하는 산업국가로서의 특징을 명확하게 볼 수 있다. 1970~90년대의 한국 경제는 마치 요즘의 중국이 그렇듯, 세계의 공장처럼 작동했다. 이런 특수한 발전 과정을 일반적으로는 '압축성장condensed growth'이라고 부르는데, 장점과 함께 그만한 단점이 있는, 일종의 '인위적 불균형 성장전략'이었다.

이런 상황에서는, 당연하겠지만, 한국에서 수출은 그야말로 '국민경제의 무의식'이라고 해도 좋을 정도였다. 그리하여 때로는 '개방'이라는, 또 때로는 '세계화'라는 단어와 연결되며, 다른 나라에서는 보기 어려울 정도로 매우 강력한 수출제일주의가 형성된 게 사실이다. 그러나 이러한 수출경제는 수출이 국내 경제와 제대로 연결되지 않을 때 내수가 급격히 위축되거나 기형적으로 전개되는 부작용이 생기게 된다. IMF 경제위기 이후 그러한 현상이 본격적으로 한국에서 발생하게 되었다. 국민소득에서 수출과 수입의 비율을 보통은 '대외경제 의존도'라고 부르는데, 한국은 이미 80% 가까이 이 수치가 올라가 있는 상태이다. "밖에서 벌어 안을 살찌운다"라는 1970년대의 구호가 어느새 '외화내빈外華內貧'으로 변질된 상황이라 할 수 있다.

경제학에서 사용하는 '균형'의 개념은 결코 가벼이 볼 게 아니다. 이는, 불균형이 오랫동안 계속되면 다른 시장이나 다른 부문에서 또 다른 불균형이 생겨나게 되고 그것을 시정하기 위한 정반대의 어떤 힘이 결국 작동하게 된다는 걸 의미한다. 이는 또한 '조정'이나 '조절' 혹은 '정책적 개입' 등 다양한 이름으로 표현된다. 한국에서도 이 대기업 중심의 수출 주도 경제에 대한 조정을 위해 '내수 진작' '중소기업 육성' '국산화율 향상' 등 몇 개의 정책적 시도들을 안 한 것은 아니다. 그럼에도 지난 수년 동안 한국에서, 지나친 수출 의존이 국민경제에 문제를 일으킬 것임을 지적하려는 흐름은 거의 존재하지 않았다. 이는 자연스럽게 수출의존형 경제 특유의 이데올로기들이 생겨나게 된 탓이다. "한국은 무역으로 먹고사는 나라라서……"라는 식으로, 마치 전통적인 농업국가나 상업국가를 칭할 때처럼 '수출형 경제'라는 걸 당연하게 받아들이도록 하는 사회적 힘이 만들어져 있는 것이다. 이는 한국만의 고유한 현상이라 할 수 있다.

전형적으로 한국은 외연 확대에 의해 움직여온 경제 시스템에 가깝다. 이렇게 외부의 힘을 원동력으로 작동하는 경제가 패권주의로 전환되는 것은 거의 시간 문제다. 한국 경제는 자신도 모르는 사이에 지난 5년 동안, 겉으로는 '수출'의 담론을 가지고 있지만 속으로는 '패권'을 확보·유지하기 위한 장치들을 만들고 있던 중이라고 하면 과도한 해석일까?

그러나 이러한 변화는 이미 시작되었고, 불행히도 점점 더 가속이 붙어가는 것 같다. 가깝게는 연변지구를 거쳐 동남아 지역으로 확대되기 시작한 한국의 경제패권주의는 어느덧 제법 제국주의 형상을 갖춰가고 있다 해도 지나친 말은 아닐 것이다.

이를 더 간단히 정리하자면, 한국의 정치 및 이념은 아직 제국주의에 적합하지 않지만 한국의 경제는 이미 제국주의 구조로 전환되고 있다고 할 것이다. 이런 시각에서 보면, 지난 5년 동안 한국에서 벌어진 의식과 문화의 변화를 이해하기가 조금은 더 쉬울 것이다.

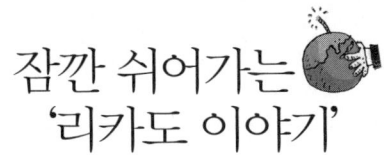

잠깐 쉬어가는 '리카도 이야기'

오늘날 전 세계를 지배하는 '자유무역'이라는 이념의 원형을 제시한 사람은 데이비드 리카도David Ricardo, 1772~1823라는 경제학자다. 그는 성공한 증권업자였는데, 어느 날 대중목욕탕에서 목욕을 하다 갑자기 깨달은 바가 있어 가난한 사람들을 위해서 살겠다고 경제학자가 된 것으로 알려져 있다. 그런데 강력한 자유무역주의자로 알려진 이 사나이가 경제학을 공부한 이유가 바로 가난한 사람들 때문이었다는 사실을 사람들은 흔히 망각하곤 한다.

그런 리카도의 이론 한 갈래가 이탈리아를 거쳐 유럽을 뒤덮었던 헤게모니 이론이 되는 동안, 공식적으로 그의 이론은 미국을 거쳐 20세기 중반부터 이미 '21세기의 정신'을 만들고 있었다. 리카도의 목소리를 그대로 전한다면, 그는 영국에서 보르도 포도주를 억지로 만드는 것보다는 차라리 프랑스의 보르도를 사다 마시고 그 대신에 영국이 더 값싸게 만들 수 있는 면화를 프랑스에 파는 것이 낫다고 했다. 이 이론은 '상대적 비교우위론'이라는 아주 멋진 이름으로 재탄생하여, 21세기로까지 건너와서 소위 '자유무역 이론'이 되었다. 말이야 바른말이지만, 우파들이 해석한 이 보르도 포도주 이야기가 사실 리카도의 말처럼 그렇게 간단하지는 않다.

　　실제로 런던은 포도를 경작할 수 있는 북방한계선 위에 있기 때문에 포도주를 만들기가 어렵다. 그런데 독일인들은 라인강 절벽에 거의 수직으로 포도나무를 심어 일사량을 늘리는 방식으로 포도주의 북방한계선을 높여놓기도 했으며, 게다가 수확하지 못해 겨울에 얼어붙은 포도를 가지고 '아이스바인Eiswein'이라는 포도주를 만들어 보르도보다 훨씬 더 비싼 가격에 파는 쾌거를 이룩하기도 했다. 그뿐인가? 프랑스인들이 말도 안 되는 저급 포도주를 '보졸레 누보'라는 이름으로 전 세계에 출시일과 동시에 비행기로 실어 나르는 저급한 마케팅을 하는 동안, 포도주는 스페인·포르투갈·독일은 물론, 대서양을 건너 미국·오스트레일리아·뉴질랜드, 심지어는 아프리카의 남아프리카공화국에 이르기까지, 지구상의 중반구 거의 전역에 퍼져나갔다. 오늘날 리카도처럼 "우리는 이걸 만들 수 없으니까"라고 무역의 비교우위설을 순진하게 추구하는 나라는 보기 어렵다. 물론 석유나 우라늄처럼 인위적으로 생산할 수 없는 것들이 있긴 하지만, 생산비에 상관없이 국제적으로 비싼 가격을 받을 수 있는 포도주같이 간단한 상품을 "보르도가 있으니까"라고, 넋 놓고 만들지 않을 나라는 거의 없다.

　　이 간단한 사례에서 보듯이, 대부분의 나라가 리카도가 상상했

――― 새롭게 리카도를 해석하는 사람들, 즉 '네오 리카디안' 중에서 가장 대표적인 사람은 이탈리아의 피에로 스라파인데, 이탈리아가 낳은 20세기 최고의 천재라는 평가를 들은 이 학자는 인생의 절반 이상을 감옥에서 살았다. 그리하여 리카도의 사상은 스라파의 감옥 옆방에 투옥된 이탈리아 공산주의자 안토니오 그람시를 거쳐 '헤게모니 이론'으로 세상에서 꽃을 피우게 된다. '우리처럼 생각하는 사람들'이 세상에 많아지게 되면, 결국은 우리들이 '헤게모니'를 가지게 되는 날이 오지 않겠느냐는 그람시의 너무도 간단하게 축소된 구호는 30년 이상 서양 지성계를 움직이는 주문이 되기도 했다. ―――

던 것처럼 상대적 비교우위에 의해서 수출할 수 있는 것만 수출하자고 순진하게 생각하지는 않는다. 21세기의 국가들은 여전히 수출이 수입보다 큰 상황을 원하고 있으며―게다가 이건 리카도의 비교우위론이 아니라 바로 애덤 스미스 이전에 활동했던 중상주의자들의 주장이다―세계무역기구가 무역의 균형을 만들어주리라고 믿는 사람도 찾아보기 어렵다.

자, 간단하게 질문을 해보자. 수출이 수입보다 많으면 문제가 생길 것이라고 보는 사람이 한국에 과연 몇 명이나 될까? 아마 수입이 수출보다 많으면 문제가 될 거라고 여기는 사람이 100%에 가까울 테고, 수입보다 수출이 많으면 문제가 될 거라고 답변할 사람은 기초부터 경제학 이론을 충실하게 교육받은 수백 명 정도가 아닐까.

리카도의 이론에 충실하자면, 교역은 그 자체로 두 나라에게 모두 이익을 준다. 그건 확실하다. 그러나 한쪽에 불편함을 줄 정도로 어느 한쪽의 수출이 늘어날 경우에도 리카도의 이론이 여전히 적용될까? 지금 생각해보면 그야말로 리카도가 적절한 예를 들었다고 생각되는 것이, 영국 입장에서 보르도는 마셔도 그만이고 못 마셔도 그만이다. 참 속 편한 예를 든 셈이다. 그러나 이런 수출과 수입 구조가 생필품, 특히 주곡主穀이나 에너지, 자원과 같은 것이라면 결코 속 편하게 '균형'을 얘기할 수는 없을 것이다.

이때 등장하는 것이 '전략적 고려'이다. 농산물을 수출하지 않겠다거나 석유를 수출하지 않겠다고 하는 것들을 모두 그렇게 표현한다. 설사 선진국이라 하더라도 이런 전략적 고려에서 자유로운 나라는 없다고 할 수 있다. WTO세계무역기구의 기본 정신이 이론적으로는 리카도에서 비롯된다고 설명해주는 사람이 별로 없기는 하지만, 이렇듯 경제학사상 고전학파의 끄트머리에서 등장한 이 리카도의 무역이론이 사실상 21세기 세계체제를 규정하는 WTO 자유무역 정신의 핵심부에 자리잡고 있는 셈이다.

리카도의 비교우위설은 사실 경제학이 낭만적이었던 시절의 이야기이기는 하다. 리카도 바로 뒤에 등장한 독일인 경제학자 프리드리히 리스트Friedrich List, 1789~1846는 자유무역이 앞서서 발전을 이룬 영국과 프랑스에만 유리하고, 역사적 단계가 다른 독일 같은 국가에는 불리하다며 보호무역을 주장했다. 요즘식으로 표현하면, '경제전쟁'에 해당하는 무역이론을 제시한 셈이다.(장하준의 '사다리 걷어차기'라는 표현은 리스트에게서 온 것이다.)

사실 지난 한 세기 동안 무역이론의 핵심부에는 리카도식 자유무역 이론과 리스트식 보호무역 이론의 충돌이 자리하고 있으며, 어쩌면 시장에 의한 경제와 국제무역이라는 장치가 존재하는 한, 이 둘의 대립은 계속될 것이다.

그러나 한 가지 확실한 것은, 영국인 리카도와 독일인 리스트라는 두 경제학자의 사상적 교차에도 불구하고 19세기 영국이나 독일은 제국주의 전쟁이라는 거대한 소용돌이로 뚜벅뚜벅 걸어 들어갔다는 점이다. 국제무역이 늘면 전쟁이 줄어들게 될까? 역사적으로 이 질문에 대한 답은 검증된 바 없고, 전쟁에 대해서 근본적인 방지 장치가 어떤 것일는지 불행히도 리카도나 리스트 같은 위대한 경제학자들도 제시한 것이 별로 없다.

    21세기, 사실상 리스트식 보호무역주의와 국가패권주의가 교묘하게 결합된 자유무역협정FTA, Free Trade Agreement이 다시 세상의 한 축을 움직이는 중이고, 사람들은 다시 한번 관 속의 리카도를 일으켜 세워 "무역이 모든 것을 이루어주리라" 하며 주문을 걸고 있는 중이다.

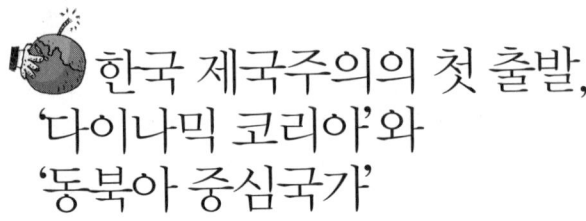
한국 제국주의의 첫 출발, '다이나믹 코리아'와 '동북아 중심국가'

한국 자본주의가 발전 단계상 제국주의적 전환의 원형을 최초로 드러낸 시기는 김대중 정권 기간 어디쯤으로 보는 게 타당할 것이다. 그 출발 지점을 굳이 찾자면, 2001년 후반기에서 월드컵 열광에 가득 찼던 2002년 중순 어딘가로 볼 수 있겠다.

1997년 IMF 외환위기를 겪으며 한국 경제는 외환 유동성 확보를 거의 정책 1순위로 놓은 탓에 일부에서 '국부 유출'과 '투기자본의 무분별한 유입'이라는 지적이 있었음에도 불구하고 포항제철을 비롯한 많은 공기업과 부실 은행들을 외국 자본에 팔았다. 이러한 정책은 당면한 IMF 관리 체제를 끝내기 위한 불가피한 조치로 이해할 수 있으며, 또 그 상황에선 누구라도 그렇게 하지 않을 수 없었을 것이다.

그러다 어느 정도 급한 위기에서 벗어난 2001년 무렵부터 한국 자본주의는 전격적인 국면전환을 꾀하게 된다. 이를 위해 공격적인 해외 진출을 시도하면서, 한국이란 '브랜드의 정체성'을 재정립할 필요를 느끼게 되었다. 2001년 중순 어느 시점에 한국 자본주의는 처음으로 영문 브랜드를 가지려는 시도를 한다. 정부 상층부에서 조심스럽게 그런 얘기들이 논의되기 시작한 것은, 내가 기억하는 한에서는, 2000년 겨울과 2001년 봄, 청와대와 총리실 일각에서부터였다. 이때만 해도, 이런 시도가 나중에 '한국 자본주의의 제국주의적 전환'의 시발점이 될 것이라고 예상한 장관이나 고급 공무원은 아무도 없었을 것이다. 그야말로 경제위기를 겪고 있는 국민들에게 약간의 정서적 위안이라도 주자는 순진한 발상으로 이 '다이나믹 코리아'는 시작되었던 것이다.

실제로 '다이나믹 코리아'를 공식 구호로 찾아낸 곳은 월드컵 조직위원회였고, 이 구호를 공식화해서 축구 외에도 사회 일반에 적용하게 된 계기는 2001년 12월 KBS의 국민여론 조사 결과였다. 지금에 와선, 당시 경합이 붙었던 다른—특별히 쇼비니즘적인 특성을 강하게 가지고 있지 않은—슬로건이 채택되었다면 이후 어떤 변화가 오게 되었을지 가끔 생각해보게 된다. 그때 2위로 밀렸던 '판타스틱 코리아'는 여론조사 결과에서 불과 0.1% 차이였다는 점을 상기해보면, 정말 역사는 우연에 의해 움직이는 경우가 종종 있다는 걸 실감하게 된다.(근대를 탄생시킨 것이 '프랑스 대혁명'이라지만, 사실 당시의 재판 과정에서 루이 16세의 처형은 단 한 표 차이로 결정되었다.) 시인 로버트 프로스트의 표현처럼 지나간 역사의 "가지 않은 길"에 대한 상상을 위해 잠시 그 당시 경합을 벌였던 다른 슬로건들을 살펴보자.

- 다이나믹 코리아 (24.6%)
- 판타스틱 코리아 (24.5%)
- 평화롭고 안전한 코리아 (Peaceful & Safe Korea, 21.4%)

- 한국을 경험하자 (Experience Korea, 17.3%)
- 아시아의 허브 (12.2%)

    KBS의 '한국의 슬로건' 조사에서 혹여 평화나 안전 같은 구호가 선택되었다면, 이후 5년 동안 한국 자본주의가 걸어간 길은 조금 다른 방향이었을지도 모르겠다. 어쨌든 1/3이 채 되지 않는 24.6%의 의견이 '다이나믹 코리아'를 원했고, 이런 평화롭고 민주적인 절차를 통해서 이것이 한국 정부의 공식 슬로건으로 채택된다. 김대중 정부는 2001년 겨울, 대통령이 직접 주재한 '2002 월드컵 아시아대회 준비상황 합동보고회'에서 이 결과를 정부의 공식 정책기조로 결정했고, 이듬해인 2002년부터는 공격적으로 '다이나믹 코리아'를 정부 의사결정의 제1 원칙은 물론, 국정 운용의 기본 기조로 삼게 된다. 역사의 눈으로 보자면, 이 순간 김대중 정부는 평화로운 한국에서 패권주의적 한국으로 한국 자본주의의 기본 성격을 근본적으로 전환하는 첫 발을 내디딘 셈이다.

    2002년의 한일 월드컵은 원래 공동 개최의 주요 목표 중 하나였던 두 나라의 평화와 협력과는 전혀 상관없이 한국을 그야말로 '쇼비니즘 코리아'로 이끌어갔다. '다이나믹 코리아'라는 구호가 뜨겁게 여름을 달군 2002년 한 해를 보내고 났을 때, '피스 코리아'와 '다이나믹 코리아' 사이에서 앞으로 가야 할 길을 고민하던 수줍은 한국은 사라졌다. 마치 1차 세계대전을 준비하던 독일이 패권주의로 한 발씩 나아갔듯이, 한국은 제국주의적 속성에 성큼 더 다가가 있었던 것이다.

물론 최근의 전 세계 스포츠는 1990년대 초·중반에 비해 민족주의와 상업주의가 결합된 '쇼비니즘 마케팅'의 모습을 더욱 강하게 드러내고 있다. 이런 와중에 한국의 월드컵 쇼비니즘은 그야말로 확장 국면으로 전환하고 있던 한국 자본주의와 만나면서 더욱 격렬한 화학반응을 일으켰다. 유사한 상황은 월드컵을 전후하여 중남미에서도 종종 발생한 적이 있었지만, 중남미의 월드컵 열광이 민중주의 양상을 보이는 것과 한국의 스포츠 쇼비니즘은 양상이 전혀 달랐다.

──── 1990년대에 세계화와 더불어 아프리카, 아시아, 동구권 국가들이 기존의 유럽·중남미 중심 월드컵에 뛰어들어 이를 자국 정치에 활용하려는 움직임이 늘어났다. 이로써 월드컵의 민족주의적 성향이 더욱 강해지면서, 이를 월드컵 쇼비니즘이라고 부르기 시작했다. 한국에서는 2002년 월드컵 쇼비니즘이 본격 등장했고, 2006년 이러한 성향은 마케팅과 결합되면서 쇼비니즘 마케팅으로 전환되기 시작했다. ────

이런 분위기 속에서 향후 5년간의 한국 자본주의에 중요한 영향을 미치게 될 국정 원칙 하나가 등장하게 되는데, 이것이 바로 '동북아 중심국가'라는 개념이다. 북방 진출이라는 흐름과 한국 경제의 금융화(이른바 '금융 허브')라는 두 가지 내용이 기계적으로 범벅되어 있을 뿐인 이 동북아중심국가론은, 처음 재경부 일각에서 제시되던 시점에는 그저 원칙적이면서도 희망사항에 불과한, 내용 없는 구호였다. 그야말로 제조업에서 IT 등 지식산업으로 넘어가고 있던 한국 경제가 전통적 '굴뚝 산업' 대신 언젠가는 금융경제로 넘어가야 하는 것 아니냐는 정도의 구호 말이다. 우리 모두 가슴에 손을 얹고 생각해보자. 당시 한국이 동북아 중심국가가 될 것이라고 실제로 생각한 한국인이 얼마나 될까. 또 이런 허망한 구호가 한국의 실물경제에 어떤 근본적인 영향

★ '동북아중심국가론'에 내재된 쇼비니즘적 실체는 민족주의 정서의 대한 그 럴듯한 호소력에 가려 잘 보이지 않았다. 《문화일보》 2006년 12월 18일자

을 미칠까를 생각한 사람도 없었을 것이다.

그러나 별 내용 없이 잠깐 국민들 기분이나 좋으라고 만들어졌던 이 구호가, 김대중 정권보다 민족주의 성향이 몇 배는 강한 노무현 정권의 교양 없는 쇼비니스트들을 만나면서 한국 경제의 밑바닥을 위협하는 장애 요소가 되어버렸다. 이 구호성 국정 지표는 2002년 대선을 만나면서 노무현 대통령의 대선 공약 중 하나가 되었고, 이후 흔들리지 않는 국정의 기본 방향으로 자리를 차지하게 된다.

'다이나믹 코리아'가 형식적으로는 국정 기조임에도 실물경제보다는 추상적이고 상징적인 정신세계에 더 영향을 미쳤다면, 동북아 중심국가 개념은 OECD 국가 중에서 사상 최고의 건설산업 의존도를 보이는 한국 경제의 특수 구조와 만남으로써 엄청난 현실적 힘을 갖게 되었다. 즉, '서해안 경제' 혹은 '환황해 경제축' 운운해가며, 도로와 항만 그리고 토목공사로 한국 경제의 기축을 형성하는 건설자본의 입맛에 딱 맞는 '미래 예측을 위한 정책 변수'로 작용하게 된 것이다.

"왜 도대체 필요도 없는 이런 도로들을 지어야 하고, 지방 주민들을 위한 복지대책에 지방 예산을 쓰면 안 되는 거지요?"

"네, 국민 여러분, 우리는 곧 중국으로도 진출하고, 또 만주로도 진출할 것이니까, 바로 여기에 새로운 도시가 필요하구요, 또 그렇게 멀리 가기 위해서는 바로 여기에 도로가 필요한 거예요, 아시겠어요?"

국민경제가 제국주의적 성향을 가지게 되는 가장 전형적인 패턴은 군수산업을 배경으로 하는 경우가 기본인데, 한국의 경우는 건설산업이 보조 역할 정도가 아닌 주요 주체로서 제국주의화를 직접 추진하는, 약간 특수한 경우라 할 수 있다. 이후의 노무현 정부는 건설산업을 중심으로 국가의 제국주의적 재편을 아주 적극적으로 추진하게 되는데, 그 출발점이 김대중 정권에서 제시된 동북아 중심국가 개념이었던 셈이다. 물론 우리가 '삼족오 제국주의'라고 부르는, 북방 진출에 대한 특수한 갈망이 바로 이 시기에 최초의 원형을 보인 것이라고 해석할 수 있다.

물론 김대중 대통령을 제국주의적 속성을 가진 사람이라고 평가하기는 어려울 것이다. 그러나 그가 대통령으로 출발할 때 한국은 공황 국면에서 마이너스 성장을 기록하고 있었지만, 다음 대통령에게 정부를 넘겨주기 전 그는 경제가 제국주의형으로 전환하는 데 중요한 씨앗들을 몇 개 심어놓았다. 이 '제국주의의 씨앗'은, 노무현이라는 좀더 민족주의적인 정부를 만나면서 화려하게 만개하게 된다.

노무현 시대에 나타난
사회문화적 변화들

노무현 정부는 스스로를 '참여 정부'라 불렀지만, 이 시기는 한국 경제 및 사회가 가지고 있는 누적된 불균형들이 한꺼번에 터져 나온 시기라 할 수 있다. 사회심리학에서 흔히 쓰는 용어를 빌리자면, 역대 한국 사회에서 가장 정신분열증적인 시대였다고 평가할 수 있을 것이다. 이는 노무현 대통령이 '좌파 신자유주의'라는 형용모순을 구사한 데서도 잘 드러난다. 조금 객관적으로 말하자면, 김대중 정부가 '완화된 신자유주의'라 할 때 노무현 정부는 '강화된 신자유주의' 정도로 얘기할 수 있을 것이다.

그렇지만 이 정도의 표현도 지나치게 사려 깊은 것이고, 국제적인 기준으로 노무현 정부를 분류한다면 '평화통일을 지지한다'는 한 가지 점을 제외하고 정책적으로 미국의 민주당과 같은 소위 '리버럴'보다는 훨씬 오른쪽에 위치했던 정부이다. 프랑스의 사회당 혹은 영국의 노동당과 같은 유럽식 사회당과 비교한다면, 좀 심하게 말해 민족주의형 극우파 정부에 가깝다고 해도 이상하지 않을 정도였다.

노무현 정부의 이런 민족주의적 성향—혹은 때때로 쇼비니즘에 가깝게 드러났던 패권주의 양상—이 지난 5년 동안 그런 방향으로 사회문화적 변동을 더욱 강하게 한 것인지, 아니면 사회의 쇼비니즘 경향이 '다이나믹 코리아'라는 구호를 따라 폭발하면서 정권의 성격을 변화시킨 것인지는 아직 판단하기 어렵다. 다만 제국으로의 전환 과정이라는 시각에서 본다면, '식민지 없는 제국주의', 즉 우리가 '촌놈들의 제국주의'라고 부르기로 한 그런 변화가 정권과 한국의 사회문화적 성격 두 가지를 모두 이끌어갔다고 보는 것이 논리적으로 일관성 있는 설명일 것이다.

아마도 제국을 갈망하는 쇼비니즘의 에너지는 2002년 한일 월드컵에서 처음 정형화되었을 터인데, 이 흐름을 타고 2004년 이라크에 한국군이 파병되었다. 한국 민주주의 역사에서 제국으로 가고자 하는 힘과 평화로 가고자 하는 힘이 정면으로 맞붙었던 이 첫 대결에서 결국 전쟁파들이 승리하고 말았지만, 이 사건에 담겨 있는 다음 두 가지 요소는 다시 한번 음미해볼 필요가 있다.

그 첫째는 이라크 파병이, 건설자본이 1998년 IMF 경제위기 이후 약간의 조정 국면을 맞다가 다시 한국 정치를 결정하는 가장 상위 요소로 등극하게 된 순간이라는 점이다. 둘째는, '방어' 위주의 국방원칙이 방위산업 강화라는 또 다른 힘과 만나면서 처음으로 군사패권주의—1980년대까지의 '군사독재'가 아닌—로 방향을 잡은 순간이라는 점이다. 앞으로 더욱 강하게 한국 자본주의의 향후 방향을 좌우하게 될 이 두 요소가 이라크 파병에 대한 국민적 논의라는 공간에서 승리함으로써, 한국은 본격적으로 국가 내부 시스템을 제국주의로 전환하는 국면을 맞게 된다.

전형적인 제국주의로의 전환은 종교, 문화 그리고 군대의 순서를 밟게 된다. 과거 유럽의 가톨릭처럼, 한국에서 제국주의의 첨병 역할은 세계 최대 규모를 자랑하는 수십 개의 대형 교회들이 담당함으로써 전형적인 제국주의형 종교 진출의 근간을 형성하게 된다. 가까운 동남아를 비롯해서 아프리카와 중동지역에 이르기까지, 한국 자본이 장차 진출하게 될 지역에 제국의 첨병으로 선교단이 파견되는 것은 이제 전혀 비밀이 아닐 정도가 되었다. 어떤 면에서는 대규모 선교단을 파견하지 않았던 일본 제국주의에 비해 한국 제국주의는 전형적인 유럽형에 더 가깝다.

문화적 진출은 한국의 경우 약간 특이하게도 '수출주의'와 관련된다. 이라크 파병으로 최초의 제국주의형 군사 진출을 결정한 한국 사회는 2004년부터 문화 진출에 해당하는 '한류 열풍'에 휩싸이게 된다. 문화라는 요소 자체가 원래 복합적인 측면이 있어서 단순하게 볼 수는 없지만, 많은 한국 국민들에게 한류는 '수출'과 '민족주의형 쇼비니즘'이라는 두 가지 요소의 결합으로 인해 '무조건 좋은 것'으로 인식되었다. 물론 일본이나 중국처럼 복합적인 문화를 스스로 제어할 수 있을 정도의 큰 나라에서 한류는 잠깐 지나가는 유행으로 보이지만, 동남아, 특히 베트남 같은 곳에서 한류는 전형적인 제국주의형 문화의 속성을 띠게 된다. 한류에 대한 국민적 열광은 정부의 정책은 물론, 대개 쇼비니즘에 대해서는 반대편에 서는 예술계와 문화계마저도 때로 제국주의적 흐름에 급속히 편입하게 만든다. 이게 불과 2004년의 일이다.

제국주의를 향한 이런 사회문화적 전환이 노무현 정권기 중 절정에 달한 때는 2005년이었다. 그 클라이맥스를 장식한 건 다름 아닌 '황우석 사건'이다. 과학기술 산업화의 한가운데에서 벌어진 이 사건은, 노무현 정권의 본질과 함께 한국이 얼마나 사회문화적인 측면에서 짧은 시간에 제국주의형 전환을 이루어냈는지 보여주는 상징적 사건이다. 과학계의 진실, 가임 여성들의 인권, 그리고 불확실한 경제적 추정에 대한 논란 등의 문제점들을 모두 뒤덮으며 '제국주의 전쟁'다운 요소가 총출동했던 황우석 박사의 줄기세포 조작 사건은 시대를 읽는 가장 큰 징표가 아닐 수 없다. '수출 중심주의'에 대한 국민적 열광이라는 점에서도, 본질적으로는 한류에 대한 한국인들의 열광과 전혀 다를 바 없는 사건이었다. 앞으로도 이만한 쇼비니즘적 열광으로 국민 대다수가 흥분하는 사건이 또 있을지 의심스러울 정도다. 이 사건에 대해서 우리가 주목해야 할 점은 다음 두 가지 요소로 축약해볼 수 있다.

첫번째는 그 지지자의 규모이다. 일반적으로 한국에서 대다수 여론조사는 그 찬반이 주로 50:50에서 60:40의 범위에 들어가는 편이다. '새만금 사태'에서 '이라크 파병' 혹은 '한반도 대운하'에 이르기까지 이 범위를 넘어서는 찬반논쟁은 별로 없었다. 심지어는 쇼비니즘 열광의 근원지가 되었던 '붉은 악마'의 경우에도 반대 의견이 만만치 않았다. 그러나 황우석 사건에서는 80% 이상의 지지라는 수치가 나타났다. MBC 〈PD수첩〉의 방영 이후 인터넷 포털 '다음'에서 황우석 지지자들이 광고 저지에 나섰을 때 보인 찬반 수치는 기록적이었

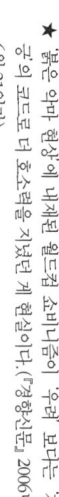

★ '붉은 악마' 현상에 내재된 월드컵 쇼비니즘이 '우려' 보다는 자국의 코드를 더 호소력을 지녔던 계험이다. (『경향신문』 2006년 6월 21일자)

다. 무려 98:2라는, 아마 다시는 기록되기 어려운 찬반 비율이 나온 것이다. 물론 좀더 과학적이고 전문적인 여론조사였다면 십대와 이십대의 참여 비율은 좀더 낮았을 것이고 노년층과 전문가들의 참여 비율은 더 올라갔을 터이니, 이 수치를 그대로 믿기는 어렵다. 그러나 이 추세가 전혀 무의미한 것만은 아니라면, 98%가 황우석 박사를 지지한 그 순간에 정작 황홀했던 것은, 단지 2%만이 어떠한 이유로든 유전자 공학을 이용한 줄기세포의 수출산업화에 대해 반대했다는 사실일지도 모른다. 수출주의와 국가주의가 이 정도로 강렬했던 적은 한국에서 일찍이 없었는데, 아마 이후 오랫동안 국론 통일이 가장 잘 이뤄진 순간으로 기억될 듯하다.(많은 중·고등학교 교사들이 여학생들에게 기꺼이 난자를 기증하라고 선동했던 소위 '진달래 사건'은 최초의 제국주의형 학생 동원 사례로 기록될 것이다.)

두번째로 이 사건에서 주목해야 할 일은, 한국의 많은 인문학

전공자들 역시 줄기세포가 펼쳐 보여준 미래의 환영에 대해서 박수를 아끼지 않았다는 사실이다. 거의 모든 사회 부문에서 황우석 박사에 대한 지지도가 매우 높았다지만, 권영길로 대표되는 일부 진보 진영의 수출 중심주의와 연관한 황우석 지지, 그리고 한때 '황우석당'의 서울시장 후보로까지 거론되었던 이주향 교수의 "21세기 국가경쟁력 원천"의 보호 주장은 뜻밖이었다. 단일한 흐름으로 해석되기는 어렵지만, 이는 그만큼 한국에서 국가주의와 패권적 팽창에 대해서 반대할 힘이 줄어들었다고 볼 수밖에 없는 노릇이다. 이미 인문학이나 철학도 인류의 보편주의나 역사적 상식에 비추어 한국의 팽창주의를 저지할 수 있는 상황이 아니었던 셈이다.

이러한 일련의 사건의 연장선 위에, 우스꽝스러운 해프닝이라 할 영화 〈디워〉 사건 또한 놓여 있다. 2007년 여름, 별로 특기할 것이 없던 이 영화의 개봉이 사회적 사건이 된 배경에는 이미 사회문화적으로도 대세가 된 수출 중심주의가 자리하고 있었다. 예술성이나 대중성과 무관하게, 거기에는 한류 열풍과 황우석 사태를 반반 섞어놓은 듯한 속성이 있었던 것이다. 국내에서 드디어 할리우드의 특수기술을 확보하게 되었고, 이로 인해 새로운 수출 가능성이 열렸다는 사실만으로 한국의 많은 부모들이 기꺼이 자녀들을 동반하고 극장으로 향하게 할 만큼 말이다.

노무현 정부가 시작되던 때의 한국은—비록 2002년의 붉은악마 열풍이 있기는 했지만—소극적인 민족주의가 강화되던 시기 정도로 이해할 수 있다. 그러나 이후 5년 동안 몇 번의 대규모 사회문화적 사건을 겪으면서, 한국은 이제 상당히 강력한 쇼비니즘 사회로 전환되었다. 만약 노무현 정부가 충분히 유능했고, 또 세계적으로 제국주의가 유행했던 19세기 말과 유사한 시기였고, 한국에 사회적·제도적으로 제국주의를 뒷받침할 수 있는 힘이 있었다면 한국은 좀더 공격적이고 적극적인 제국주의로 전환되었을 것이다. 그러나 국내의 실정이나 국제적 정황이 그렇지 못했다. 그렇다고 이것이 한국에 제국주의로의 전환에 대한 동기와 충동마저 존재하지 않는다는 증거는 되지 못할 것 같다.

여기서 더욱 확실한 건 이러한 일련의 변화가 한국 자본주의에 상당히 강력한 '외향성'을 부여했다는 점이다. 이미 80%를 넘어선 한국의 대외 의존도가 싫든 좋든 외부의 시장을 찾아 나서게 만들었다는 것이 중요하다. 그리하여, 이 5년의 결과로 등장한 것은 과연 무엇일까? 상징적인 의미를 더 많이 가지겠지만, '경제 영토'라는 단어가 결국 노무현 정권 4년째에 전면적으로 등장하게 된 사건을 단순히 정책 마케팅의 우연한 사건으로만 보기는 어려울 것이다.

한미FTA와 노무현의 '경제영토'

2007년 여름경, 노무현 정부는 공식 정부기관 중의 하나인 국정홍보처의 공중파 홍보 프로그램을 통해서 '경제영토'라는 개념을 국민들에게 선포하고, 이를 통해 한미FTA의 경제적 유용성에 대한 대국민 설득을 시작한다. 정부가 국민들에게 직접 홍보하는 공익광고에서 '영토'라는 개념이 등장하는 것은 국제적으로도 극히 이례적인 일로, 이미 이 순간 한국 경제는 식민지 없이는 지탱하기 어려운 국면을 통과하고 있었다고 보는 게 타당할 것이다. 물론 지금 '세계화'라는 국제경제의 틀 내에서 '명목적 제국'은 존재하지 않는다. 다만 두 국가 혹은 여러 국가가 다양한 형태의 블록을 만들어 서로의 이익을 공유하는 형태가 대세를 이룬다. 이러한 국민경제 사이의 협력관계는 때때로 유럽경제공동체처럼 매우 탄탄하면서도 결속력 있는 형태를 띠기도 하지만, 영연방Commonwealth of Nations이나 프랑코폰 국가들처럼 약간은 기이하면서도 이율배반적인 상호이익 위에 서 있는 특수한 형태를 띠기도 한다.

노무현 대통령은 임기 3년차인 2006년 신년사에서 미국과의 전격적인 FTA 협상 개시를 선언했고, 이 협상은 1년여 만인 2007년 6월

30일 서명식을 끝으로 종료되었다. 이 협상을 둘러싼 수많은 경제적 요소와 사회적 측면의 영향에 대한 분석은 이해영 교수나 송기호 변호사 혹은 홍기빈 박사에 의해 훌륭하게 이루어진 바가 있으며, 필요한 분들은 그분들의 책들을 참고하시면 될 것이다. 그러나 내가 여기서 주목하고자 하는 것은―이미 『한미FTA 폭주를 멈춰라』에서 내가 분석했던, 한국과 미국 사이의 FTA가 가지고 있는 다양한 의미의 경제적 효과 자체가 아니라―한미FTA에 국민의 절반 이상이 열광하게 된 사회적 과정 자체이다.

――― 영연방의 경우 서로 '클럽'이라고 얘기할 만큼 가입과 탈퇴가 자유롭기는 하지만, 인종차별이 심한 남아공(1961년), 반체제 인사를 처형한 나이지리아(1995년), 군부 쿠데타가 발생한 파키스탄(1999년), 무가베 독재정권이 부정투표를 했던 짐바브웨(2003년)처럼 때로 회원국의 지위를 정지시키거나 탈퇴시키기도 한다. 그저 좀더 긴밀한 전통적 외교관계 정도인 프랑코폰의 국가들과 달리, 영연방에서는 상호 유무형의 무역 특혜가 존재하는 탓에 영국의 식민지들이었음에도 지금과 같은 느슨한 외교관계가 유지되고 있다. ―――

나는 한미FTA 찬반토론에 수없이 참석하면서 공석과 사석을 포함해 매우 많은 이들과 한미FTA의 속성에 대해 같이 얘기할 기회가 있었는데, 좀 솔직히 얘기하자면 이 특별한 경제협약에 대해 총체적으로 이해하고 있는 사람은 그리 많아 보이지 않았다. 청와대에서 관련된 업무를 추진하던 고급 공무원이나 산자부나 재경부의 고위직들, 아니면 상공회의소나 전경련의 다소 높은 직위에 있던 사람들도 자유롭게 얘기할 수 있는 사석에서 내가 이해한 것들을 얘기했을 때 자신들이 잘못 이해한 점이 있다고 털어놓은 경우가 적잖았다. 물론 그들과 TV나 라디오 혹은 토론회와 같이 공개된 자리에서 다시 만났을 때는 그렇게 편안하게 대화하지 못했음은 물론이다.

한국의 고급 의사 결정자들과 공무원들의 경제에 대한 지식을 폄훼하려는 의도가 전혀 없다는 것을 전제하고, 논쟁의 한가운데서 마지막 협상 종료의 순간까지를 지켜봐온 한 연구자로서 내가 느꼈던 소감에 대해 솔직히 얘기해보는 것은, 이 책의 첫번째 장을 마무리하기에 적절한 소재일지도 모르겠다. 이 협상 과정에서 내가 느낀 것 가운데 하나는, 많은 사람들이 이 경제협약을 사실상 영연방에 가입하는 것과 유사하게 생각하고 있더라는 점이다. 노동시장까지 통합되어 있는 유럽경제연합과는 달리, 서로 도움을 주고받으면서도 상대방의 경제 주권성sovereignty을 크게 손상시키지 않는 영연방 가입 정도로 말이다. 말하자면 미국이 주도하는 미연방에 가입하는 것 비슷하게 생각하는 듯했다.

물론 이는 일부에서 주장하듯이, 하와이주처럼 한국이 자발적으로 미국의 51번째 주가 되는 것과는 뉘앙스가 좀 다르다. 이 상황을 가장 부드럽게 표현해주는 개념은 노무현 정부가 말한 대로 "한미FTA는 세계로 통하는 허브FTA"라는 것이다. 즉, 미국과 FTA를 체결함으로써 이를 매개로 이미 혹은 앞으로 미국과 FTA를 체결할 나라들과 동시에 자유무역 관계에 들어간다는 것이다. 이게 바로 '허브FTA'의 개념이다. 이를 국정홍보처는 "무한대의 경제영토"가 열린다고 표현한 셈이다.(물론 협상이 끝나고 미국 정부가 관련 조항을 거부함으로써, 이는 결국 한국 정부의 몽상에 그치고 말았지만 말이다.)

─── 사실상의 식민지인 한국이 모국에 자신을 식민지로 받아달라고 자발적으로 요구하는 것으로 해석할 수도 있지만, 한국이 주권국가로서의 정체성을 포기하면서까지 경제적 변영을 택하는 것이라 보기는 어렵다. 무엇보다도 워낙 강력하게 국내경제의 기본 장치를 해체해야 하는 한미FTA의 속성상, 이렇게 얻은 결과가 반드시 한국 경제에 긍정적으로 작용할 것이라고 예단하기도 어렵기 때문이다. ───

말하자면 FTA로 인한 개방과 제도 변화의 부정적 폐해에도 불구하고 과반수 이상의 국민적 지지가 가능했던 것은, 정부나 국민들이 이렇게 한미FTA를 일종의 '미연방' 가입과 유사하게 생각했던 측면이 있었다는 얘기다. 물론 '비관세 무역장벽'의 철폐와 같이 수많은 유·무형의 의무사항과 매우 공격적인 국내 시장 재편을 요구하는 FTA와, 영연방이나 프랑코폰 같은 '외교적 우호 클럽'은 본질적으로 그 내용이 전혀 다르다. 그러나 이 근본적인 차이점을 지적해주는 사람은 별로 없었다.

이 상황을 논리적으로 설명하는 가장 쉬운 방식은, 한국 자본주의가 이미 식민지를 필요로 하는 제국주의 단계에 접어들었으나 단독으로 제국주의를 구현할 수 없기 때문에 미국을 등에 업고 사실상 제국주의로서 기능하려고 한다는 가설에 있다. 현실적으로 한국은 해외에서 독자적인 군사작전을 펼 수 있는 상황도 아니고, 그렇다고 문화적으로나 정치적으로 식민지에 해당하는 다른 나라를 충분히 제압할 수 있는 상황도 아니다. 그럼에도 여러 경제협약 중의 하나일 뿐인 한미FTA에 노무현 정부가 그토록 집착한 것은—그리고 많은 반대에도 불구하고, 더 많은 국민들이 이를 열렬히 지지한 것은—일종의 식민지 없는 제국주의가 이로써 가능하다고 여겼기 때문이며, 이것이 사실상 국정홍보처가 얘기한 '경제영토'의 실질적 의미일 것이다. 그들은 '오버'한 것이 아니라, 가장 정확히 현실을 짚었던 셈이다. 미국을 등에 업은 '경제영토'의 확장, 그것이 바로 '촌놈들의 제국주의'가 아니고 무엇이랴.

★ '경제영토'라는 발상 자체가 제국주의가 말하는 식민지와 근본적으로는 다르지 않다. (『한국일보』 2008년 1월 2일자)

　이러한 변화는 모국-식민지 관계와 제국-식민지 관계를 동시에 가지고 있다고 할 수 있는데, 여기에서 '한미FTA'의 특수한 성격이 드러난다. 식민지의 특징과 제국의 특징을 동시에 가지게 된 한국적 특수성 말이다. 그렇다면 이렇게 독특한 협약이 추진된 것이 단순히 노무현 정부가 민족패권주의적 속성이 더욱 강한 정부라서 그런 걸까?
　　다시 말하지만, 한국 자본주의 내부에 누적된 다양한 불균형들이 이제는 감당할 수 없이 커져서 외부의 식민지 혹은 식민지에 준하는 '경제영토' 없이는 문제를 원활하게 풀기 어렵다고 많은 사람들이 생각하는 상황까지 온 것이다. 시장과 자원을 안정적으로 확보하기 위한 경제적 장치로써 식민지를 추구하는 제국주의, 이 고전적 정의定意는

1장 세계화 시대, 촌놈들의 제국주의

99

현재 한미FTA를 바라보는 많은 정치 지도자 및 상당수 국민들의 시각과 거의 정확하게 일치한다.

극우사회의 출현과 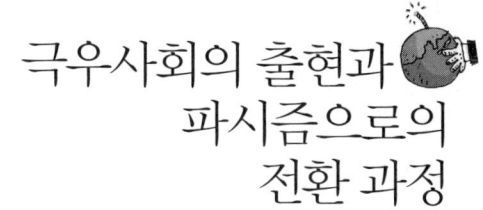 파시즘으로의 전환 과정

한국 경제가 아직은 제국주의 경제 단계로 완전히 전환되지 않은 것은 확실하다. 한국전쟁 이후의 정전停戰체제에서 전시작전권조차 아직 완전히 제 것으로 하지 못하고 있거니와, 실제 단 하나의 공식적 식민지도 없는 상태이니 말이다. 물론 현실을 따져보면 베트남과 동남아 등지에서 한국 기업의 영향력은 우리가 생각하는 것보다 훨씬 강화되고 있는 중이다. 그런데 이러한 외국에 대한 관리능력과 이를 뒷받침할 수 있는 학문적 준비를 모두 제국주의 혹은 세계경영을 위한 일종의 인프라로 이해한다면, 한국은 아직 그런 인프라를 갖추지 못한 상태라는 게 정확한 진단일 것이다.

그러나 이미 세계 10위권의 경제규모가 된 현재의 한국 자본주의가 오랫동안의 불균형 성장전략으로 인해 실업 문제, 자원 문제, 외부 시장 확보 등에서 내부적으로 누적된 모순들을 다소라도 완화할 수 있는 길이 달리 없는 것도 사실이다. 이 상태를 '유사 제국주의pseudo-imperialisme' 혹은 '아류亞流 제국주의'라고 부르거나, 미국과의 특수한 동맹관계를 근거로 한 '소小 제국주의petit impérialisme'라고 부를 수도 있을 것이다. 이름이야 어쨌든, 이 일련의 사실들이 말해주는 것은 과거 이러한 구조에 들어선 몇몇 국가들이 '제국'의 길을 선택했다는 것이며, 21세기 세계경제에서 제국주의는 공식적으로 존재하지 않더라도 국민경제 내부의 제국화 경향마저 정지된 것은 아니라는 점이다.

그렇다면 과거 이런 나라들이 전쟁으로 치달은 과정은 어땠을까? 2차 세계대전은, 독일 바이마르공화국의 민주주의 실험이 수천 배에 달하는 사상 최고의 인플레이션을 발생시킨 경제적 위기 국면과 결합되면서 폭발한 것이었다. 그리하여 독일은 전쟁으로 휩쓸려 들어갔고, 결국 패망했다. 미국이 2차 세계대전으로 가는 길은 훨씬 더 드라마틱했다. 1929년 플로리다의 허리케인이 부동산 투기의 최정점에 서 있던 신축 별장들을 휩쓸고 간 후 결국 금융공황으로까지 연결되었는데, 독일과 이탈리아와는 별 상관없어 보였던 대서양 건너편의 미국발 경제위기가 결국 수많은 나라의 중산층의 삶을 강타했다. 이런 경제적 우연—혹은 필연!—이 독일과 이탈리아에서 나치즘과 파시즘을 불러왔고, 이러한 사회적 전환은 가장 많은 국가와 가장 많은 민간인들로 하여금 동시에 전쟁에 노출되게 만든 2차 세계대전으로 이어졌다.

경제 시스템과 사회문화 시스템이 어느 정도로 서로를 결정하고, 무엇이 먼저인가에 대해 굳이 이 시점에서 판단할 필요는 없을 것이다. 이 질문은 마르크스의 경제결정론 이후 아직까지도 답이 없는 질문이다. 아마 앞으로도 오랫동안 답이 없을 질문일 것이다.(나는 개인적으로 이 질문을 '근본의 근본foundation of foundation'이라는 대답으로 처리한다.) 어쨌든 이 두 가지 중 무엇이 우선이라고 말하지는 않더라도, 많은 경우 약간의 시간차를 가지고 동시에 발생한다고 본다면 통계적으로 두 흐름을 동시에 이해하는 것이 아주 불가능하지는 않다. 그렇다면 제국주의 시대에 조응하는 정치양식은 또 어떠할 것인가? 한 가지 확실한 것은, '민족의 영광' 위에 서 있는 극우파들이 이 시기에 전성기를 맞게 되고, 그렇지 않은 정치 세력들은 이 기간에 서 있는 것마저도 어려우리란 점이다.

지난 5년간 한국은 맹렬한 속도로 극우파 사회를 형성했다고 볼 수 있다. 또한 그렇게 된 이유는 전통적인 의미에서의 한국 우파가 우파 쪽으로 더 이동했기 때문이 아니라, 소위 '좌파'로 분류되는—노무현 세력에서 민주노동당으로 대변되었던 진보정당에 이르는—세력이 급속히 오른쪽으로 이동했기 때문이다. 일반적으로 극우파 정당을 정의할 때 사용하는 '민족주의 포퓰리즘'이라는 기준으로 보면, 노무현 정권은 사실상 통일제일주의를 내세웠던 극우파 정권에 가까웠고, 한국의 우파들은 친미주의에 가까운 독특한 자리매김 때문에 반공에 기반한 반#민족주의 극우파에 가깝다. 그렇다면 민주노동당은? 민족주의 세력들이 다수파를 점하고 있던 민노당은, '독도 사태'가 벌어졌을 때 소속 의원들이 직접 독도를 방문하기도 하고 독도에 공수

――――― 유럽에서 흔히 극우파를 정의할 때 사용하는 말이다. 이런 생각은 동유럽이나 중동 혹은 아프리카에서 온 이민자들 때문에 고용에 불안을 느낀 이십대와 삼십대들에게 그런 외국인들을 추방하여 일자리의 안정성을 찾자고 외치는, 전형적인 포퓰리즘적 선동에서 출발했다. 여기에다 국민으로서의 정체성을 확고히 하자는 주장까지 합세되면서, 1990년대 이후 유럽 국가들에서 대체적으로 10%에 이르는 민족주의 포퓰리즘 지지자들이 만들어졌다. 2002년 프랑스에서는 극우파 후보인 장 마리 르펜이 대통령 결선투표에까지 오르는 일이 벌어지기도 했다. ―――――

부대를 파견해야 한다는 발표를 할 정도로 상식적인 좌파와는 좀 거리가 먼 이념 지형을 형성하고 있었다.

이렇게 지난 5년 동안, 전통적인 반공형 극우파와 민족주의형 극우파들이 한국의 우파와 좌파 영역을 폭넓게 점유하는 가운데 붉은 악마, 한류, 황우석 사태, 〈디워〉 사태 등을 거치면서 매우 빠른 속도로 극우 사회의 기반을 형성하게 되었다. 물론 평화나 반전, 탈극우의 흐름이 전혀 없었던 것은 아니지만, 이런 흐름들은 아주 제한적이었을뿐더러 때때로 통일 이후의 '민족 번영'이라는 강한 민족패권주의나 "우리 민족끼리"의 평화를 가장假裝한 유사 제국주의 흐름으로 변질되는 경우도 종종 발생했다. 이런 상황이 가장 심란하게 발현된 경우는 단연 2007년 대통령 선거였다.

민주신당 정동영 후보의 경우, 좌파 혹은 진보를 자임하다 '중도'라는 독특한 정치지형으로 이동한 뒤, 선거 막판으로 갈수록 '평화경제' 주장을, 점차 북한을 출발점으로 하는 '북방대륙 개척론'으로 바꿔갔다. 북한을 관통하여 러시아를 지나 유럽까지 가는 길만이 국민경제가 번영할 수 있는 길이라고 강변하기까지 했다. 노무현 대통령의 '동북아 중심국가론'이 이제 평화경제론을 넘어 북방 진출로 '업그레이드'되었던 것이다. 당시 정동영 후보의 연설 일부만을 발췌해서 편집한다면, 19세기 후반 혹은 20세기 초반 어느 제국주의 국가의 지도자가 국민들에게 적극적인 해외 진출과 식민지 개척의 필요성을 강변한 연설문이라고 해도 전혀 어색해 보이지 않을 것이다. 단지 그보다 훨씬 더 심한 극우파 진영에 서 있던 이명박 후보의 그림자에 가려

★ 북한과의 경제협력이 남북 평화·경제에 기여하리란 건 엄연 상식적이지만, 그 이면엔 한국 자본이 절실히 요구하는 '식민지'의 그림자가 어려 있다. (『한겨레21』 552호, 2005년 3월 29일자)

져 그런 점이 덜 주목되었을 뿐이다.

그렇다면 이러한 흐름에 반대하거나 제어할 수 있는, 국회 내에서 사실상 유일하게 의미 있는 집단이었던 민주노동당의 대통령 후보는 조금 달랐을까? 정치적인 레토릭과 국내경제에서의 대칭적 주장을 제외하고 국제경제라는 시각으로 보았을 때, 2007년 민노당 권영길 후보의 주장도 사실 이런 정동영식 소제국주의론과 거의 다르지 않았다. 그가 당내 경선 과정에서 내놓은 경제공약집에서는 한국 경제의 '3대 동력'이 다음과 같이 제시되었다.

첫째, 지역경제 공동체에 기반한 '노동중심 혁신 클러스터'를 제시한다.
둘째, '한반도 통일경제 건설'을 통해 제2의 한반도 산업혁명을 이끌 것이다.

1장 세계화 시대, 촌놈들의 제국주의   105

셋째, '북방대륙 경제권 개척'을 통해 제4의 세계 경제권을 주도할 것이다.

이는 결국 북한과 통일을 이루고 그 여세로 북방대륙 진출을 이루어 소위 '제4의 세계 경제권'을 만들어냄으로써 세계를 주도한다는 것인데, 이런 황당한 주장은 한국의 극우파들도 쉽게 입에 담지 않을 민족패권주의적 발상이요, 전형적인 제국주의 담론이다.

물론 우리는 좌파 정당이 이렇게 국민경제의 위기 국면에서 극우파 쪽으로 방향을 틀면서 "계급보다는 민족이 우선이다"고 결정했던 사례를 잘 알고 있다. 그렇다면 이 중도 진영의 사람들이나 민족주의자들이 갑작스레 역사의 배신자가 된 것인가? 아니면 그들의 노선이나 이념에 무슨 급격한 변화라도 생겼기 때문에 이런 일이 벌어진 것인가? 물론 사람의 생각이란 잘 변하지 않고, 특히 집단의 노선은 쉽게 변하지 않는 법이다.(집단이 조직론적으로 작동하는 방식에 대해서는 이 시리즈의 둘째권을 참조하시기 바란다.)

──── 1차 세계대전의 발발 과정에서, 독일 노동자들은 '독일 우선주의'에 열광하고 이에 독일 사회민주당(사민당)도 전쟁을 찬성하게 된다. 약소국이거나 식민지일 때에는 좌파의 한 영역에 있던 민족주의가, 어느 정도 경제발전을 하게 되면서는 제국주의 전쟁에 기꺼이 찬동하며 결국 "민족이 우선이다!"라는 구호를 앞세워 극우파 노선으로 전환한 전형적인 경우이다. ────

노무현 정권 초기 1인당 국민소득은 1만 달러 언저리였다. 중간에 원화의 절상 등과 같은 요소들이 예상치 않게 개입하기는 했었지만, 노 정권이 끝나갈 즈음, 한국은 이미 1인당 국민소득 2만 달러에 이르렀다. 경제규모로는 세계 10위권이지만 대외 의존도와 건설산업 의존도 등 여러 가지 지수에서 OECD 국가의 평균치와는 매우 동떨어진 모습을 보여주는, 그야말로 가장 불균형한 구조로 왜곡된 국민경제를 운용하는 나라이다. 이런 불균형을 시정하자는 얘기는 사실 들어보기 어려웠던 지난 5년간, 노무현 대통령의 다소 전도顚倒된 '균형발전' 실험은 그나마도 실패했다. 이런 판에 한국 경제가 외부식민지를 추구하는 제국주의형으로 전환되지 않는다면 그게 오히려 비상식적일 것이다. 왜냐하면 이 시스템은 거대 규모의 신규 시장 확보와 새로운 1차 자원 확보 없이는 앞으로 나아가는 것은 고사하고 그대로 서 있기도 쉽지 않기 때문이다.

국제경제가 세계화 국면이라고는 하지만, 모든 국민경제가 WTO 내에서 동일한 방식으로 균일하게 상호관계를 맺고 있는 것은 아니다. 한국이, 이미 식민지를 경험한 적이 있는 영국이나 프랑스처럼 평화롭고도 다각적인 경제영토를 갖기는 현실적으로 불가능하다. 또한 일본처럼 세계의 지식을 소화할 수 있는 고급 지식체계를 갖추고 있는 것도 아니다.(일본은 전 세계의 주요 저술들이 6개월 내에 일본어로 번역되는 사회적 장치를 갖추고 있다.) 그렇다고 유사 위성국衛星國들의 중심에 서서 국민경제를 구성해가려고 하는 러시아나 중국과 같은 방식을 선택할 수 있는 것도 아니다.

이 과정에서 한국은 자연스럽게 한미FTA라는, 국제무역 장치를 통한 '촌놈들의 제국주의'로 가겠다는 결정을 한 셈이다. 이렇게 경제 시스템이 자연스럽게 '자기결정화'에 이르는 동안 아무 생각 없이 가만히 있었던 게 한국의 중도―만약 정말로 '중도'라는 것이 존재한다면―와 민족주의자들의 문제였던 셈이다.

어떻든 이런 경로를 거치며 사회가 극우에 가까울 정도로 우경화되고 있는 동안, 노무현의 '2만 달러 경제' 구상(그는 삼성에서 제시한 '2만 달러 경제'라는 표현을 전해 듣고 "눈이 번쩍 뜨이는 듯했다"며 국민들에게 이 개념을 설명한 바 있다)은 당시 예상했던 것보다 3~4년 빨리 달성되었다. 그러나 마치 신기루처럼 이 2만 달러 경제를 달성한 집단은 '경제 무능력 집단'으로 처절하게 붕괴되었고, 한국의 우파들은 대통령 직선제를 실시한 이래로 한 번도 달성하지 못한 사실상 일당독재 구도를 가지게 되었다. 스위스나 스웨덴 혹은 벨기에와 같이 이미 오래 전에 국민소득 4만 불을 달성한 나라들을 보면, 이들 나라에도 극우파와 극우파 정당은 존재하지만 내부적으로 제국주의형 전환을 준비하고 있다거나, 그렇지 않으면 나라가 지탱되기 어렵다는 증거를 찾아보기는 힘들다. 그러나 한국의 경우는 다르다.

——— 사실 '좌우의 균형'이라는 건 굉장히 편의적이고 저널리즘적인 비유이긴 하지만, 상식적인 눈으로 봐도 지금의 한국 사회는 결코 균형 잡힌 사회가 아니다. 스스로 중도라고 부르는 이들을 설사 '리버럴(liberal)'이라 쳐준다 해도, 세계의 어떤 리버럴도 우리의 중도만큼 강성 민족주의자들은 아니다. ———

그럼에도 한국 내에서 제국주의형 전환 과정이 잘 포착되지 않는 가장 큰 이유로, 너무 뻔하지만 분단국가라는 태생적 비극을 들 수도 있다. 사람들은 언젠가 한국도 제국주의와 비슷한 상황이 올지 모른다고 가끔 생각하기는 하지만, 그것은 통일 이후의 일일 것이라고 여기는 경향이 있다. 그러나 이 변화는 이미 시작되었다. '민족해방'과 '민족패권'이라는 두 가지 축이 뒤섞여 있는 상황에서, 미국으로부터 독립해야 한다는 고전적인 주장과 미국의 힘을 빌려 제국주의로 전환하자는 또 다른 힘이 아직은 구분되지 않은 상태이다. 여기다 이

혼돈을 더욱 강화시키는 것은 분단이라는 상황과 북한의 정치적 미래가 아직 결정되어 있지 않다는 애매함이다.

그러나 이 애매함이 영원히 애매한 상태로 남아 있지는 않을 것이다. 정치 절차가 사실상 정지해 있거나, 국민들이 사유를 멈추고 있거나, 시민단체의 주장들이 공전空轉하는 상태라 해도 국민경제라는 시스템은 끊임없이 움직이고 있기 때문이다. 좋은 방향으로든 나쁜 방향으로든, 하여간 어디론가 끊임없이 진화하고 변해가기 때문이다. 그리고 '다이나믹 코리아'답게 한국에서는 이 진화의 속도가 특히 빠르다. 이미 제국주의를 받아들일 마음의 준비를 끝낸 많은 국민들이 국민경제의 팽창을 '수출 확대'라는 이름으로 목 놓아 외치는 중이다. 이것이 한국의 '지금' 그리고 '여기'라는 맥락에서 해석된 '국익'이라는 개념의 맥락이고, 국익의 해석학hermeneutics이다. 그야말로 한국 여기저기를 떠돌며 황우석에게 열광하고, 삼족오에 '필' 받고, 광개토대왕을 외치는 이 목소리들은 '식민지 없는 제국주의의 울분에 찬 목소리'라 하지 않을 수 없다. 만약 한국이 단 하나라도 식민지가 있었다면, 이 목소리들은 '정한론征韓論'을 외치던 19세기 후반의 일본 지식인과 군중의 목소리와 하나도 다르지 않았을 것이다.

이렇게 해서 한국은 노무현의 5년 동안, 제국주의화의 첫 발을 사회적으로 내디뎠다. 역사는 이 순간을 어떻게 기록할까? 냉정하게 생각하면, '촌놈들의 제국주의'라고 기록할 가능성이 높다. 이 목소리의 또 다른 좌파 버전이 바로 '부국강병론'인데, 좌파들마저 부국강병을 외칠 때 큰 전쟁이 벌어졌다는 것은, 슬프게도 역사의 진실이다.

2장
북으로 향하는 한국 자본주의
내부식민지 전략의 강화와 건설자본형 제국주의

★ 이 장에서는, 서울 중심주의라고 부를 수 있는 일련의 한국 자본의 힘이 이미 내부식민지로서 매력을 잃은 지방경제 대신 북한을 새로운 내부식민지로 설정하게 되는 과정과 그에 대한 분석을 담을 것이다. 오랫동안 일종의 사회운동으로 진행되던 통일 과정은, 이제 자본의 새로운 식민지 개척의 힘으로 대체되고 있는 중이다. ★

'오만과 편견'의 시대

　　　　　　한창 식민지 개척에 열을 올리던 19세기 중·후반의 영국, 당시 사람들에겐 나이 마흔을 넘긴 결혼이 아주 흔했다. 스물에서 스물다섯 살이면 가정을 꾸리던 일반 평민에 비해, 특히 지배층의 결혼이 그랬다. 여러 문헌들을 보면, 영국 지배층의 결혼이 늦어진 것은 귀족제도가 해체되는 가운데 여성의 상속권이 아직 등장하기 이전인 어정쩡한 기간에 생겨난 현상이다.

　　　당시 귀족들의 재산은 작위와 영지를 포함해 거의 모두가 장남에게만 승계되었고, 차남들에게 주어진 상속권이란 이렇다 할 게 거의 없었다. 즉, 장자만 다시 귀족이 될 수 있었고 차남부터는 사실상 귀족의 권한이 이어지지 않았던 것이다. 상황이 이렇다 보니, 백작이나 공작과 같은 귀족이 자기 형제들과 한 성에서 대가족을 이뤄 살던 자본주의 초기의 귀족 가정에서 아무런 재산을 갖지 못하던 차남들의 고통이 얼마나 컸을지는 가히 짐작이 될 것이다.

　　　게다가 여성들에게는 재산 상속권 자체가 아예 없었다. 여성들에게 재산을 상속해주기 시작한 건 20세기 이후의 일이다. 이러니 차남들이 결혼할 여성이 설사 귀부인이거나 귀족 집안의 자녀라 해도,

상황은 마찬가지였다. 상류층이 다시 상류층으로 재생산되고 싶어하는 거야 당연한 일이지만, 훌륭한 귀족식 교육을 받았다 해도 차남들과 여성들은 이렇게 다시 귀족으로서 새로운 가정을 꾸리는 게 거의 불가능했다. 따라서 여성들은 장남들과의 결혼만을 손꼽아 기다릴 수밖에 없었다. 재산권을 전혀 가질 수 없었으므로, 결혼에 대한 선택은 더욱 절망적이었고 그만큼 간절했던 것이다.(이러한 귀족들의 불안한 일상은 제인 오스틴의 소설 『오만과 편견』에도 잘 묘사되어 있다.)

한데 바로 이런 상황에 돌파구가 되어준 게 '식민지'라는 존재였다. 동인도회사를 통한 원거리 무역이나 식민지 전쟁에 참가해서 공을 세우는 것이 당시 차남들에게는―적어도 자신이 태어났을 때의 상황만큼은 아니더라도―최소한의 경제적 위엄을 유지할 수 있는 거의 유일한 길이었다. 우리가 소설이나 영화에서 흔히 보는, 재산권 다툼에 관한 형제들의 피비린내 나는 암투와 음모는 바로 이런 제도의 산물이다. 차남이 스스로 귀족이 될 수 있는 길 가운데 비교적 유용한 선택지가 바로 형을 죽이는 것이었으니 말이다. 이것이 1세기 전 가장 화려했던 '팍스 브리타니카'의 한가운데에서 벌어진 결혼풍습도였다. 연인에게 당당히 청혼하기 위해 위험천만한 원거리 무역으로 부자가 되거나 식민지 전쟁에서 영웅이 되려고 숱한 차남들이 식민지로, 식민지로 내달리던 혹은 내몰리던…….

불과 100여 년 전까지만 해도 영국은 물론이고 프랑스, 독일, 이탈리아 등 서유럽 대부분의 국가들이 이렇게 식민지로 진출하지 않으면 자신의 경제적 위치를 재생산할 수 없는 시기가 있었다. 그런 시

★ 한국 자본주의의 '제국주의화'가 무서운 이유는 아무도 기획하지 않았다는 데 있다. 이런 발언들에서 그 징후를 감지할 수 있을 뿐. (『서울경제』 2007년 1월 9일자)

기가 한국에도 오는 걸까? 아니면, 이제 새롭게 선진국이 되려고 하는 100년 후의 한국이 1세기 전의 그런 내부적 혼란을 겪지 않고 바로 '세계화 국면'으로 진입할 수 있을까? 좀 차분하게 생각해보면, 한국 이십대들 상당수는 해외 어느 곳엔가 나가서 식민지의 관리자 혹은 제국 군대의 일부가 되었어야 하는 것 아닐까? 그러나 불행히도 한국 자본주의는 식민지라는 걸 전혀 갖고 있지 않다. 내부의 불균형을 해소할 만큼 자본의 기획자들이 세련되지 못한 상태에서, 영국이 누렸던 것과 같은 '무한한 가능성의 식민지'가 없는 이 시점에서 사람들의 꿈은 무엇일까?

그 꿈과 관련된 두 가지 중요한 단초를 얘기해보자.

첫째, 2007년 한국 대선 과정에서 이명박 후보가 청년실업 문제에 답하면서 "해외에 나가면 좋은 기회가 아직도 많다"는 취지의 발언을 했다는 점이다. 이는 한국 자본주의가 제국주의로—아무도 기획하지 않았다 하더라도—자연스럽게 전환되고 있음을 시사해주는 발언 가운데 하나이다. 15년 전 김우중 대우그룹 회장의 "세계경영"이란 말은 한국 기업의 '다국적화'에 대한 얘기였지만, 그 15년 후 이명박 대통령의 입에서 그런 말이 나왔을 때에는 그 맥락이 전혀 다른 것이다.

둘째, 한국의 이라크 파병 병력이 '경제적 보상에 의하여 스스로 선택한' 자원병이란, 일종의 모병 형식을 가지고 있었다는 점이다. 이는 앞으로 전개될 한국식 제국주의가 영국의 경우처럼 귀족 2세들, 즉 사회 엘리트들이 적극적으로 자신들의 '운명을 개척'하기 위해 참여했던 것과는 달리 도시빈민들과 청년 실업자 등 '먹고살기 위해 돈이 필요한 사람들' 중심으로 움직일 가능성이 높다는 점을 보여준다.

하지만 한국의 식민지가 될 만한 나라가 과연 지구상에 존재할까? 물론 한국 자본주의는 석유를 찾아 중동으로 가고 싶어하지만, 거기에 한국 식민지 역할을 해줄 만큼 만만한 나라는 하나도 없다. 더구나 국제적 견제 과정이 한국에 그렇게 쉽게 공간을 열어주지도 않을 것이다. 그렇다면 중남미는? 중남미 국가들 일부는 지금이야 경제 사정이 아주 어렵지만, 한국보다 산업화의 역사는 더 오랜 나라들이다. 그렇다면 한국이 첫번째로 FTA를 맺은 칠레? 턱도 없는 소리다. 지금 한국이 개별 기업 차원이 아니라 한국 자본주의 차원에서 기획된 식민지 관계로 진출해볼 여지가 있는 곳을 굳이 찾자면 아프리카의 일부 국가 정도다.

극심한 내란과 정치적 혼란이 존재하는 아프리카에는 불행히도(?) 한국 자본주의가 그렇게 애타게 찾아 헤매는 석유와 자원도 존재한다. 그런데 머나먼 아프리카까지 사실상의 식민지를 찾아 나서는 나라들이 많이 있을까? 공교롭게도 일본과 중국은 한국보다 먼저 아프리카에 '자원 외교'라는 이름으로 수년 전부터 간접진출 정도가 아니라 직접진출 방식에 대해 공공연히 논의해왔다. 중국은 최근 모리셔스와 콩고, 잠비아 등에 경제특구를 만들기로 했다고 발표한 바도 있다.

이로써 우리는 고향에서 익숙하게 보던 한중일의 갈등을 그 먼 아프리카 땅에서도 보게 될는지 모른다. 유럽을 떠나 먼 사하라에서 독일과 프랑스, 이탈리아가 정면으로 맞서고, 실제 영국까지 끼어들어서 거대한 탱크전을 벌였던 '패튼 전차대' 얘기가 한중일 버전으로 재연될 수도 있단 것인가? 불행히도, 그럴 개연성은 대단히 높다.

물론 독자 여러분들, 잠깐은 안심하고 계셔도 좋다. 한중일이 아프리카 대륙 어느 곳에선가 전격적으로 부딪치는 것을 보기 전에, 그리고 한국이 어느 순간 '제국'을 선포하고 식민지 개척으로 달려가기 전에, 그 전초전이 북한에서 먼저 벌어질 테니 말이다.

 'DJ 독트린'

나는 김대중 시대의 경제정책과 노무현 시대의 경제정책을 비교하여 '완화된 신자유주의'와 '강화된 신자유주의'라 부르기도 한다. 이 책에서 주된 키워드로 사용하고 있는 '촌놈들의 제국주의'라는 개념을 여기에 적용해보면, 한국에서 그런 제국주의의 단초가 처음으로 모습을 드러낸 게 김대중 집권 후반기 '동북아 중심국가'라는 개념이 국정 운용의 주요 기조로 등장했던 시기 그 어디쯤일 것이라고 앞서도 말한 바 있다. 그런데 여기에다 '맹아萌芽'라는 단어를 사용한다면, 한국 자본주의가 처음으로 제국주의적 발상을 시작한 그 맹아는 어디에서 움트고 있었을까?

외교의 관점에서 그 기원을 따지자면, 노태우 대통령 시절의 북방외교로까지 거슬러 올라갈는지도 모른다. 그러나 이는, 전두환 대통령 시절 국내에서 정권의 정당성을 인정받지 못하자 아프리카 등 국제 외교관계에서 이를 얻으려

——— 국가 이데올로기가 강조된 이 정책은, 실제로는 토목 중심의 건설과제로 변하면서 세 개의 클러스터와 하나의 경제특구 건설을 핵심으로 하여 전개된다. 세 개의 클러스터는 물류 클러스터, 첨단산업 클러스터, 국제금융 클러스터였으며, 하나의 경제특구는 인천에 설치된 경제자유구역이었다. 이렇게 건설산업의 기조로 전환된 동북아 중심국가 정책은 서울의 초고층 빌딩에서 서해안 축을 따라 새만금을 포함한 일련의 개발사업에 대한 정책적 판단의 근거가 되었다. ———

했던 특수한 사정의 연장선에서 이해하는 정도로 족할 것이다. 형식은 경제외교라 하더라도 그 본질은 국내정치의 연장인 경우가 흔했던 게 한국 외교의 실상 아니던가.

어쨌든 그런 가운데서도 IMF 경제위기라는 일대 혼란기에 취임한 김대중 대통령의 대북정책은, 한국 외교사는 물론이고 한국 자본주의의 장기적 흐름에도 큰 영향을 준 사건이었음이 분명하다. 그의 외교정책, 특히 대북 외교정책은, 다른 모든 나라에서 그렇게 명명하듯, '독트린'이라 부르는 게 합당할 것이다. 하다못해 이명박 대통령의—아마 그렇게 생명력이 있을 것 같아 보이지 않는—새로운 한국 외교정책의 원칙마저도 'MB 독트린'이라고 불리는 데 비하면, 김대중 대통령의 햇볕정책을 둘러싼 일련의 정책 프레임은 그 파급력과 중요성에 비해 너무 홀대되고 있는 게 사실이다. 편견 없이 그 시절의 외교정책에 대해 평가한다면, 적어도 당시의 햇볕정책을 'DJ 독트린'이라는 이름으로 진지하게 분석하는 일은 마땅히 필요하다.

이데올로기적인 주장들을 다 떼어내고 경제적인 시각에서만 DJ 독트린의 내용을 재구성해보자. 햇볕정책은 다음과 같은 두 개의 명제로 재구성할 수 있을 것이다.

제1명제: 한국은 북한 정권을 붕괴시키지 않겠다.
제2명제: 한국은 북한에 경제적 지원을 하겠다.

이 두 개의 명제는, 북한 정권의 붕괴를 통하여 자연스럽게 북한을 접수하겠다는 '흡수통일론'에 정면으로 반대한다는 비교적 단순한 내용을 가지고 있다. 사실 1990년대 초반, 동유럽의 사회주의 국가들이 붕괴되고 중국이나 베트남처럼 개방을 선택한 국가들이 전문가들의 예상보다 훨씬 빠르게 시장경제로 이끌려 들어오자, 사실상 왕조국가 비슷하게 비쳐진 북한 정권에 대해 여러 붕괴 시나리오가 나돌았다. 그런데 그때는 IMF 경제위기 상황, 즉 달러를 얻기 위해 '국부 유출'이라는 비난을 들으면서까지 포항제철을 비롯한 공기업들을 민영화시키며 외국 자본 끌어들이기에 혈안이 되었던 때이다. 과연 그런 시기에 경제봉쇄로써 북한 정권의 붕괴를 시도하는 것이 옳았을까, 아니면 그렇게라도 단기 충격을 흡수하면서 장기적인 '안정 비용'을 선택하는 것이 옳았을까? 이는 '역사의 가지 않은 길'에 대한 질문이겠지만, 어쨌든 DJ 독트린은 최소한 한국 정부의 주도 아래 북한을 붕괴시키는—군사적이든 혹은 경제적이든—일종의 정책적 '작전'은 벌이지 않겠다는 의미를 갖고 있었다.

그리고 이후의 10년 역사는 그렇게 진행되었다. 한국에서도, 그리고 가끔은 해외에서도 이 DJ 독트린은 지난 10년 동안 언제나 논란거리였다. 그런데도 이 DJ 독트린이 계속해서 일정한 설득력을 유지할 수 있었던 것은, 북한의 저렴한 노동력과 한국의 자본과 기술이 결합되어 이루어낼, 그야말로 한국 자본주의의 '마지막 비상구'(아니면 '히든카드'?)에 관한 이야기이기 때문이다.

한국이 북한을 돕는다는 DJ 독트린의 두번째 명제는 두 가지 차원에서 해석될 수 있다. 우선 소극적으로 본다면, 마치 UN이 소말리아나 에티오피아와 같은 곳에서 행하는 인권 차원의 식량·의료 지원 같은 것이라 할 수 있다. 말하자면, 굳이 북한이 같은 민족이거나 혹은 역내의 이웃 국가가 아니더라도 세계시민으로서의 보편율에 맞춰 '이 정도는 해야 한다'가 DJ 독트린의 소극적 의미인 셈이다.

그러나 누구나 알고 있듯이, DJ 독트린의 매력은 이를 넘어선 적극적인 의미에 있다. 즉, 지난 10년 동안 한국 경제의 가장 중요한 키워드 가운데 하나였던 '남북경제협력', 줄여서 '남북경협'이라고 부르는 개념이다. 이는 단순히 북한에 대한 인도적 차원의 배려를 넘어서 돌파구 없는 한국의 잉여자본이 북한이라는 배후지로 진출하는 것을 의미한다.

북한의 저렴한—혹은 저렴할 것이 분명하며 앞으로도 저렴하게 유지시키려고 하는—노동력과 한국 자본의 결합이라는 DJ 독트린의 진짜 내용은, 한국에서는 적어도 극단적인 반통일적 신념을 가진 사람조차 그 필요성에 어느 정도 동의하는 터이다. 햇볕정책을 둘러싼 격렬한 논쟁에도 불구하고, 경협의 필요성과 그것이 가져올 장기적인 효과에 대해 근본적으로 부정하는 경우는 거의 없다는 얘기다. 찬성과 반대 사이의 차이점을 굳이 찾자면, 지금의 북한 정권을 먼저 붕괴시키고 경제진출을 하자는 주장과 그렇게 되면 한국이 감당해야 할 통일비용이 너무 크니 북한 정권은 내버려두고 단계적으로 경제진출의 범위를 넓히는 것이 오히려 더 낫다는 주장으로 정리해볼 수 있다. 한국 자본주의라는 눈으로 본다면, 둘 사이에는 단지 이렇게 전술적 차이만 있을 뿐이다.

결국 지난 10년 동안의 숱한 논란에도 불구하고, DJ 독트린은 이렇게 두 개의 명제를 통해서 명확한 국가적 경제행위 하나를 형성하게 된다. 즉, '남한 자본의 북한 진출'이다. 사실상 이것이 DJ 독트린이 국제적으로 설득력을 가질 수 있었던 진짜 내용이고, 이 내용이 가지고 있는 현실성이 이 특수한 독트린에 노벨 평화상을 수여하게 한 핵심이었다. 이는 지난 10년 동안 한국 자본주의의 운동방식과 연결해서 보면 더욱 명확해진다. 지금의 한국 자본주의를 형성시켰던 바탕에 해당하는 섬유산업 등의 제조업들을 어떻게 유지하고 또 어떻게 새로운 방향으로 끌어갈 것인가에 대해, 한국은 실제로 마땅한 해답을 찾지 못하고 있다. 이런 상황에서 제조업이 하나 둘 중국이나 동남아 등지로 이전되는 데 대해 공포스러울 정도의 위기감이 왔던 건 어쩌면 당연한 일이다. 1970년대 이후의 영국에서 제조업의 해외 이전으로 벌어진 일종의 '산업 공동화空洞化' 혹은 '역逆산업화' 현상을 목격한 바 있기 때문에, 이런 공포는 단순한 위기감이 아니라 일정한 실체를 가지고 있는 것이었다.

바로 이런 상황에서 DJ 독트린이 탄생할 수 있었다. 현대그룹의 금강산 관광에서 최근의 개성공단까지, 이른바 역사적인 6·15선언 위에 일련의 대북 경협 사업들이 서 있다는 건 부정하기 어려운 일이다. 한국 자본주의에서 이제 북한이라는 존재는 지난 10년을 거치면서 경제적인 의미로 '식민지'에 더 가까워졌다는 건 분명한 사실이다. 다른 먼 나라에 외부식민지를 갖기 어려운 한국 자본주의의 입장에서 북한만큼 가깝고도 만만한 식민지가 또 있을까? 중국보다 가깝고, 동남아보다 임금이 싸고, 아프리카보다 훨씬 양질의 노동력을 가지고 있는 북한을 식민지로 전환시키지 않는다는 건 상식적인(?) 눈으로 볼 때 오히려 이상한 일인지도 모른다.

DJ 독트린은 10년 전 처음 등장했을 때에도 북한을 내부식민지로 활용한다는 전략을 가지고 있었지만, 당시엔 막 시작된 세계화라는 거대한 흐름에 적응하여 최소한의 국민경제 기반이라도 유지하는 게 급했지, 복합적인 내/외부 진출 전략을 디자인할 수 있는 상황이 아니었다. 그러나 그 후 10년, 냉전 해소 이후로는 15년이 지나면서 미국 중심의 세계 안정 전략도 많이 완화되었고, 한국도 스스로 세계화 전략에 대해서 '입으로만'이 아니라 실제로 진지하게 고민하지 않으면 안 되는 국내외적 상황에 맞닥뜨리게 된 것이다. DJ 독트린의 외형은 물론, 그 안의 내용도 변한 것은 없지만, 한국 자본주의 자체가 변했다고 해석하는 것이 이에 대한 일관된 설명일 것이다. 햇볕정책에 대한 찬/반 입장의 차이는, 다시 반복하자면, 북한을 내부식민지로 전환시키는 데에서 형식적으로 상대 정부를 그대로 두고 식민지 정책을 추진할 것인가, 아니면 상대 정권을 무너뜨리고 일종의 총독부처럼 직접 관리할 것인가에 있는 셈이다. 여기에 본질적으로 무슨 차이가 있겠는가.

어쨌거나 DJ 독트린 등장 후 10년, 이제 정권도 바뀌었으므로 DJ 독트린이 폐기될 수도 있을까? 천만의 말씀이다. 언젠가 새로운 평화 독트린에 의해 대체되기 전까지 DJ 독트린은 그 패권적 속성이 더욱 강해질 것이다. 전면적인 대북 침략이든 혹은 미국 극우파들(네오콘)의 표현대로 '비대칭 전투'이든, 어쨌든 한국이 북한을 붕괴시키는 매우 적대적인 방식으로 대북정책의 기본 방향을 바꾸는 경우를 제외하면, DJ 독트린의 근본적인 내용은 앞으로도 변하지 않을 것이다. 아니, 오히려 과거 어느 때보다 한국 자본주의가 DJ 독트린의 실질적인 내용을 더 갈망하고 있으므로 이런 경향은 시간이 지날수록 더 강렬해질 것이다. 진실 여부와 상관없이 한국의 자본은 가장 쉽게 돈을 벌 수 있는 기회의 땅으로 지금 북한을 지목하고 있다. 그리고 그 돈을 그 어느 때보다 애타게 갈구하는 중이다.

통일 근본주의와
이윤 중심주의의 결합:
민족패권주의

여기서 DJ 독트린이 형성되어온 역사적 과정을 일별해볼 필요가 있다.

1970년대 한국에서 평화적인 통일을 지지한다는 건 국가보안법이 엄연히 존재하는 현실에서 일종의 정치적 사상범이 되는 일이었다. 북한을 무찔러 없애야 할 '적敵'으로 인정하지 않는 것은 자신이 잠재적 사상범임을 공개 선언하는 격이었다. 1990년대 초반 '베를린 장벽'으로 상징되는 동구권 사회주의가 붕괴되면서 냉전체제가 국제적으로 빠르게 해소되었음에도 불구하고, 이 기묘한 사상 통제는 1990년대에도 계속 이어졌던 터라 DJ 독트린도 사회적으로는 매우 급진적인 주장으로 받아들여졌다. 1994년 한국의 안정을 일순간에 뒤엎었던 이른바 '서울 불바다 정국'만 떠올려봐도 이는 익히 짐작되는 일일 것이다.

그럼에도 한국 현대사의 흐름 속에서 통

───── 1993년 북미 간의 핵 협상 결렬 이후 미국은 핵시설 의심 지역에 대한 폭격용 레이저 유도탄을 남한에 증강 배치했다. 이에 1994년 3월 19일 남북 특사교환 실무 접촉에서 북한 박영수 대표가 "전쟁이 일어나면 서울은 불바다가 된다"라는 발언을 한 이후 한반도 정국은 급속히 얼어붙었다. 여론은 '서울 불바다' 발언에만 초점을 맞출 때 아닌 반공 러시가 벌어졌다. 미국이 북한을 선제공격할 가능성이 있고 전시작전권이 주한미군 사령관에게 있는 까닭에 전쟁이냐 평화냐를 자기 손으로 결정하기 힘든 남한의 딜레마가 본격적으로 드러난 것도 바로 그즈음이다. ─────

일운동이라는 일련의 사회적 흐름이 DJ 독트린이라는 것을 만들어냈고, 이것이 정부 정책의 기조로까지 세워졌다는 점은 분명하다. 그러나 그 통일운동이라는 흐름의 또 다른 측면에 근본주의적 요소가 있었다는 점 또한 부인할 수 없다. 문학계를 비유로 들자면, 오랫동안 한국의 문학은 민족문학과 친일문학 두 가지로 구별되었고, 1980년대 이후는 통일문학과 반통일문학이라는 흐름으로 분류되었던 예가 그러할 것이다.(한국의 작가들 모임이 2008년 초반까지 '민족문학작가회의'였다는 점은 여러 가지를 시사한다.) 지금으로선 우스운 얘기지만, 한때 우리에겐 '나이키 신발'을 신었는지 '코카콜라'를 마시는지 따위로 사람들의 정치적 성향이 평가되던 시절도 있었다.

쇼비니즘, 근본주의 혹은 기타 이름으로 불리는 '환원주의'는 사실 인간 사회에서 가장 무서운 현상 중 하나다. 환원주의는 설명력이 강한 대신 설명할 수 없는 것들까지도 단 하나의 척도만으로 설명해냄으로써 위험한 철학으로 전환되기 쉽다. 국가주의, 독재자 혹은 감성적 이론, 모두 강한 환원주의적 속성을 갖는데, 여기에 대항하는 사람들 역시 자연스레 환원주의적 경향을 내보인다. 제국주의가 가지고 있는 강력한 쇼비니즘에 맞

──── 우리말로는 'fundamentalism'도 'chauvinism'도 다 '근본주의'로 번역된다. 기독교 내에서 모든 것을 성경이 말한 근본적인 의미로 해석해야 한다는 흐름이 19세기 미국에서 생겨나면서 그것이 근본주의(fundamentalism)라는 용어의 출발이 된 반면, 회교 근본주의는 '회교 쇼비니즘'이라 불린다. 여성주의에서도 지나치게 근본적인 여성주의는 쇼비니즘이라고 한다. 흔히 '마초(macho)'라고 부르는 극단적인 남성 우월주의도 그래서 '남성 쇼비니즘(Male Chauvinism)'이다. 어쨌든 우리는 회교 쇼비니즘, 여성 쇼비니즘…… 이런 식으로 번역하지는 않는데, 이는 쇼비니즘이라는 용어를 '극렬한 민족주의' 혹은 '합리적이지 않은 극우파'라는 단 하나의 용례로만 사용하던 한국의 지적 전통 때문일 것이다. 펀더멘털리즘이든 쇼비니즘이든 이 근본주의라는 단어가 가지고 있는 공통적 뉘앙스는 '환원주의', 즉 하나의 요소로 나머지 모든 것들을 해석하려는 경향이다. ────

서는 민족해방 진영에서 남성 쇼비니즘이 강해지거나 민족환원주의가 강렬해지는 것은 어쩌면 피하기 어려운 숙명인지도 모른다. 현실에서는 여러 다른 요소들이 나름으로 힘의 균형을 만들면서 어느 한 극단으로 치닫지 않게 한다고 할 수 있는데, 이는 '정의'라는 용어 자체도 시대적 맥락이 바뀌면 전혀 다른 내용을 가지게 된다는, 다소 슬픈 생각과도 연결된다. 이것이 2008년 한국이라는 공간에서 DJ 독트린이 사회적으로 통일 근본주의라는 위험한 생각으로 전환된 시대적 맥락이라고 할 수 있을 것이다. 여기에서 우리는 두 가지 맥락의 변화에 대해서 생각해볼 수 있다.

─── 민족해방은, 식민지 대중이 제국주의에 맞서 어떻게 싸울 것인가를 밝힌 레닌의 저작에서 비롯된 용어이다. 레닌은 제국의 민족주의에는 철저히 반대했지만, 식민지나 소수민족의 민족주의는 지지하여 '민족해방'을 주장했다. 한국 사회에서는 국민소득 5000달러 시대에 등장한 이후, 우리 사회를 '반봉건 식민지'로 규정하고 이후 '반미(反美)' '조국통일'을 당면과제로 보는 일군의 남한 진보 세력에게 대표적 구호이자 이론적 기반이 되었다. ───

애당초 국민소득 1만 달러 시대에 세워졌던 DJ 독트린은 그 자체의 내용에는 변함이 없지만, 어느덧 국민소득 2만 달러를 넘어서 3만 달러를 내다보는 이 시점에서 '민족해방National Liberalization'이라는 함의는 전혀 그 맥락을 달리하게 된다. 당연한 일이다. 경제발전 단계상 지금의 한국은 다른 나라의 침략이나 경제적 종속에 대해 걱정해야 하는 처지가 아니라, 오히려 인근의 다른 약한 나라가 한국 자본의 침탈 만행에 대해 걱정해야 하는 처지이기 때문이다. 이미 한국의 기업들은 말레이시아나 미얀마와 같은 1차 자원 수입국은 물론, 중남미와 아프리카의 국내정치에까지 점차 관여하는 입장이기 때문에, 10년 전과 비교하면 그야말로 국제경제의 맥락에서 근본적인 변화가 있다고 하지 않을 수 없다. 미국 경제권에 대한 복속 문제 역시 기본적으로는 미국이 원한 것이라기보다는 한국 지배층의 선택에 가깝고, 그래서 정확히 따지자면 국민경제의 운용에 대한 내부적 결정에 관한 문제라 할 수 있다. 실제로 FTA 협상에서도 미국이 먼저 제안하고 주도권을 행사했던 멕시코와는 달리 한국의 경우에는 한국 정부가 먼저 제안하고, 논의의 틀을 주선했다는 사실은 잘 알려져 있다. 만약 이러한 상황에서도 '민족해방'이라는 범주가 사용된다면, 급진적인 『가디언』지 같은 곳에서 종종 놀리듯이, 캐나다나 오스트레일리아 혹은 뉴질랜드처럼 경제는 물론이고 외교 및 국제 전략에서 미국과 같이 움직이는 국가들은 그야말로 단순 식민지일 것이고, 같은 기준을 적용하면 영국도 미국의 식민지라고 해야 할 것이다.

그러나 2008년의 시점에서 한국은 이미 민족해방의 주체가 아니라 민족해방의 대상에 점점 가까워지고 있다고 할 수 있다. 지금 일종의 유행처럼 중동으로 가는 선교집단은 한국을 지배한다는 미국의 요청에 의한 것도 아니고, 그렇다고 국제적 민족해방전선(!)의 국제연대를 위해서 가는 것은 더더욱 아니다. 순전히 한국 자본의 지배자들이 제국주의로의 전환을 위한 포석으로 이십대 젊은이들을 파견하는 것이라고 보는 게 더 타당할 것이다. 한국에 와 있는 수많은 외국인 노동자들에게 한국은 이미 작은 중소기업이라도 그들의 모국에 있는 버젓한 대기업보다 조건이 훨씬 나은, '제국의 주춧돌'과 같은 존재가 아닐까?

두번째 역사적 맥락의 변화는, 자본 그 자체에서 생겨난 변화라고 할 수 있다. 이는 규모의 문제라기보다는 구조의 문제이다. 세계화 국면에서도 모든 자본주의 경제가 일정한 규모 이상이 되면 1세기 전에 그랬던 것처럼 외부식민지를 필요로 하는 제국주의형 국민경제로 전환될 수밖에 없는가 하는 조금 미묘한 질문이다. 스웨덴이나 덴마크 혹은 네덜란드는 활발하게 개방형 경제활동을 하지만, 이들을 '제국형' 선진국이라고 하기에는 분명히 국민경제 운용 양상이 다르기 때문이다.(그렇다고 이런 나라들이 언제나 '천사표 경제'를 운용하고, 언제나 '정의로운' 국가라고 말하고 싶은 것은 아니다.) 여기엔 여러 가지 다른 설명이 가능하겠지만, 일단은 그런 나라들에 비해 한국은 지나치게 높은 수출 의존도, 수도권 집중, 양극화 등 국내경제의 불균형이 극단적으로 높아진 상태에서, 필사적으로 새로운 균형을 찾아 나가는 과정 없이 기계적으로 규모를 키우는 식의 국민경제 운용을 강행한 데서 오는 차이이다.

  여러 가지 지표에서 간단하게 이런 왜곡들은 금방 관찰될 수 있는데, 어쨌든 그 가운데 가장 특징적인 것은 수도권에 대한 경제집중이 세계에서 가장 높은 경제라는 점이다. 물론 한국을 제외하면 프랑스 경제 정도가 이렇게 수도권 집중도가 높기는 하지만, 어떤 방식으로 수도권을 정의하더라도 한국처럼 서울과 수도권으로 정의되는 좁은 공간에 인구의 절반 이상이 집중된, 기괴하고도 요상한 방식으로 경제발전이 전개된 경우는 없다. 물론 '이중국가 dual state'라는 개념을 동원하거나 혹은 '내부식민지'라는 개념을 동원하는 경우는 종종 있을 수 있지만, 그 어떤 경우도 한국처럼 극단적인 경우는 자본주의

> **"치수 위해서라도 운하 필요하다"**
> **'물만난' 건설업계 논리개발 한창**
>
> 국고 투입 전망에 반색
>
> 한반도 대운하를 준비해 온 건설회사들이 이명박 대통령이 단계적으로 운하를 건설하겠다고 밝힌 것에 대해 "달라진 것은 없다"고 하면서도 말을 아끼는 분위기다.
> 현대·대우·지에스·삼성·대림 등 대형 건설사와 중견 건설업체 컨소시엄 간사인 손문영 현대건설 전무는 "치수사업 때문에라도 대운하는 필요하다고 본다"며 "경부운하를 한강 구간, 낙동강 구간, 조령 구간으로 나눠 사업제안서를 준비한 만큼 조령터널 구간을 제외하면 크게 바뀌는 것은 없다"고 말했다.
> 건설업체 컨소시엄 쪽은 운하사업을 '치수사업'으로 포장해 추진하기로 이미 정부 쪽과 교감을 나눈 것으로 보인다. 한 건설사 관계자는 22일 "이달 말로 잡았던 사업제안서 제출을 무기 연기하고 각 건설사에서 파견된 40여명의 직원이 각계 전문가들의 협조를 얻어 대운하는 치수에 필요한 사업이라는 논리를 만들어 내고 있다"고 밝혔다. 컨소시엄 쪽은 벌써 치수사업을 하면서 보를 만들면 물 관리가 가능해 홍수 위험을 줄이고 수돗물도 더 맑게 공급할 수 있다는 주장도 펴고 있다.
> 또 건설업체들은 한강, 낙동강, 영산강, 금강 등 4대강 치수사업을 국가 재정으로 하면 민자 사업보다 더 안전하게 참여할 수 있다는 평가도 하고 있다. 치수사업으로 하천을 준설해 뱃길을 내든, 물을 가두는 보(댐)를 만들든 건설업체들의 사업 물량이 지금보다 늘어난다는 것이다.
> 국토해양부는 제방 보강, 제방 쌓기 등 올해 4대강 치수사업 예산으로 한강 수계 286억3천만원, 낙동강 수계 1372억9100만원, 금강 수계 328억9300만원, 영산강 수계 191억2900만원을 책정해 놓았다. 국토부는 2011년까지 한강 수계 1835억5200만원, 낙동강 수계 9460억3100만원, 금강 수계 2724억1200만원, 영산강 수계에 736억8천만원을 투입할 예정이다. 하지만 이 예산은 순수한 치수사업용이어서 강을 준설해 뱃길을 내고 보를 만드는 데는 턱없이 부족할 것으로 건설업계는 보고 있다. 운하를 치수사업으로 포장해 추진하려면 치수예산을 크게 늘려야 한다는 얘기다.
> 이에 대해 국토부 관계자는 "운하는 애초 방침대로 건설업체들의 사업제안을 받아 민자로 추진하는 것이며 치수사업 예산은 운하와 별개"라고 밝혔다.   허종식 선임기자 jongs@hani.co.kr

★ 토건국가라는 말이 자연스러울 만큼 건설자본의 포식성은 한국 경제를 좌우하는 결대적 힘을 가진 것이 그 특징이다. 《한겨레》 2008년 5월 23일자)

역사에서 찾아보기 어렵다. 북부 이탈리아와 남부 이탈리아의 경우나 스코틀랜드와 잉글랜드 같은 경우라 할지라도, 수도권 외의 나머지 지역이 수도권의 '경제적 안녕'을 위해서 수탈을 기꺼이 감내하는 이토록 이상한 국민경제 모델은 결코 아니다.

이러한 상황에서 건설자본 위주의 지방 경제정책을 더는 감당할 수 없게 된 한국 자본의 입장에서 북한이라는 넓은 '경제적 잠재성'은 하늘이 준 기회라 하지 않을 수 없다. 정치적으로는 한중일 세 나라가 북한을 어떻게 보든 상관없이 북한은 이미 세 나라를 포함하여 여러 자본들의 국제적 각축장으로 전환되는 과정에 있고, 경의선과 경평선을 축으로 하는 전면적 북한 개발 계획에 어느 나라가 우선적으로 참가할 수 있느냐가 자본의 운명을 가르는 분기점이 될 수 있는 상황이 10년 만에 펼쳐진 셈이다. 한국의 국민경제는 수도권 집중 시스템 하에서 거의 무모하다시피 한 건설사업을 대규모로 지방에서 새롭게 만들어내는 데 이미 한계에 봉착한 상황이다.(이런 맥락에서, 이명박 대통령이 한반도 대운하를 추진하려는 동기를 쉽게 이해할 수 있을 것이다.) 그래서 건설자본을 필두로 해외에서 새로운 가능성을 찾아내지 못하면 그 거대한 규모 자체도 유지하기 어려운 상황에서, 북한이라는 거대한 건설물량은 이제 통일과 관련된 사회적 운동 차원에서의 동력이 아니더라도, 한국의 자본이 북으로 향하게 만드는 첫째 요소가 된다. '북핵 문제'와 같은 군사적 긴장 요소의 마지막 안전판과 '3통'(통행·통신·통관)으로 상징되는 초기 인프라와 제도적 정비 문제만 해결된다면, 한국 자본은 오히려 속도 조절과 한국 내의 내부 균형을 위한 새로운 규제정책이 필요할 정도로 앞다투어 북한으로 가게 될 것이다.

  1998년 IMF 경제위기의 한가운데에서 정주영 현대그룹 명예회장이 소떼를 몰고 방북했던 10년 전과 지금의 경제적 맥락은 이렇게 분명히 다르다. 불과 10년 만에 다가올 수많은 경제적 실패를 각오하며 '결연한 정신으로' 한국의 자본가가 휴전선을 넘었던 것과 비교하면, 지금은 초토화된 북한의 기간망과 기초 산업들에 투자하기 위한 설레임으로 북한을 바라보는 한국의 자본은 말 그대로 '스탠바이' 상태라 할 수 있다. 그리고 좋은 일인지 나쁜 일인지 바로 판단하기는 어렵지만, 어쨌든 이런 이윤 중심주의에 의한 자본의 북한 진출 경향은 시간이 지나면서 점차 더 강화될 것이다.

  이러한 10년 사이의 변화 속에서, 세계에서 가장 그로테스크한 '민족해방전선'이 벌어지게 되었다. 수많은 사회 과제 중 통일 문제라

★ 10년 전, '소떼 방북' 이벤트는 경제적 실패를 감오한 남한 자본의 모험 이었지만, 지금의 북한 진출에는 '내부식민지화' 라는 그림자가 드리워 져 있다. (『한겨레21』 213호, 1998년 6월 25일자)

는 측면에서 특화하여 발생한, 일종의 통일 근본주의와 자본의 식민지 진출을 위한 변화가 한 공간 안에서 서로 경쟁하고 질시하면서도 서로에게 도움을 주는 묘한 상황이 벌어진 것이다. 노무현 시대에 일부 통일 근본주의자들이 개성공단 및 북한에 건설될 공단들의 중요성을 강조하며 한미FTA를 열광적으로 지지한 사건이 그것이다. 황우석 사건, 〈디워〉 파동과 궤를 같이하는 일련의 사건들은 통일운동 내부에서도 벌어졌는데, 그 가운데 앞으로 나타날 사건들의 방향을 보여주는 한 단어가 바로 '만주행行 민족패권주의'이다. 19세기 후반 일본이 한국을 침략하기 전에 '정한론'이란 약간은 감성적인 주장이 있었듯이, 지금 한국에는 만주 진출과 관련된 유사한 감성주의 흐름이 있는 셈이다. 통일 근본주의 시각에서는 북한과 힘을 합쳐 '우리 민족끼리' 북방 개척을 하면 좋을 것 아니냐는 식이 되는데, 결국 이는 북한 말고는 별도의 식민지를 가지기 어려운 한국 자본주의의 제국주의적 비전과 궤를 같이하는 것이다.

이렇게 DJ 독트린은 한편에선 통일 근본주의를 거쳐 쇼비니즘에 가까운 민족패권주의와 만나고, 다른 한편에선 이윤법칙들을 통해 자본의 민족패권주의와 만나게 되었다. '우리 민족끼리' 힘을 합쳐 통일도 하고, 경제성장도 도모하고, 더불어 민족의 숙원이던 만주로의 진출도 꾀하고, 유라시아 대륙을 따라 철도망과 도로망도 건설하며 영원한 경제번영을 이루자는 얘기는 황홀하도록 아름다운 얘기이기는 하다. 지금 한국에서의 통일 근본주의와 이윤 중심주의가 결합하는 이런 과정은 형태상으로는 19세기 말 전형적인 제국주의의 탄생을 이뤄냈던 힘과 동일한 것이며, 지금 한국에서 매우 빠른 속도로 증가하는 민족패권주의는 현실 세계에서는 한국형 경제패권주의를 탄생시킨 힘과 동일한 것이다.

우리가 하면 다르다? 다를 까닭이 없다. 자본의 법칙은 대체로 동일하게 관철되는 법이다. 이제는 시대가 변했다? 1세기 전이나 지금이나 자본의 법칙은 크게 바뀌지 않았고, 19세기에 이러한 일련의 일들을 조율하던 영국의 힘이 세계대전을 막아주지 못했던 것처럼, 영원할 것 같은 미국 중심의 조율하는 힘도 영원할 것이라는 보장은 없다.

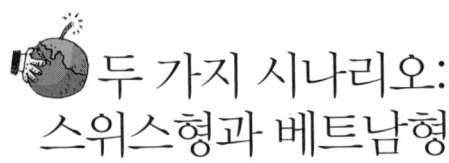 두 가지 시나리오: 스위스형과 베트남형

'발전경제학development economics' 이라는 아주 흥미로운 분과가 하나 있다. 수학적 정형화에 지나치게 집착하는 최근의 경제학 이론들을 보면 경제학자들이 현상에 대한 구체적인 분석을 포기한 듯 보이기도 한다. 이에 비해 발전경제학은 수학 모델은 덜 사용하고 그 대신 각 국가별 관찰에 힘을 쏟았는데, 대체로 1970년대에서 1990년대까지가 이 분과의 전성시대라 할 수 있다. 일반적으로 '필드 스터디field study'라 부르는 현장조사가 이론작업만큼이나 중요한 위상을 차지하는 게 인류학과 생태학인데, 발전경제학에서도 현장조사는 대단히 중요하다. 각 국가별 경제발전 현황에 대한 조사와 앞으로의 대안에 대한 연구를 주로 하는 분과라고 보면 된다. 물론 수학적으로 정형화된 일반 모델이 되기에는 국가별 차이가 너무 많아 "이런 것도 경제학 이론이냐?" 하고 구박을 받기도 하지만, '세계화'라는 용어 자체를 낳은 게 또 이 발전경제학 분야이다.

이 발전경제학은 선과 악이라는 두 얼굴을 동시에 가지고 있다. 악인의 얼굴이라면, 유럽에서 과거 제국주의 시대의 구舊식민지 관리를 했던 학문이라는 점일 것이다. 영국·독일·프랑스의 경우가 그랬고, 가깝게는 일본의 경우도 그랬던 것으로 알고 있다. 한국에서 유행했던 박정희 시대의 발전경제학이 '우리가 어떻게 발전할 것인가?'라는 일종의 당사자 질문이라면, 구제국주의에서 하던 발전경제학은 과거의 식민지와 어떻게 계속해서 경제적 유대관계를 유지하고 또 그들을 적절히 관리할 것인가 하는 실용적 의미를 갖는다. 별로 아름다운 얼굴은 아니다.

그런데 동시에 발전경제학은 국제적인 관점에서 '가난한 사람'에 대해, 인권에 대해, 아동들의 부당한 노동과 굶주림에 대해 끊임없이 질문하고 고발하는 또 하나의 역할을 갖고 있다.

이런 발전경제학에서 상식적으로 얘기되는 몇 가지 개념들을 가지고 북한 경제에 대해 간단히 짚어보자. 우선 북한은 EIT와 LDC라는 두 개의 개념 중 하나에 해당할 것이다. EIT Economy-In-Transition는 '전환 중인 경제'를 의미한다. 구동구권 국가들의 경우, 전통적인 사회주의 경제에서 시장경제로 옮겨가는 중이고, 그래서 일반적인 개발도상국가들과 같은 부류로 묶기가 좀 애매하다. 게다가 사회주의나 시장경제처럼 정치적 의미가 강한 용어를 사용하기는 부담스럽기 때문에, UN에서는 구동구권의 사회주의 국가들에 대해 좀더 중립적인 느낌의 EIT라는 용어를 사용하

───── 발전경제학 전공자들 가운데 UN에서 특별히 중요한 역할을 했던 사람들이 많은데, 특히 UN의 세계발전계획(UNDP)이라는 기구의 밑그림을 그렸던 베르나르 로지에(B. Rosier)를 비롯해, UN의 세계식량계획이나 세계은행 같은 곳에서도 발전경제학자들이 맹활약했다. UN에서 가지고 있는 경제 프로그램, 심지어는 세계경제를 보는 패러다임 자체가 이런 발전경제학자들의 생각에서 기인한 것들이 많다. UN은 무엇인가를 해결하기 위해서 만든 국제기구이므로 "내버려두면 시장이 알아서 다 한다(Laissez-faire!)"라는 극단적 자유방임주의만 주장하고 있을 수 없다는 것은 너무 당연하다. 그렇게 모든 것이 스스로 알아서 아름다운 균형으로 간다면, UN이라는 기구 자체가 존재할 필요가 없을 것이다. 그래서 미국식 자유방임주의가 전 세계 학계를 다 평정한 것 같아 보여도, 여전히 UN 내에서는 별 힘을 못 쓰고 있다. ─────

고 있다. 동독을 비롯하여 헝가리, 체코, 베트남과 같은 나라들을 이 범주에 넣는 게 일반적인데, 만약 북한이 소위 '개혁개방' 과정을 선택하게 되면 그 순간부터 북한은 국제적으로 EIT 범주에 포함될 것이다. 물론 현재의 북한을 여기에 넣을 수는 없는 것이, 아직까지 이 '전환'이라는 과정이 시작되었다고 보기는 어렵기 때문이다.

또 하나, 북한에 해당하는 범주는 LDCLeast-Developed Country, 즉 '최빈국가'라는 것이다. LDC는 최고로 가난하다는 뜻의 최빈국가와 저개발국가Less-Developed Country라는 두 단어의 약자인데, 북한이 최빈국가인지 저개발국가인지 가끔 논란이 되기도 한다. 어쨌든 객관적으로 북한 경제는 EIT보다는 LDC에 가까운 상태라고 할 수 있는데, LDC라는 이 거북스러운 용어의 진정한 함의는 국제적 '지원' 혹은 '촉진' 프로그램을 이끌어내기 위한 것이다.

북한의 1인당 국민소득은 국제적으로 공인된 수치는 없고 가격 수준을 환산해서 다양한 방식으로 추정하는데, 300달러에서 800달러 안팎에 해당한다는 몇 가지 추정치들이 있다. 물론 어떤 경우에도 1000달러를 넘어서지는 않는데, 이 정도면 전형적인 저개발국가의 범주에 들어간다고 해도 무방할 것이다. 기아에 대한 국제 원조 프로그램이나 UN환경계획의 기금이 투입되는 일이 그래서 가능하다. 동구의 EIT 국가에 대해서도 국제적인 지원이 이뤄지기는 하지만, 기아 문제와 같은 이유로 기본적인 국가관리를 UN이 대행해주는 일은 거의 없다. 그러므로 북한의 경우는 일반적인 LCD 국가들과 마찬가지의 접근과 정책이 적용된다고 할 수 있다. 군사력이라는 잣대를 제외하면 UN에서 북한에 접근하는 방식은 아프리카나 중남미 일부 국가들에 대해 사용하는 LDC라는 기준에 정확히 일치하는 셈이다. 1970년대 중·후반 제3세계 국가들을 이끌던 북한의 외교적 위상을 생각해보면 북한 경제의 이런 몰락은 드라마틱하기까지 하다.

그렇다면 북한이라는 이 특별한 경제가 하나의 국민경제를 형성하고 독자적인 시스템을 만들면서 시장적 발전 단계로 접어든다면 어떠한 변화가 올까? 이 과정을 일반적으로는 '개혁개방' 또는 단순하게 '개방'이라 하거나, 동구권 국가처럼 '전환'이라 부르기도 한다. 물론 국민소득이라는 변수가 모든 것을 설명해주는 것도 아니고, 또 기계적으로 계산된 국민소득이 높아진다고 해서 반드시 좋은 국민경제라 할 수 있는 것도 아니다. 학문적 용어로 얘기한다면 구조적 변화가 발생하는 현상을 '발전'이라고 하고, 이런 것들과 상관없이 단순하게 규모가 커지는 것을 '성장'이라 한다. 어쨌든 북한 경제가 현재의 저개발 상태에서 벗어나기 위해서는 어떤 의미로든 구조적 변화가 필요할 것이다.

그런데 북한은 유사한 문제점을 안고 있는 나라들끼리 이웃하고 있는 아프리카의 저개발국가들과는 상황이 많이 다르다. 예컨대, 케냐와 탄자니아라는—킬리만자로와 마사이 부족, 국립공원 사파리, 그리고 트리플 A급의 커피 생산지로 유명해진—두 나라의 경우를 보자. 케냐는 미국의 동맹이었고, 탄자니아는 사회주의 국가였다. 요즘에야 케냐의 정치적 분쟁이 격화되어 두 나라 모두 그야말로 유사하게 대책 없는 저개발국가처럼 보이지만, 케냐는 오랫동안 탄자니아보다 훨씬 잘살았고 세렝게티라는 천혜의 국립공원 사파리로도 국제적 명성이 높은 나라였다. 냉전기에 케냐의 수도 '나이로비'라는 단어는 "자본주의를 선택하니까 얼마나 부유하게 되느냐?"라는 물음을 대변하는 상징적 존재였다. 나이로비의 화려함은 저개발과 기아로 고생하던 탄자니아와 비교되며, 냉전시대의 국제적 홍보 대상이었다.

그러나 지금에 와서 본다면 두 나라의 국민경제에 근본적인 차이점은 거의 없고, 무엇보다도 한 나라의 경제가 다른 한 나라의 경제를 완전히 흡수할 정도로 격차가 나는 건 더더욱 아니다. 두 나라의 국경에 살고 있는 마사이족은 정말 재수 없게도 유럽 강국들이 지도에 자를 대고 그어놓은 국경이 부족의 영역 한가운데를 지나가는 비운을 겪었는데, 케냐 쪽에 살든 탄자니아 쪽에 살든 가혹한 상황에 내몰린 마사이족에게 '복지'를 제공할 정도가 못 된다는 점에서는 결국 그 나라가 그 나라인 셈이다.

그러나 북한의 경우는 다르다. 북한을 둘러싼 나라들은 국제적으로 대규모 경제권과 효율성으로 유명한 경제들인데, 이에 비해 현재의 북한 경제는 군사력을 제외하면 거의 아무 의미가 없을 정도로 작은 경제 규모이다. 약간 과장한다면, 한국 입장에서도 광역지자체 하나가 늘어나는 정도밖에 안 되는 실정이다. 경제적인 규모만으로 따지자면, 북한은 주변의 이웃국들에 대해서 하나의 독립된 국민경제를 만들어내기도 어려울뿐더러 독자성을 안정적으로 유지하기도 어려운 상황이다. 공간적으로는 주변 국가들이 가지고 있는 특성 때문에 '자율성' 측면에서 오히려 아프리카에 있는 국가들보다 더 나쁜 조건이라 할 수 있다. 규모가 훨씬 큰 경제가 다른 경제를 흡수하는 현상을 '블랙홀' 효과라고도 하는데, 물론 북한의 당국자들도 이런 현상이 벌어지게 될 것이라는 점을 잘 알고 있을 것이다. 그래서 더욱더 북한은 문을 굳게 걸어 잠그고, 일종의 군벌정치 혹은 '정치 과잉 시스템'을 운용하게 된 것으로 이해할 수 있다.

여기서 위성경제satellite economy라는 개념이 현재의 북한이 처해진 미래를 예측하는 데 도움이 될 것이다. 큰 규모의 경제 옆에서 일종의 하부 부속처럼 작동하는 경제이지만, 그렇다고 해서 정치적으로 완전히 종속되거나 부속되지 않는, 나름의 독자적 경제권을 형성할 때 이를 위성경제라 한다. 북한 경제가 수년 내에 붕괴하지 않고 어떤 형태로든 성공적으로 경제발전을 시작한다면, 이 경제는 전형적인 위성경제 형태가 될 가능성이 높다. 차이가 있다면 한국 경제에 전적으로 부속된 경제가 되거나, 아니면 중국 혹은 일본에 부속된 경제가 되거나, 그것도 아니면 세 나라에 부분적으로 통합되는 경제가 되거나 할 것이다.

물론 북한으로선 자신들이 스스로 개방의 방향과 속도를 조절하는 방식인 '중국형 개방' 혹은 '베트남형 개방'을 선호할 것이다. 그러나 그 이름이 뭐가 되었든, 북한 경제의 발전이 시작되면 수년 내에 위성경제 형식이 될 가능성이 높고, 한 나라의 경제에 부속이 되는 경우 사실상 식민지 경제와 유사한 형태가 될 것이다. 사실 북한에 베트남식 개방은 한국이나 일본과 아무런 경제적 관계를 맺지 않은 채 일정 기간을 중국이라는 경로를 통해서만 개방을 하는 특수한 폐쇄적 구조를 유지하는 길이다.

그러나 이는 현실적으로 불가능하다. 단기적으로는 특구를 만들면서 특구에서 들어오는 임금을 종자돈으로 초기 도약을 시도할 수 있는 가능성은 열려 있지만, 장기적으로는 현재의 폐쇄적인 군부독재를 그대로 두고 가는 베트남식 개방의 가능성은 매우 희박하다. 이는 현재의 북한 개방을 시도하는 미국이나 한중일이 특별한 정치적 음모를 가지고 있어서가 아니라 시장경제의 작동원리라는, 누구도 통제하기 어려운 일반 원리와 국민경제의 지정학적 조건 때문이다.

10년 정도의 기간을 놓고 생각해보면, 현재의 북한 군부가 해체되거나 일종의 총독부와 같은 식민지 정부처럼 작동하는 정부로 존속되는 두 가지 가능성이 훨씬 더 현실성이 높아 보인다. 중앙형 시스템이 일정 규모 이상의 국민경제를 계속해서 효율적으로 통제할 수 있는 사례는 세계적으로 거의 존재하지 않는다. 그리고 그것은 북한 경제의 경우도 예외가 되기에는 어려울 것이다.

이밖에 조금 더 넓게 적정한 다른 사례를 찾아본다면, 스위스 정도를 들 수 있겠다. 위성경제라는 용어 자체가 원래 스위스와 벨기에 혹은 노르웨이 같은 유럽의 작은 국가들의 국민경제가 작동하는 방식에 대해 분석하면서 생겨난 것인데(물론 아직도 스위스를 위성경제로 부르는 경우는 없다), 위성경제로 발전을 시작해 독자적인 국민경제로 전환된 가장 대표적인 경우가 <u>스위스</u>라는 데는 아마 이견이 별로 없을 것 같다. 현재의 북한과 역사적으로 가장 비슷했던 유럽 국가가 스위스라고 한다면, 국민소득 4만 달러를 넘어선 스위스와 미처 1000달러도

──────── 유럽 역사에서 최빈국의 예를 들 때 언제나 등장하는 나라가 스위스였는데, 이 특별한 나라를 특징짓는 상징이 '용병'이다. 지금도 바티칸의 용병은 '스위스 용병'인데, 그들이 18세기 후반까지 계속해서 용병국가가 될 수밖에 없었던 이유는 그만큼 그들이 가난했기 때문이다. 프랑스와 같은 넓은 옥토를 가진 것도 아니고, 국토의 70% 가까이가 알프스 산악지대인데다가 농사를 지을 수 있는 기간도 1년 중 6개월밖에 안 되는 곳이 가난할 것은 당연한 일이고, 이런 공간에서 산업혁명 같은 것이 일어날 리 없었다. 합스부르크 왕가에게 가혹하게 수탈을 당하던 이 지역에서 아버지들이 용병으로 나가 부쳐준 돈으로 가족들이 근근이 먹고 사는 것은 전혀 이상한 일이 아니었다. 이 가난은 2차 세계대전까지 계속되었는데, 〈사운드 오브 뮤직〉을 비롯해서 많은 영화와 소설은 나치의 핍박을 피해 유대인과 사상범 들이 영세중립국인 스위스로 안전하게 탈출한 것으로 되어 있지만, 실제로 스위스는 당시 식량이 없었기 때문에 난민들의 입국을 가혹할 정도로 제한 했었다. ────────

되지 않는 북한과의 차이 때문에 상상이 안 갈 것이다.

그러나 역사의 시계를 50년 전으로 되돌려보자. 전쟁이 끝난 직후 유럽 국가들은 죄다 폐허였고, 나치의 침범이 없었다 해도 스위스 역시 봉쇄된 상태에서 굶주리고 있기는 마찬가지였다. 원래도 가난했던 스위스였지만, 물자 부족과 시장 봉쇄로 재건은 엄두도 못 낼 정도였다. 1945년 스위스의 모습과 지금의 북한은 외형적으로도 크게 다르지 않고 현실적으로도 사실 크게 다르지 않았다.

이렇게 프랑스·독일·이탈리아라는 세 개의 거대 경제권 사이에 끼어 유럽의 최빈국 중 하나였던 스위스가 지금과 같은 번영의 길을 걷게 된 건 사실 1960년대 이후의 일이다. 이런 경제적 성공에 대해선 몇 가지 분석이 가능한데, 우선 공민교육이라는 의무교육 자체를 만든 나라가 바로 스위스일 정도로 지식경제라는 틀에 가장 잘 맞는 경제기반을 가지고 있었다는 점이다. 또한 평화라는 이념을 국가의 기본으로 하는 영세중립국이기 때문에 국방비에 대한 과도한 지출 없이 복지 시스템을 만들 수 있었고, 매우 튼튼한 지방자치제와 세계 최고의 직접민주주의 제도를 가지고 있었다는 점을 지적할 수 있을 것이다.

물론 국민경제의 물리적 조건과 경제적 조건에서 북한과 유사하다 해도, 정치사회적인 맥락에서 스위스는 북한과 정반대에 서 있는 국가이다. 스위스는 극단적일 정도로 분산형 시스템인데, 공식 언어만도 네 가지이고 민족 구성은 더 복잡하다. 반면 북한은 가장 극단적인 중앙형 시스템으로 거기서 거의 모든 의사 결정이 이루어진다. 어쨌든 이러한 상이한 조건에도 불구하고, 위성경제 단계를 거쳐서 독자적 국민경제로 점차 전환하는 발전 방식이 북한 입장에선 선택할 수 있는 최선이며 거의 유일한 시나리오라 할 수 있다. 물론 이 방식이 현재의 북한 군부에게도 최선인지는 알 수 없지만, 어쨌든 최빈국으로서 원조를 받아야 하는 상황이라도 우선 벗어나기 위해서 할 수 있는 미래의 선택 중 가장 나은 것이 이 '스위스±알파' 시나리오일 것이다.

이처럼 북한에 열려 있는 두 시나리오라 할 스위스형과 베트남형 가운데 장기적으로 특정 국가의 위성경제가 되지 않고 독립적인 국민경제로 전환될 수 있는 가능성은 스위스형 발전 모델에 있다. 그 밖에는, 결국 일본이나 중국의 직접 식민지가 되거나 한국의 내부식민지로 전환되는 길로 가게 될 것이다. 물론 그야말로 북한만의 '우리식으로'라는, 아직은 언어나 개념으로 형상화할 수 없는 전혀 새로운 경제발전 방식을 걸어갈 가능성도 전혀 배제할 수는 없다. 가끔 기적이 벌어지기도 하므로. 그러나 논리적으로는 그런 길이 존재하지 않고, 현실적으로도 그럴 가능성이 매우 낮다. 그래서 개방을 앞에 둔 북한 군부의 고민은 더욱 깊어질 수밖에 없다.

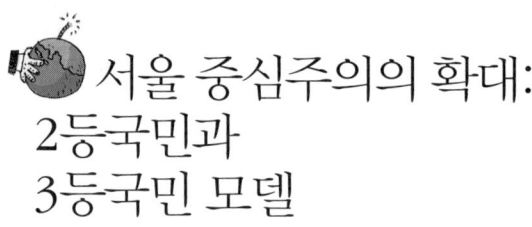# 서울 중심주의의 확대:
2등국민과
3등국민 모델

스위스와 스웨덴 혹은 덴마크와 같이 작지만 튼튼한 국민경제 모델들은 언제나 분석가들을 황홀하게 만든다. 최근 이런 나라들이 예전에 비해 경제가 어렵다고 엄살을 부리지만, 국민소득 2만 달러가 넘자마자 바로 1000만 원대 대학등록금 시대를 열어젖힌 한국에서 국민소득 4만 달러임에도 50만 원도 안 되는 등록금을 내고 대학에 다니는 나라의 얘기는 마치 신기루 같다. 그걸 프랑스는 '68혁명'으로 아주 어렵게 이뤄냈다고는 하지만, 그만큼 격렬한 사회적 갈등을 겪지 않은 스위스나 스웨덴 혹은 노르웨이, 아니면 한국보다 소득 수준은 낮아도 사실상 무상교육을 구현한 핀란드와 같은 나라의 이야기가 어찌 황홀하지 않겠는가.

그러나 그런 기분은 잠시 접어두고 다시 현실 세계로 돌아오자. 한국 경제가 '촌놈들의 제국주의' 단계로 내몰릴 수밖에 없도록 내부에 불균형이 커진 이유로 나는 한국이 중남미형 경제로 전환되는 와중에 있다는 작업가설을 사용한다. 중남미형 경제에서는 카우디요(caudillo, 카리스마를 가진 사나이란 뜻으로 중남미 토호의 별칭)가 부동산을 매개로 한 일종의 '부등가 교환'(경제학 교과서에서는 이를 가격 상승에 의한 '재산 효과 라고 부른다)을 통해 거대 권력으로 작동한다. 이런 상황에서 공무원들과 국회의원들은 토호들과 쉽게 결탁하게 되고, 특정 지역의 개발 계획으로 대토지를 소유한 사람들에게 국부가 거의 무상으로 이전되게 만든다. 이 게임에서 국내 거주민의 대부분이 패배하고, 승리자는 이중국적자와 카우디요들, 그리고 미국의 제품을 수입하거나 혹은 미국으로 수출하는 일부 제조업 소유자들이었다. 이렇게 상류층은 매우 쉬운 방식으로 거대한 부를 얻게 된다. 이들은 자기 2세들을 미국으로 유학을 보내고, 고급 지식을 획득한 그 2세들(이들은 '시카고 보이'라고 불린다)은 다시 고국으로 돌아와 모국의 경제를 미국 경제에 더욱 깊이 편입시키게 되는데, 이 과정에서 상류층은 더욱 부자가 되지만 대다수 중산층은 도시빈민 혹은 농촌빈민으로 전락하게 된다. 이 와중에 공무원들은 더욱 부패하게 되고, 공기업을 차라리 미국에 파는 것이 오히려 '개혁'이 되는 역설적인 상황마저 벌어지게 된다.

이는 칠레·아르헨티나·멕시코 등에서 실제로 1980~90년대에 걸쳐 폭넓게 진행되었던 역사적 사실이다. 1950년대에 세계 5대 강국의 하나였던 아르헨티나 경제가 바로 이런 과정을 거쳐서 붕괴했는데, 한국 경제의 현재 전개 과정은 30년 전 중남미에서 일반적으로 벌어졌던 이런 '미국화'와 한 치도 어긋나지 않는다. 유일한 차이점이라면, 중남미에서는 국립대학이 무상교육의 틀을 버리지 않고 버텼지만, 한국은 대학이 먼저 붕괴했다는 점 정도일 것이다. 더 정확하게 얘기한다면, 현재 한국 경제에서 벌어지는 대부분의 불합리는 '양극화'라는 단순한 변화가 아니라 중남미화라는 복합적이며 비가역적非可逆

的인 변화라는 데 있을 것이다.

거기다 또 하나의 결정적 차이점이 있다면, 서울 중심주의라고 부를 수 있는 매우 특수한 불균형일 것이다. 그래서 멕시코나 아르헨티나의 경우보다 한국의 비극은 더욱 속도감 있고 다이내믹하게 진행되어 간다. 이는 단순히 서울에 지나치게 많은 것들이 집중된다는 규모의 불균형만이 아니라 지역경제의 기반 자체를 앙상하게 만들어버린다는 구조적 문제까지 발생시킨다. 여기에다 지방토호 세력이 아직 역사가 깊지 못한 지방자치제의 왜곡과 결합되면서, 암으로 비유하자면 한국은 아마 2기 정도는 되었을 것이다.(말기암이 아닌 이유는, 시민적 성숙도에 기대어 문제들을 해소하거나 최소한 폭발 시점을 완화할 수 있는 두세 번의 기회는 아직 남아 있다고 보기 때문이다.)

이런 판에 금융과 물류의 허브로 국민경제를 전환하겠다는, 지난 10년간 이어진 한국의 일관된 전략은 오히려 서울을 '허브 중의 허브'로 만들어버려, 지방도시와 지역경제 중 일부가 국제적인 허브로 전환된 것이 아니라 국내의 허브로서 서울의 기능만 더욱 강화되는 부작용을 낳고 말았다. 누구도 의도하지 않았지만, '서울 대 지방'의 관계가 사실상 <u>내부식민지</u> 관계로 전환되고 만 것이다. 특히 고속철도나 새로운 고속

——— 내부식민지라는 개념은 학문적으로 아주 엄밀한 개념은 아니지만, 국민경제 내부에서 발생하는 특수한 불균형을 설명할 때에는 유용한 개념이다. 중남미만이 아니라 영국의 스코틀랜드, 이탈리아 남부, 심지어 일본이나 미국에서도 때때로 내부식민지라는 개념을 적용해서 분석할 수 있을 정도로 국민경제 내에서 지역 간 요소 분배의 불균등 문제가 발생한다. 3년째 허리케인 '카트리나'의 충격에서 벗어나지 못하는 뉴올리언스의 경제가 이런 경우에 해당한다. 그러나 한국처럼 수도권이 모든 지역 위에 군림하며 경제적 성과의 가장 고급스럽고 풍요로운 과실들을 전부 가져가는 경우는 별로 없다. 프랑스의 파리, 일본의 도쿄 같은 곳들이 수도의 집중 현상이 두드러지는 경우지만, 그 어떤 경우도 인구의 절반 이상이 수도권에 집중되어 있는 한국과는 비교도 안 된다. ———

로 같은 교통 인프라가 강화될 때, 사람들은 집중된 지역에서 그렇지 않은 곳으로 인력과 자본이 분산되기를 기대하지만 이런 분산 효과보다는 큰 쪽으로 작은 쪽의 것들이 쏠려 들어가는 '블랙홀 효과'가 더욱 커지게 된다. 여기에 지방 토호와 결합된 부동산 경제가 IMF 경제위기 이후 10년간 '불패의 신화'로 한국 경제를 휩쓸어 서울 중심주의는 더욱 강화되었다.

이러한 일련의 흐름 위에서 북한 경제가 한국 자본이 찾아낸 신천지요 '블루 오션'이 된 것이다. 그러나 문제는 조절되지 않은 이러한 경제통합 과정이 만들어낼 부작용이다. 즉, 서울과 지방 사이의 관계가 서울과 북한 경제 사이에서도 기계적으로 적용될 가능성이 매우 높다는 점이다. 일단 인프라 건설을 축으로 건설자본들이 북한에 먼저 진출할 텐데, 부동산에 의한 서울 집중화를 만들어낸 주축 세력 중의 하나가 건설자본이라는 점을 상기한다면 북한에 진출한 건설자본의 활동이 어떤 모습일까를 유추하는 것은 그리 어렵지 않다.

인프라 건설에 필요한 비용을 부담할 수 없는 북한의 형편을 고려해보면, 건설대금은 민간자본 형식이 되었든, 아니면 국책사업 형식이 되었든, 결국은 한국의 공공재정에서 지출될 것이다. 북한은 한국과는 엄연히 국적을 달리하고 국경선을 넘기 위해서는 여권이 필요한 국가이지만, 이미 한국 내에서 다양한 방식의 국책사업으로 토목사업을 추진해온 건설자본은 유사한 방식의 '펀딩'을 통해 북한에 진출할 것이다. 도로 건설이나 철도 보수 그리고 원거리 송전망 등의 사업이 국책사업과 유사한 방식으로 진행됨으로써 한국의 재정에 부담을 주는 한편, 북한 경제에서 한국 건설사들의 비경제적 권력과 발언권을 높여줄 것이다. 비즈니스는 일종의 '주고받기'에서 이루어지는 균형이 있을 때 안정적인 법이다. 따라서 한국 정부의 부담이 큰 만큼 북한 정부도 역시 경제복구사업에 참여한 민간기업에게 일정한 특혜 혹은 추가적인 사업권을 제시하게 될 것이다. 현대아산이 금강산에 진출할 때 받은 개발권은 약간의 독점권 정도였는데, 현대가 제일 먼저 설치한 상업적 시설물들은 카지노와 골프장이었다. 물론 이 시기에는 아직 본격적인 경제협력이 시작되기 이전이었으므로, 이러한 사업권은 대단히 제한적인 수준이고 규모 또한 크지 않았다. 그러나 본격적으로 개방이 시작되어 직접 사업대금을 지불하게 되면, 개발사업의 수준이나 방향을 조정할 수 없는 북한 정부가 어쩔 수 없이 더 많은 부가적인 개발권이나 독점권들을 이러한 건설사들에게 용인하게 될 것이다.

  이런 일련의 일들은 경제통합이라는 과정을 양쪽의 정부가 아무리 세밀하게 조정하려 해도 어느 순간부터는 더 통제하기 어렵게 된다. 북한 정부가 토지 자체의 소유권 이전까지 허용할 가능성은 그리 높아 보이지 않지만, 사실 중국의 사례에서 이미 우리가 보았듯이 토지의 제한된 점유권 혹은 건물의 이용권만으로도 분양은 가능하고, 또한 가격 폭등도 발생한다. 그리고 장기적으로 생각한다면, 개방이 시작된 이후 북한 정부가 토지제도를 비롯한 일련의 공공제도를 얼마나 오랫동안 공공소유로 유지할 수 있을지도 의문이다. 게다가 철강이나 석유화학처럼 언제든 군수산업으로 전환될 수 있는 중화학공업과 같은 일종의 기간산업이 빠진 상태에서 중소기업들 중심의 경공업으로 운용될 북한의 경제특구들이 자체적으로 생명력을 갖게 될 가능성 역시 그렇게 높아 보이지는 않는다. 물론 북한은 자신들이 스스로 생산을 감당할 수 있도록 기술이전을 끊임없이 요구하겠지만, 산업의 일관 공정이 그렇게 간단히 이전될 수 있는 것도 아닐뿐더러 시장경제를 근간으로 한 국민경제와 산업 시스템이 단순히 저임금만으로 단시간에 구축될 수도 없다. 그게 그렇게 쉽다면 세상에 지금과 같은 저개발국가가 이렇게 많겠는가?

경제통합이라는 과정이 일단 시작되면, 북한지역에 있는 협동농장이나 국영기업들과 같은 경제조직들을 중심으로 일종의 자생력과 상대적인 완결성을 가진 경제구조가 갖춰질 가능성은 거의 없어 보인다. 하나의 국민경제가 위성경제의 형태로나마 재생산 구조를 갖추는 속도보다는 서울 중심주의 체제 아래 놓인 한국의 지방경제에서 익히 보아왔던 무의미한 건설 과정이 훨씬 빠르게 진행될 것이고, 이 과정에서 '진짜 돈'은 토지와 개발권을 매개로 한 개발사업에서만 돌게 될 것이기 때문이다. 여기서 우리가 예상할 수 있는 최악의 시나리오는, 개방 과정에서 토지 소유와 국토 생태관리 등 제도 정비가 충분하지 않은 상태에서 한국 전역에서 벌어졌던 부동산 투기가 똑같은 방식으로 북한 경제에서 재현되는 경우이다. 끔찍하기는 하지만, 향후 북한의 개방 과정에서 10년 내에 이러한 악몽이 눈앞에 나타날 확률은 대단히 높다.

가능한 시나리오를 한번 상상해보자. 국유지인 북한 토지의 일부를 북한 정부가 한국 기업에 부분적으로 매각하거나 개발권을 부여하는 일은 수년 내에 가능한 일이다. 그런데 이게 충분하지 않다고 생각한 한국의 부동산기획사들이 북한 정부를 전복해버리거나 혹은 부분적으로 마비시키거나, 아니면 조금 더 간편하게 당 간부들의 일부를 매수해버리는 사태가 벌어질 수 있다. 중남미에 진출했던 다국적 기업들이 바로 그런 일을 했었는데, 북한에 진출하는 한국의 건설사와 부동산기획사들만 얌전하게 '천사표' 기업활동을 하리란 보장은 어디에도 없다.

이 과정에서 북한이 가질 수 있는 안전판은 거의 없기 때문에, 북한 군부는 경제개방의 열매의 상당 부분을 다시 무기를 늘리고 국방능력을 키우는 데 쏟을 수도 있다. 물론 그런다고 일단 작동하기 시작한 시장경제로의 진행을 막을 수는 없다. 오히려 그렇게 높아진 국방비를 유지하기 위해 또다시 경제개방의 성과가 투여되는 악순환이 북한 경제 재건을 더욱 어렵게 만들 것이다.

사실 이런 시나리오들을 그려보면 수백 가지가 나올 수도 있겠지만, 그 골간은 서울시민이 1등국민이고, 한국의 지방에 거주하는 사람들이 2등국민, 지금 북한에 거주하는 사람들은 3등국민이 되는 그런 계층분화일 것이다. 매우 차별적이며 거주 공간에 따른 경계가 명확하면서도 끔찍한 국민경제 구조가 발생하는 것이다. 이는 서울 중심주의가 북한과의 경제통합을 거쳐 한반도 전역으로 확대된 결과일 것이다. 어쩌면 평양도서관에 주상복합아파트가 들어서 수십 억짜리 아파트로 분양되는 일이나 안 벌어지면 그나마 다행일는지 모른다.

개별 자본, 특히 건설자본의 입장에서 북한 진출은 과거 한국의 지방에서 '땅 짚고 헤엄치기'로 했던 이윤추구의 방식을 대규모로 한 번 더 할 수 있는 절호의 기회일 뿐이다. 물론 공익에 부합되는 건 아니지만, 이런 일련의 특수 이윤활동 역시 통일을 위한 '거룩한 희생'으로 포장될 것이다. 원래 자본주의가 국내생산에서 제국주의 단계로 전환되는 건 이러한 '민족번영'의 논리와 비정상적 경로를 통해서이다. 그리고 식민지에 살고 있는 사람들이 차등 국민으로서의 위상을 갖게 되는 것도 자연스러운 일이다. 바로 조선인들이 일제시대에 그렇지 않았던가?

그러나 이런 과정이 자연스러울지는 몰라도 정의롭지 않은 것임은 물론이다. 그리고 장기적으로는 안정적이지도 효율적이지도 않다. 이 기간에 몇 개 특정 회사의 수익률은 어마어마하게 높아질지 몰라도 불균등 때문에 치러야 할 사회적 비용과 재원의 잘못된 할당에 의해 생겨나는 기회비용의 손실도 적지는 않을 것이다.

그러나 무엇보다도 가장 큰 문제는, 이렇게 해서 생겨나는 민족패권주의와 팽창주의가 스스로 균형을 찾고 적절한 조화를 만들어내지 않을 것이라는 점이다. 이를테면 한국의 지방경제를 초토화시킨 건설자본이 눈을 북으로 돌려 북한 전역을 개발하고 나면 그 뒤엔 어떻게 될까? 이 건설자본을 축으로 한, 제어되지 않는 자본의 팽창이 과연 안정화될까? 감히 비유하건대, 현재의 한국 자본주의에서 북한 경제라는 잠재력은 '언 발에 오줌 누기'와 비슷하다. 만주는 물론이고, 막아서는 사람이 없다면 유라시아의 절반을 다 갖는다고 해도 이

탐욕은 채워지지 않을 것이다. 19세기 후반 유럽 자본이 작동하던 방식이 그랬고, 지금 한국 자본주의가 딱 그렇다. 이 과정은 결국 또 다른 패권주의 형태로 전개될 가능성이 높은, 중국과 일본이라는 거대한 힘과 정면으로 만날 때까지 계속될 것이다. 이 과정의 끝에 우리 시대의 가장 큰 전쟁이 기다리고 있다는 것이, 내가 현재 한국 경제의 미래에 대해 이해한 바이다.

그 이름이 경제개방, 통일, 경제통합, 내부식민지화…… 그 무엇으로 불리든 간에 이미 시작된 이 과정은, 단순히 북한이라는 세계적으로 가장 호전적이며 군사 집중적인 정권을 평화체제로 끌어들여 역내 긴장을 해소하고 평화를 만들어내는 과정이 아니다. 오히려 현재와 같은 구조가 단순 반복되는 형태로 진행된다면 한중일 역내에 진짜 긴장과 위협이 탄생하는 계기가 될 가능성이 높다.

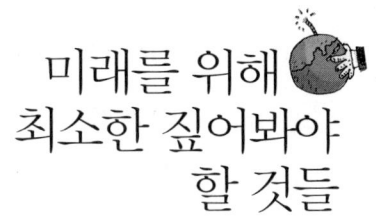

미래를 위해 최소한 짚어봐야 할 것들

남북 사이에서 발생할 경제통합 과정에서, 북한은 핵무기 외에는 특별한 제어장치 없이 알몸으로 서 있는 꼴이다. 사실 북한은 한국 군부의 논리나 정치권의 복잡한 사정에 대해서는 좀 아는 것 같은데, 재벌 안에서 일종의 지주회사 역할을 하는 건설사의 작동 메커니즘과 부동산 투기를 둘러싼 복합적인 역학관계까지 이해하는 것 같지는 않다. 물론 한국의 사정도 크게 다르지는 않다. "그게 아니면, 통일하지 말자는 거냐?"라는 식의 주장과 여기에 맞선 "퍼주기는 안 된다"는 따위의 주장이 엉뚱한 전선에서 팽팽히 맞서고 있는 상황이지만, 경제현실은 이런 논박과는 무관하게 스스로 진화해가고 있으니 말이다.

DJ 독트린이 MB 독트린으로 전환되는 것을 북한 군부가 막아낼 수 있을 것 같지도 않고, 그렇다고 한국 자본주의가 단시일 내에 북한을 단순한 내부식민지로 전락시키지 않을 정도의 종합적이고 체계적인 전략과 정책을 제시할 가능성도 별로 없다. 그렇다면 정치권에선 적절한 해법을 내놓을 수 있을까? 하지만 성장/분배 혹은 친북/친미 같은 단순 개념들의 대치에 쉽게 몰입하는 수준임을 감안할 때, 이렇게 복잡한 사안에 대해 종합적으로 대처할 정도로 사려가 깊으리라고 기대하기는 어렵다. 게다가 남북 사이의 경제통합은 외교관계이면서 동시에 특수한 국내문제라는 성격을 띠기 때문에, 국제기구나 세계은행 같은 곳에서 적절한 통합 속도나 제도적 안전장치에 대한 권고안 등의 형태로 개입해올 가능성도 거의 없다.

──── 이명박 대통령은 대통령 당선 이후 이 용어를 공식적으로 사용하면서, 7가지 개념들을 제시한 바 있다.(2007년 2월 6일, 외신기자클럽 초청 간담회) ① 북한 국민소득을 10년 내에 3000달러 수준으로 높이는 데 한국이 지원하는 '비핵·개방 3000', ② 실리외교, ③ 한미동맹 강화, ④ 아시아 외교 확대, ⑤ 국제사회에 대한 기여, ⑥ 에너지 외교, ⑦ 문화 코리아. ────

물론 '북한의 내부식민지화'와는 다른 방식의 경제통합을 말하는 균형 잡힌 시각이 새롭게 등장할 수도 있다. 그럴 가능성이 현실적으로 아무리 희박하더라도, 세상에는 전혀 예기치 못한 극적 반전 같은 것도 있는 법이므로. 따라서 훗날 지금보다는 조금 더 지혜롭고 사려 깊은 집단이나 정당이 정권을 잡고, 한국의 지배층들도 지금보다는 조금 더 상식적이고 인간적인 모습으로 전환되었을 때를 위해, 즉 한국에서 '정의'라는 말을 사용해도 좋을 그런 순간이 왔을 때를 위해 남북 경제통합 과정에서 꼭 짚어봐야 할 것들이 몇 가지 있다.

현재로서는 '시민적 상식'이란 표현이 거기에 가장 적절할 듯한데, 이는 동일한 경제법칙의 작용에도 시민들의 소신과 발언을 통해 그 결과는 서로 달라질 수 있기 때문이다. 지금이 바로 그런 시민적 상식 혹은 세계시민으로서의 기본 소양 같은 것이 필요한 시점이라 할 수 있다. 이건 단순히 시민단체의 역할을 말하는 게 아니라, 소비자·노동자·경제주체 등 다양한 방식으로 정의되는 국민들 일반의 보편적 상식이 경제법칙의 작동에도 영향을 줄 수 있다는 말이다. 그 시민적 상식에 비쳐볼 때, 이 경제통합 과정에서 꼭 짚어져야 할 필요 최소한의 것은 바로 다음 세 가지이다.

인권 문제

북한 주민의 인권, 아마도 한국 정치에서 가장 민감한 문제 중 하나일 것이다. 그러나 북한 주민의 인권을 정치적으로 악용하는 것과 현실로 인식하는 것은 전혀 별개의 문제이다. 미국이 인권 문제를 악용하여 국제적으로 적대관계에 있는 국가들과 숱하게 분쟁을 일으킨 것은 사실이다. 어느 국가든 인권에 문제가 생겼다면 그건 잘못된 일이지만, 그렇다고 해서 그 나라에 쳐들어가거나 정권을 무너뜨리려 공작을 하는 데에 동의하기는 쉽지 않다. 그러나 현실은 자주 그러했다. 그런 연유로, 한국을 비롯한 많은 나라의 시민단체들이 미국 정부가 꺼내는 인권 문제에 잘 반응하지 않는 관례가 생겨난 것도 사실이다. 그렇다고 북한에 인권 문제가 존재하지 않는다는 식의 주장마저 일부 나오게 된 것 역시 결코 정상적인 상황은 아니다.

실제로 남북 경제의 통합 과정이 북한 경제의 내부식민지화로 치달을 경우, 지금과는 양상을 달리하는, 훨씬 다양하고 복잡한 인권 문제가 생겨날 것이다. 인권 문제의 '깊이'는 상대적으로 좀 완화될지 몰라도 '넓이'는 더 확장되는 형태로 더욱 커질 것이 분명하다. 게다가 남북이란 두 개의 정치적 실체가 조화를 이루거나 정리되지 않은 상태로 경제적 통합(혹은 공존)이 진행되면서, 노동 과정은 물론이고 상상할 수 있는 온갖 종류의 인권 문제가 발생할 가능성이 대단히 높다. 그런데도 한국의 시민사회가 '통일 과정'에서 빚어지는 불가피한 문제일 뿐이라고 계속 침묵한다면, 실로 이 경제통합 과정은 수많은 선량한 시민들에게 엄청난 고통의 시간이 될 것이다. 통일 과정에서 그 정도의 고통은 감수해야 하는 것 아니냐고? 인권의 정신은 통일에 양보될 수 있는 것이 아니라 그에 앞서는 것이다.

경제의 생태적 전환 문제

국토의 생태적 관리 문제에 대해 한국이든 북한이든 개발도상국 수준 이상의 의식과 관리능력을 가지고 있는 것 같지는 않다. 설마 그렇기야……? 그러나 환상은 금물이다. 두 나라 모두 군부의 역할이 중요한 나라들이고, 여전히 토목건설이라는 패러다임 속에서 살고 있으며, 농약 중심의 화학농법을 기반으로 식생활을 꾸려가고, 아직까지 자신들이 얼마나 좋은 천혜의 조건에서 살고 있는지, 그리고 조상들이 얼마나 많은 생태 및 문화 자산을 남겨주었는지 모르는 나라들이다. 그 점에서 북의 김정일이나 남의 이명박이나 서로 더 낫다고 할 처지는 아닐 듯싶다. 만약 원점에서부터 경제재건을 해야 하는 상황이라면, 이미 무계획적으로 생태계를 파괴하며 진행되었던 선진국들이나 한국의 경우보다 훨씬 지혜롭게 생태 효율성을 높이면서 동시에 경제 효율성도 확보할 수 있는 길이 없진 않다. 그러나 북한 경제의 재건 과정에서 이런 논의가 끼어들 만한 여지가 없는 것, 그야말로 '바늘 하나 찔러 넣을 구석'도 없는 것이 현재의 상황이기도 하다.

이런 두 나라가 만나면 국토를 어떻게 사용할지 극명하게 보여주는 상징이 바로 '금강산 골프장'이다. 통일이라는 명분을 업고 거의 무상으로 토지를 이용하려는 건설자본과 딱히 생태나 문화에 대한 이해가 없는 군부가 만났을 때 벌어질 수 있는 일이 "어쨌든, 골프장!"인 것이다. 그리고 이런 일은 앞으로 수도 없이 반복될 것이다. 이미 지나간 일이지만, 중앙형 전원 체제인 경수로 대신 분산형 체제인 풍력과 태양광이 투입되었다면 아마 북한 에너지 체계 개선에 훨씬 더 기여했을 것이고, 이미 전력도 생산되기 시작했을 것이다. 이런 잘못된 선택들이 계속해서 이루어진다면, 그건 국토 생태의 특성상 '비가역적' 선택을 만들어낼 가능성이 높다.

그런 점들을 염두에 두고, 반드시 생각해봐야 할 몇 가지 분야에 대해서만 짚어보자. 하나의 국민경제를 구성할 때 그 안에 처음부터 생태적 관점의 디자인과 아키텍처를 포함해둔다면, 그렇지 못해서 나중에 생태적 경제구조와 국토 생태체계를 갖추려 할 경우보다 훨씬 비용이 저렴하게 든다는 기본 원칙은 우선 확인해두고 출발하자.(나무 몇 그루 심어주고 친환경적 만족감을 얻어가는 차원이 아니라, 정말로 자신과 후손들의 미래를 위해 신경 써서 살펴봐야 할 몇 가지에 대해 독자 여러분들도 가끔은 생각할 수 있었으면 한다.)

첫째, 생태도시와 생태건축이다. 건설자본은 현실 적용에서 안정성을 이미 확보한 기술이 있어도 특별히 수요자, 즉 예비 거주민들이 요구하지 않을 게 뻔할 경우 굳이 그 기술을 투입하거나 생태적 아키텍처를 만들려고 하지 않는다. 당연한 일이다. 사회 전반이 그런 데 대한 문제의식이 없고 또 그것을 적극적으로 요구하는 분위기도 아닌 상황이라면, 예컨대 새로 만들어지는 도로가 통과되는 지역 인근의 북한 주민이 생태적인 문제로 불만이 있더라도 그걸 드러낼 통로나 있겠는가? 당장 환경단체가 존재하지 않는 중국을 보면 알 일이다. 그러나 일단 비생태적 형태로 도시 혹은 인프라가 건설된 다음에는 이를 보완하거나 재처리 및 복원하는 것이 비용도 많이 들뿐더러 아예 불가능한 경우가 많다. 어쨌든 상당 기간 이런 비용은 한국 재정의 부담이 될 가능성이 높다. 이런 비용은 줄일수록 좋은 것 아니겠는가.

둘째, 생태농업이다. 지금 한국은 북한 농업에 대해 두 가지 관점에서 접근하고 있다. 그 하나는—주로 정부 측이 관심을 갖는 사안인데—북한 붕괴 후 현재 협동농장이 가진 자산과 인력을 어떤 방식으로 인수하는 게 가장 빠를까, 그리고 그렇게 인수한 협동농장에서 어떻게 농업생산력을 높일 것인가 하는 질문에 기초한 관점이다. 또 하나는—'통일농업'으로 불리는, 주로 농민단체에서 취하는 접근법인데—한국의 잉여농산물과 비료·농약·농기자재 등을 북한에 지원하는 문제에 바탕을 둔 관점이다. 그런데 문제는 이런 논의들이 기본적으로 화학농법을 전제로 한다는 점이다.

그런데 사실 북한은 기후나 노동력 배치의 조건상 생태농업 쪽으로 재편해가는 게 속도도 빠르고 상업적으로도 훨씬 유리하다. 쿠바의 '생태기적'처럼 거창한 게 아니더라도, 국제적 여건과 자연적 조건상 북한에서는 전면적인 생태농업을 전략적으로 추진할 만하다. 게다가 한국에서 완전히 사라진 전통 종자가 북한에는 남아 있는 경우도 많기 때문에, 무리하게 화학농법으로 저가 농산물의 대량생산을 꾀하기보다는 종種 다양성을 확보하는 생태농업으로 나아가는 것이 경제적으로도 훨씬 유리할 수 있다. 아울러 북한과 같은 저소득 국가는 식량증산 혹은 병충해나 추위에 강한 품종을 개량한다는 명분으로 유전자조작식품의 실험지가 될 위험성이 많기 때문에, 농업 부문에서의 건전성 유지를 위해 종합적인 방안을 만들 필요가 있다. 현재의 북한은 그런 사업이 원조 혹은 지원이란 명분을 걸고 들어온다면 이로부터 스스로를 지킬 능력이 없기 때문이다. 누군가 특별히 관심을 기울이지 않으면, 북한은 생태농업은커녕 국제적인 유전자조작식품의 거대한 실험장으로 전락한 채 집중적 화학농법으로 대규모 토양 유실만 늘어날 위험이 높다.

셋째, 자연생태의 보존이다. 사실 앞의 두 가지는 잘 되면 좋고 안 되더라도 감수할 문제지만, 북한 자연생태계의 보존은 훨씬 어렵지만 꼭 관철해내야 할 문제이다. 아프리카의 생태보존을 위해서 국립공원 지정과 멸종동물 보호라는 목표 아래 국제사회가 막대한 지원을 쏟았음에도, 실제로는 아프리카 대륙 전체로 번진 '사막화'라는 재앙을 막아내지 못했다. 마찬가지로 한국의 건설업체들이 흔히 내거는 "보존할 곳은 확실히 보존한다"는 정책은 이미 한국 땅에서 완벽하게 증명됐듯이 자연생태계를 가장 확실하게 죽이는 방법이다. 보존의 필요가 확실하지 않은 곳은 보존할 필요가 없고, 그리하여 모든 생태계를 보존할 필요가 없도록 만들어주는 게 한국 건설사의 생태계 보존 방식 아니던가? 금강산이나 백두산처럼 잘 알려진 명승지에서는 대개 골프장이나 레저타운, 그리고 이를 연결하는 수십 겹의 도로가 굉장히 빠른 속도로 들어가게 될 것이고, 1급 보존 가치를 인정받는 원시 생태계는 줄어들 것이다. 이미 골프장이 들어간 생태계는 건설자본의 시각으로는 보존할 가치가 없는 생태계이다. 혹은 그 안의 손바닥만 한 원시림을 "확실히 보존하겠다"고 말하면서, 그렇지 않은 대부분의 중요 생태계는 "어차피 망가졌는데 이제는 개발해도 괜찮잖아"라고 말하는 것이 "보존할 것은 확실히 보존한다"는 건설업계 주장의 실제 내용이다. 이런 논리로는, 한반도에 보존해야 할 생태계가 수만 평도 되지 않을 것이다. 설악산을 보고, 백두대간을 보라. 어차피 한국 정부도 남한 내의 원시생태계는커녕 강줄기도 제대로 못 지키는 형편이니 더 말해 무엇하랴.

그러나 북한의 생태보존에 대해서 정말로 고민해야 할 것은 DMZ의 희귀생태계를 보존하자는 등의 고상한 수준이 아니라 훨씬 저급하지만 매우 현실적인 문제들이다. 토지 가격으로든 생태계 보존을 위한 주민들의 능력으로든 북한 땅은 평양 일부를 제외하면 열등지劣等地이고, 이러한 열등지로는 보통 혐오시설이나 오염시설이 들어서게 된다. 경주에 방사능폐기물처리장이 들어선 것은, 문화적으로나 사회적으로 어떤 이유를 대더라도 정치·경제적으로 현재 그곳이 열등지라는 걸 말해줄 뿐이다. 그리고 이런 일은 앞으로 북한 땅 전역에서 벌어질 것이다. 문제는 북한 토지가 워낙 열등지여서 기술이나 노

★ 산업 쓰레기와 오염물질 따위를 돈 벌 주고 가난한 나라에 넘겨버리는 일은 흔하다. 올듯이인 북한 땅이 남북 경제통합 과정에서 그런 신세로 전락할 가능성은 얼마든지 있다. (『동아일보』 2001년 2월 20일자)

"대만 核폐기물 北수출 추진말라"

"처리장 서울서 불과 100km"
환경단체 항의집회

동력 투입으로 간단히 해결할 수 있는 오염물이나 시설물도 현장에서 처리하는 대신 북한 땅으로 이전해버리는 손쉬운 길을 택하게 될 가능성이 높다는 점이다. 1997년 타이완이 핵폐기물을 북한에 수출하려다 국제사회의 반발로 저지됐던 사례를 상기해보라. 하지만 남북 경제통합 과정에서라면 한국 정부가 북한 땅에 혐오시설을 옮기겠다는데, 누가 이걸 무슨 힘으로 막아서겠는가?

국방비 지출 문제

사회의 어느 특정 부문에 많은 돈이 들어가게 되면, 어느 순간 그 부문은 본래의 임무보다 자기 활동 자체를 늘리기 위한 일들에 매진하게 된다. 그리고 이는 자기 권익을 지키기 위한 일들로 이어지게 된다. 이게 '지대추구 이론(rent-seeking theory)'이다. 요즘 유행하는 '작은 정부'에 대한 주장은 이 이론 위에 서 있다. 정부의 각 부처가 너무 커지면, 그들은 공익을 위해 일하는 게 아니라 자기 부처를 키우고, 또 순전히 자기들이 속해 있는 기관만을 위해서 일하게 된다는 것이다.(약간은 극우파적 이론이긴 하지만, 정부 내의 각 기관이 작동하는 방식을 비판적으로 이해하려고 할 때 도움이 된다.)

　　북한과의 경제통합이 '평화'를 만들게 될 거라고 기계적으로 생각하는 사람들이 있기는 한데, 일견 그럴듯해 보이지만 실제로 그렇게 될지 어떨지는 그 과정에서 국방비가 어느 정도 수준으로 유지되는가를 지켜보면 알 수 있다. 일반적으로 북한과의 경제통합이 진행되면 국방비 지출이 덜어지고 대신 더 많은 예산이 복지와 생태 혹은 사회간접자본 쪽으로 옮겨질 것이라 여기지만, 사실 반드시 그렇게 되리란 보장은 없다. 왜냐하면, 기계적으로 해석하면 오히려 방어 범위가 늘어나기 때문이다. 북한만을 상대하던 한국의 군대가 경제통합 후에는 중국은 물론이고 러시아와의 국경도 지켜야 하고, 여기에 석유 등 자원수송로까지 방어해야 하므로 국방비 지출이 오히려 몇 배로 늘어날 수 있다. 남북을 합친 국방비가 오히려 군부를 강화하는 방향으로 나아가 더 많은 병력과 신무기를 필요로 하는 상황이 될 가능성도 배제할 수 없는 것이다. 물론 국방비에도 인건비나 식료품비 혹은 복리후생비와 같이 복합적으로 고민할 요소들이 분명 존재하지만, 아주 단순화해서 얘기한다면 경제통합 과정에서 국방비가 지금보다 증가할지 감소할지의 문제는 생각보다 우리 미래에 미치는 영향이 큰 질문이다.

　　　북한과의 경제통합이 진행되는 상황이라면 한반도 최대의 위기라는 지금보다는 당연히 핵무기가 군사비 지출만큼 줄어야 하는 게 상식적이지만, 필시 그렇게 하지 못하도록 만드는 세력들이 등장할 것이다. 사실 이러한 일련의 변수들은 한국이 북한을 내부식민지화한 이후에 얼마나 빨리 군사패권주의로 전환할 것인가를 가장 직접적으로 설명해줄 것이다. 여기서 중요한 것은 비록 미미하더라도 국방비가 줄어드는 것 자체이다. 그리하여 이를 조금씩이라도 경향적 추세로 만드는 데 있다.

　　　북한과의 경제통합 과정은 지금부터 길어야 10년 안에 1차 절차가 마무리될 것이다. 이 첫번째 과정에 일부 사람들의 희망대로 '평화경제'가 도래할 것인가, 아니면 본격적으로 '한민족 패권주의'가 불붙을 것인가의 분기점이 놓여 있다. 이 분기점은 군사비가 어떻게 될 것인가에 달려 있다. 변수는 '올랐다'와 '내렸다', 이 두 가지밖에 없다. 그렇다면 누군가가 노력해서 국방비가 너무 높아지지 않도록 해야 하는 것 아닌가? 바로 그렇다. 이것이야말로 독자 여러분의 몫이다.

3장
한·중·일을 기다리는 위기들
극우파 블록의 확대와 생태적 위기

★ 이 장에서는 앞으로 한국, 중국, 일본 세 나라가 각각 겪게 될 여러 구조적 변화 가운데 전쟁으로 나아가게 만드는 힘들에 대해 살펴볼 것이다. 크게 보면 사회의 응집력을 떨어트리게 될 '단절' 현상이라는 내부적 문제와 생태적 문제가 심화되는 과정을 통해서 세 나라가 대결구도로 가게 될 확률이 점점 높아지며, 이는 세 나라의 산업구조가 지닌 특수성 때문에 더욱 강화될 것이다. ★

증오의 탄생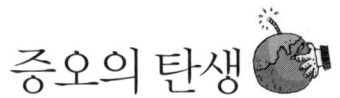

프로이트의 정신분석학에서는, 인간 무의식의 에너지를 '사랑의 본능'과 '죽음의 본능'이란 두 가지 힘으로 분류한다. 사랑의 본능은 새로운 것을 만들고 변화하려는 힘으로, 죽음의 본능은 '영원한 잠'으로 회귀하려는 속성, 즉 같은 것을 반복하려는 힘으로 이해할 수 있다. '영원히 움직일 필요가 없는, 변화 없는 궁극의 상태', 그것이 바로 죽음의 속성이다. 이러한 프로이트의 설명에서 증오라는 감정은 1차 감정도, 인간의 본능도 아니다. 많은 사람들은 사랑이 인간에게만 있는 감정이라고 하지만, 사실 사회적 증오야말로 다른 짐승들은 가지고 있지 않은 인간 집단 고유의 감정인지도 모른다.

　자, 그렇다면 우리 모두의 사회적 기억 속에 언제 처음 증오의 감정이 생겨났는지 한번 되짚어보자. 단박에 떠오르지는 않을 것이다. 그러나 언제 특정 국가, 이를테면 북한이나 일본 혹은 중국 하는 식으로 '나라'를 대상으로 처음 증오했던 일을 떠올리는 건 그리 어렵지 않을 것이다. 증오가 언제 탄생했는지 그걸 기억하는 것은, 어쩌면 행복을 위해서 중요한 일일 수 있다. 왜 증오하는지, 그 증오가 어떻게 생겨났는지 잘 모른다면 제대로 사랑하는 것 역시 불가능할지 모른다. 이는 민족과 민족 사이의 관계에서도 마찬가지 아닐까?

　　이 문제를 함께 생각해보기 위해, 내 경우를 한번 얘기해보겠다. 특별할 것 없는 서울의 평범한 교육환경에서 자란 나는, 또래의 친구들과 마찬가지로 초등학교에 들어가서 북한과 다른 나라에 대한 증오를 처음 배웠다. 북한은 뿔 달린 괴물들이 사는 나라로 배웠고, 일본에 져서는 절대 안 된다는 식의 일본인들에 대한 증오도 배웠고, 아울러 중국인을 무시하라고 배웠다. 박정희가 유신경제를 한창 펼치던 시절의 얘기다. 이런 교육은 이후로도 상당히 오래 지속되었는데, 중학교 시절에는 공수부대 출신의 남자 선생님들이 꽤 여러 수업에서 베트콩을 물리치는 무용담과 휴전선에서 행군하며 북괴군과 대치하던 얘기들을 들려줬다. 그렇게 내 안에는 다른 국가에 대한 증오가 자리잡아 사회적인 증오로 커갔다. 나는 스무 살이 넘어서야 그런 생각이 별로 지성적이지 못한 것임을 알게 되었다. 그리고 대학교 3학년이 되었을 때 '천안문 학살'이 벌어졌다. 탱크가 천안문으로 진입하던 그날, 참 많이도 울었다. 그 울음은, 오랫동안 내 안에 자리했던 증오가 처음 몸 밖으로 빠져나가는 순간을 의미하기도 했다.

　　다른 존재를 사랑하기란 쉽지 않지만, 의외로 증오는 집단 속에서 혹은 특정한 시스템 안에서 매우 쉽게 증폭된다. 또한 아주 먼 곳에 있는 나라들보다 자기 이웃 국가, 그리고 자기 주변의 존재 혹은 형제들이 더 쉽게 이런 증오의 대상이 되곤 한다. 프로이트는 이를 '작은 차이의 나르시시즘'이라고 불렀다. 전혀 다른 존재, 그리고 너무 먼

★ 이 표지 기사는 "태극기 세대의 대한민국주의에는 부국강병론의 투망이 배어 있다"고 말한다. (《한겨레21》 553호, 2005년 4월 5일자)

곳에 있는 존재와는 비교는 물론이고 별다른 감정도 생기지 않는 경우가 많다. 여러모로 매우 비슷한 관계나 상태에서 나르시시즘이 가장 강력하게 작동한다는 것이 프로이트의 설명이다. 왜 독일인들이 유대인을 그렇게도 싫어하고 학살하게 되었는가를 설명할 때 사회심리학은 때때로 이 개념을 사용한다.

오늘날 경제학 역시 이런저런 사회의 작동원리를 설명해내는 틀로 꽤나 두각을 나타내고는 있지만, 다른 인문사회과학과 비교한다면 냉정하다 못해 냉혹한 학문이라 할 수 있다. 개인들을 마치 수술대 위에 마취된 상태로 누워 있는 대상처럼 관찰하곤 하는 경제학자들인지라, 이들에게 사람은 경제적 이해에 따라 움직이는 '기계automaton'와 같은 존재로 간주된다. 경제학의 기본 모델에는 "인간은 경제적 이익에 따라서 움직인다"라는 하나의 가설만 존재하는데, 최근에는 여

3장 한·중·일을 기다리는 위기들

169

기에다 경제학자들이 "가끔은 이상한 짓도 한다"라는 보조명제를 넣기도 한다. 사실 이는 엄청난 고급 이론의 영역이다. 왜 사람들이 가끔 '이상한 짓'을 하는지 나름대로 경제학적 설명을 해낸 이들은 지금까지 전부 노벨 경제학상을 받았다. 계산 자체가 어려워서 못한다고 얘기했던 허버트 사이먼Herbert Simon은 진즉에 노벨상을 받았고, 명품 라벨에 속아서 이상한 짓을 한다고 얘기한 애컬로프George Akelof도 정보경제학으로 노벨상을 받았다. 종교 때문에 가끔 배고파도 행복하다고 여기는 이상한 짓을 한다고 얘기한 인도 출신의 아마르티아 센Amartya Sen도 1990년대 중반에 노벨상을 받았다. 신념 때문에 이상한 일을 한다는 사람으로는 19세기 후반 가브리엘 타르드Gabriel Tarde라는 사람이 있기는 했는데, 불행히도 그 시대에는 노벨상이 없었다. 사랑 때문에 이상한 짓을 하게 된다는 분석은 아직 비어 있는데, 독자 여러분 가운데 이를 경제학적으로 이론화할 수 있다면 한번 도전해보시기 바란다. 성공하면 틀림없이 노벨상을 받을 것이다. 증오의 경우도 마찬가지다. '경제적 이익'이라는 단어만으로 잘 설명되지 않는 '이상한 행동' 가운데 하나가 바로 이 증오이다.

  자, 지금부터 잠깐 여러분 스스로의 삶을 돌이켜보시기 바란다. 정말로 누군가를 증오한 적이 있는가? 그것도 평생 증오할 것 같은? 있는 사람도 있고, 없는 사람도 있을 것이다. 삶 속에서 사람들은 만나고 또 헤어지기 때문에 평생 증오할 것 같아도 살다 보면 또 잊게 마련이다. 게다가 증오할 대상을 보는 시간도 인생이라는 긴 시간에 비하면 아주 잠깐이기 십상이다. 대통령이 아무리 밉더라도 한국에서는 5년이 지나면 다시 안 보게 된다. 그런 점에서 개인들에게 증오는 분노와 달리 1차 감정이 아니라 2차 감정이며, 영원히 계속되는 본능적 감정이 아니다. 어느 누구도 한 개인을 평생 증오하며 살지는 않는다. 또 그럴 수도 없다. 설사 자기 안에서 해소되지 않는 '영원한 분노'가 있다 해도, 그건 단지 치료 대상일 뿐이다.

그러나 사회나 집단 차원에서는 이 '증오'의 작동양식이 완전히 달라진다. 물론 여타 사회적 감정도 개인과 집단에 따라 전혀 다르겠지만, '증오'만큼 극적으로 달라지는 감정도 별로 없을 것이다. 국가가 다른 국가를 사랑하는가? 물론 모국이나 유사 모국 관계와 같은 짝사랑도 있겠고, 일본인들이 프랑스를 끔찍이도 사랑하는 것과 같은 현상도 있겠지만, 국가와 국가 사이에 '애정'을 얘기하는 것은 일상적이지도 자연스럽지도 않다. 이보다는 '우정'이라는 메타포를 사용하는 것이 좀더 사실적이다. 그러나 증오는 다르다. 증오는 구조 안에서 탄생하고, 경제를 따라 확산되고, 문화를 따라 재생산되며, 정치에 의해 폭발한다.

1945년 이후에 태어난 한국인들은 일본 제국주의의 그 악랄했다는 통치를 경험한 적이 없다. 그런데도 어린 한국인들에게서 나타나는

──── 이 단어는 수많은 예술과 영화에서 주목하는 대상이지만, 경제학에서 직접적으로 이 감정에 대해 거론하는 경우는 별로 없다. 굳이 증오라는 단어를 사용해야 하는 구체적 맥락이 발생하거나 증오라는 말 외에는 도저히 상황을 설명할 수 없을 때 점잖은 학자들이 가장 선호하는 건 '상대적 박탈감'이라는 단어이다. 역사를 되짚어보면, 많은 경우 혁명이나 소요사태가 벌어졌던 순간은 가장 못살았을 때가 아니라 오히려 먹고살 만하다가 잠깐 이 추세가 정지되거나 후퇴했을 때였다. 누군가는 최소한 경제적으로 훨씬 나아졌는데 정작 자신에게는 돌아온 것이 별로 없다고 느껴질 때, 보통의 평범한 사람들은 '심통'이 나게 된다. 기본적으로는 증오의 탄생 및 확대와 유사한 구조인데, 그렇다고 이런 '감정'을 분석에 집어넣으면 경제학에서는 곧 수습할 수 없도록 논리가 엉켜버리는 일이 종종 벌어진다. ────

일본과 일본인에 대한 증오는, 개별적으로 그리고 문화적으로 탄생한 것이다. 평생 어느 누구도 미워해본 적이 없을 것 같은 순진무구한 삼십대 농부가 일본에 대해서만큼은 매우 격렬한 증오를 가지고 있고, 동시에 중국의 동북공정에 대해 히스테리에 가까울 정도로 민감하게 반응하는 걸 본 적이 있다. 그는 손수 잡초를 뽑는 생태농업을 하면서 사는, 그야말로 법 없이도 살 그런 사람이었음에도 말이다.

경로는 다양하겠지만, 많은 사회나 국가가 증오를 만들어내고 그 에너지를 활용해서 사회적 질서를 일궈가기도 한다. 그렇다면 우리는 과연 그런 증오를 없앨 수 있을까? 천사들도 악마와 맞서 끝없이 싸우고 있다고 하니, 증오와 대결 속에서 자신의 존재 의미를 찾는 사람들을 세상에 존재하지 않게 하는 것은 불가능할 것이다. 적어도 21세기 인류 문명의 수준에서 아직은 증오를 제어하거나 발현하지 않게 할 수 있는 장치는 없는 듯하다. 기독교가 가장 번창하던 시절의 유럽이 십자군 원정을 비롯해 크고 작은 전쟁이 가장 많았던 시절 아니던가. 여전히 인간들은 아프리카 어느 곳에서, 심지어 유럽의 한가운데에서도 '인종 청소' 따위를 저지르고 있지 않은가. 그러니 단지 우리가 할 수 있는 일이란, 이러한 사회적 증오가 사회 전체를 지나치게 위험에 빠뜨리지 않도록 다른 힘을 통해서 제어하는 정도일 것이다.

증오는 아직까지는 개인들에게서 계속해서 탄생하고, 또 세대와 나이를 넘어 계속해서 재생산된다. 그렇다면 오늘날의 자본주의와 이 증오는 또 어떤 관계에 있을까? 자본주의가 이전의 경제 시스템보다 사회적으로 증오를 더 많이 필요로 하는 것인지, 아니면 덜 필요로 하는 것인지에 대해서 분석할 수 있을 만큼 경제학 이론이 정교하지는 않다. 그렇지만 한 가지는 확실하다. 자본주의 시스템은 그 자체로서 증오가 너무 커지지 않게 제어할 장치를 충분히 가지고 있지 않다는 것! 벌써 두 번에 걸친 큰 전쟁을 겪었고, 2~3년을 주기로 CNN을 통해서 우리 모두가 전쟁을 구경하는 상황이 벌어지고 있는 현실을 보라. 아직은 국제사회가 이런 문제를 해결할, 이렇다 할 장치를 가지고 있지 않다.

    이런 상황에서 우리는 우리 자신의 장기적 미래에 대해서 진지하게 생각해볼 필요가 있다. 과연 한국을 둘러싸고 있는 이 환경적 구조가 장기적으로 어떻게 될 것인가? 그리고 그 속에서 증오는 어떤 역할을 하게 될 것이고, 경제 시스템의 변화는 어떠한 역할을 하게 될 것인가? 우리가 "잘살아보세"라고 1970년대부터 30년이 넘도록 죽어라고 달려온 것처럼, 또 그렇게 30년을 한 번 더 죽어라고 달리면 과연 어떻게 될까? '자유방임주의'식으로 이를 그냥 내버려두면, 그냥 방임하면 과연 모든 문제가 저절로 해결될까?

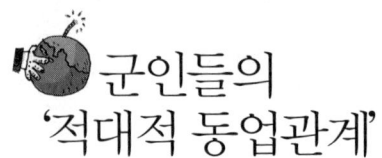
군인들의 '적대적 동업관계'

나는 5년 동안 공식 정부대표로서 UN 기후변화협약에 꽤 깊숙이 관여했던 적이 있다. 그 시절을 돌이켜 보면, 외교관이나 전문 협상가들이란 협상장에서는 자국의 이익을 위해 굶주린 맹수들처럼 으르렁거리지만 협상장 바깥에서는 서로가 서로에게 너무도 친한 존재이곤 했다. 전문 협상가들끼리는 1년에 몇 달을, 그것도 몇 해를 연속해서 만나게 되기도 하는데, 절친했던 고등학교 친구들이나 대학 시절의 친구들이라도 성인이 된 후 그렇게 자주 만나지 못할 테니 말이다. 게다가 실무 협상은 막판이 될수록 종종 밤을 꼬박 새워 진행되기도 하므로, 서로의 건강과 안부를 걱정해주지 않는다면 그것도 이상한 일일 것이다. 외교관들은 서로 겉으로는 '외교전쟁'을 치르는 적대적 관계이지만, 그렇게 개인적으로는 사실상 파트너이면서 친구이기도 한 것이 국제협상의 세계이다.

한데 이보다 더한 '적대적 동업자' 관계가 세상에 존재한다는 것을 알게 된 것은, 군인들끼리 하는 협상을 아주 근거리에서 지켜보았을 때의 일이다. 민간인 학살에 대한 상당히 심각한 협상이었는데, 군대 문제가 개입되니까 국방부의 기획통들이 협상에 나서게 되었다.

겉으로는 양측이 심각한 대치를 보이고 있었지만, 속으로는 양쪽 군대의 위신을 서로 세워주는 형태로 협상이 진행되었다. 말로는 '국익'이라지만 가까이서 지켜본 내 판단으로는, 양쪽 다 서로의 국익과는 별 상관없이 자기 군대의 이익에 맞추어서 협상이 진행되고 있다는 생각을 지울 수가 없었다. 이때 처음으로, 전 세계의 군인들끼리는 사실상 동업자 관계라는 생각이 들었다.(물론 군인들이 들으면 펄펄 뛸 얘기겠지만, 사실 꽤 고위급 군인들에게 이런 얘기를 했을 때 수긍하는 군인이 절반, 도대체 어떻게 그런 모욕적인 생각을 할 수 있느냐고 펄펄 뛰는 군인이 절반 정도였다.)

군인도 하나의 직업이고, 군인들이 모여서 하는 활동을 하나의 산업으로 본다면, 그들이 만들어내는 최고의 공공 서비스는 국가 안전이라고 할 수 있다. 한 국가의 입장에서 보자면 '주적' 혹은 '잠재적 적국'이 발생시킬지도 모르는 전쟁이야말로 이러한 서비스가 만들어질 수 있는 원천인 셈이다. 이런 독특한 구조―한 편의 존재가 다른 편에게는 편익이 되고, 그 편익은 다시 다른 편에서의 편익이 되는 일종의 무한대의 '포지티브 피드백' 구조―를 가지고 있는 산업은 그야말로 군대라는 공공 서비스밖에 없다. 그러니 비록 적성국가라서 매일 '적' 혹은 '원수'라고 서로를 증오하게 되어 있는 관계지만, 근원을 따져보면 이들은 전쟁이라는 특수한 현상을 둘러싸고 있는 파트너 관계인 셈이다. 한국군은 북한군을 주적으로 생각하도록 훈련을 받고, 이는 북한군의 경우도 마찬가지다. 그러나 주기적으로 서로 만나고 협상도 하게 되는 고위 군장성들의 눈으로 남북 분단관계를 본다면, 기묘한 동업관계가 성립되는 셈이다. 북한이 없었다면 박정희의 쿠데타가 성립할 수 있었겠는가?

한중일의 군인들과 군수산업도 이와 유사한 구조를 가진다고 할 수 있다. 북한군의 존재와 북한 핵의 존재는 일본의 자위대를 더욱 키우는 동시에 '평화국가'에서 '정상국가'로 전환하기 위한 새로운 계기를 만들어주고, 이는 다시 한국군이 커져야 할 이유를 만들어준다. 그리고 다시 한국군의 전시작전권 환수와 더불어 미 주둔군의 전략적 재배치는 다시 중국군이 군사적 헤게모니를 동북아시아에서 잃지 않기 위해 더욱 더 강화되어야 하는 메커니즘을 만들게 된다. 유럽의 나토NATO군처럼 합동 군사훈련을 하며 공동 작전을 수행하도록 디자인되어 있는 특수한 경우를 제외하면, 전 세계의 군인들은 근본적으로 '적대적 협력관계'를 이루는 셈이다. 이러한 거대한 산업체계를 작동시키는 근본 메커니즘을 미국의 네오콘 개념을 사용해서 설명하면, 그것은 바로 '위협'이다.

전쟁은 위협 중에서 가장 최상위의 위협이며, 다분히 가상적인 이 장치가 작동하기 위해서는 서로 다른 국적의 군인들 사이에서 국가적 투자가 진행될 수 있도록 충분히 적대적이어야 한다. 다른 나라와의 전쟁이 무섭지 않다면, 실제로 국민들에게서 어렵게 걷은 세금을 추가로 지출할 만큼 사회 구성원들이 거기에 동의해줄 수 있겠는가? 그러나 이런 위협에 따른 '국방비'의 증가는 전 세계적으로 거대

──── 정상국가(normal state)가 무엇인지 공식적으로 확립된 정의는 없다. '자국의 이익을 위해 무력을 행사할 수 있는 국가'를 일컫기도 하고 영국과 프랑스의 예처럼 '핵무기와 같은 공격적 무력을 보유한 국가'를 의미하기도 한다. 일본인들이 생각하는 정상국가는 "스스로 필요하다고 생각될 때 본래적인 권리인 집단적 자위권을 행사할 정치적 의지를 가지고 있으며, 무력의 사용을 포함할 수도 있는 국제적 집단안보 활동에 참여하는 국가"인 경우가 많다. ────

한 국방산업이라는 특수산업과 함께 군부라는 존재에 더욱 큰 권력을 부여하게 된다.

전쟁이라는 특수현상으로 인하여 발생한 공공 서비스가 국방이라면, 국방산업과 군무원軍務員, 그리고 이와 관련된 일련의 상품들은 국방에 대한 파생상품인 셈이다. 물론 현실적으로는 "꼬리가 개를 흔든다Wag the dog!"는 현상이 벌어져, 실제로는 이 과정에서 황금의 달콤한 맛을 보는 사람들은 수천억 원은 족히 넘어가는 전투기나 항공모함, 전함 같은 것을 만드는 회사의 고위 간부들과 대주주들, 그리고 한 건의 거래로 '100억 원' 정도의 수수료를 간단히 챙기는 무기 딜러들이다.

그러나 아직까지는 한중일 사이에 군인들의 '적대적 협력관계'는 잠재형이라 할 수 있다. 본격적인 '무기 레이스'는 아직 시작되지 않았다는 것이 지금까지 역내의 군사 관련 사항에 대해서 소위 '평화경제학'이라는 주제로 관찰한 나의 잠정적 결론이다. 여기서 세 나라 사이에서 군사비 지출의 확대를 통해 적대 세력들끼리 '적대적 공생관계'의 격발을 일으킬 가능성이 높은 주요 계기는, 첫째, 한국의 통일 혹은 북한의 몰락이고, 둘째, 국제 자원의 부족이다.

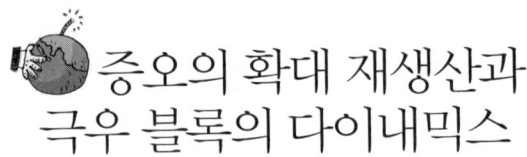 증오의 확대 재생산과
극우 블록의 다이내믹스

흔히들 말하는 국가, 즉 민족국가라는 것은 그야말로 근대의 산물이요 자본주의의 산물이다. 물론 '단일민족'임을 자랑스러워하다가 UN으로부터 지나친 단일민족주의는 위험하다는 권고까지 받은 한국이나, 여전히 천황제를 유지하고 있는 일본 같은 나라에 사는 사람들에게는 현대적 의미의 근대국가가 자본주의와 함께 성립된 새로운 존재라는 사실에 익숙하지 않을 것이다. 시야를 조금 넓혀본다면, 지구적 규모에서의 '문명'이라고 부르는 개념이 성립된 것도 18세기 이후의 일이다. 일부 사학자들은 15~16세기의 신대륙 발견을 1차 세계화, 19세기의 제국주의 침략 시대를 2차 세계화, 그리고 1990년 이후 세계경제체제를 형성하게 된 흐름을 3차 세계화라고 부르기도 한다. 어쨌든 전혀 이질적인 여러 세계를 하나의 '문명'이라고 부르게 된 것 자체가 지극히 현대적 현상이다.

지금부터 독자 여러분들은 자신이 새로운 국가를 만들어야 하는, 소위 국가 프레임의 설계자라고 상상해보시기 바란다. 물론 왕국이 아니고 우리가 '리퍼블릭Republic'이라고 부르는 형태의 정부를 직접 만들어야 하는 상황이라고 쳐보자. 이를 심시티(도시 건설형 경영 시뮬레이션 게임)와 비슷한 방식의 '전쟁 없는 국가 만들기' 혹은 '피스 스테이트Peace State'와 같은 전략 시뮬레이션 게임을 하는 경우로 상상하셔도 무방하다. 만약 여러분들에게 이런 기회가 주어진다면, 도대체 이 새롭게 만들 나라를 '무엇' 위에 세울 것인가? 경제 시스템으로서 시장경제를 선택한다면 'Republic of Korea'가 정식 명칭인 한국 형태가 될 것이고, 사회주의 경제를 선택한다면 'Democratic People's Republic of Korea(DPRK)'의 형태가 될 것이다. 이런 것을 냉전시대에는 '체제'의 선택에 관한 문제라고 불렀는데, 이 질문이 한때는 아주 예민했던 시기도 있었다. 슘페터Joseph Schumpeter나 하이에크Friedrich von Hayek와 같은 초일류급 경제학자들은 대부분 이런 체제 논쟁 분야에서 맹활약하던 사람들이다. 그러나 이런 얘기들은 이제 경제학자들의 질문이라기보다는 오히려 정치학자들의 질문에 가깝다. 왜냐하면 사실 사회주의라는 장치 위에 세워진 국민경제가 세계적으로 거의 존재하지 않는 오늘날, 당장 국가를 건설해야 하는 설계자라면 현실적으로 이 질문에 오래 매달릴 이유가 별로 없을 것이기 때문이다.

다음으로, 체제 문제와 상관없이, 정말 중요한 것 하나를 선택하라고 한다면 그건 뭐가 될까? 사람에 따라 사랑을 선택할 수도 있고, 성경을 선택할 수도 있고, 프랑스 대혁명의 정신인 '자유, 평등, 박애'를 선택할 사람도 있을 것이다. 그 어느 쪽이든 좋긴 하지만, 어쨌든 그런 정신 위에 국가를 세웠던 유럽의 주요 국가들 대부분이 제국주의 국

─── 복수의 주권자가 통치하는 정치체제, 바로 공화제(共和制)를 말한다. 군주제와 상대를 이루는 개념으로, 이 제도에서는 국정에 참여하는 대표자가 국민투표로 선출되며, 일반적으로 대통령제나 합의제 형태를 취한다. ───

가가 되었고, 20세기 내내 자신들이 일으킨 큰 전쟁으로 시달렸던 게 사실이다. 결국 국가를 세우는 정신은, 그 정신 자체로서 특별한 힘을 갖는 것이 아니라 끊임없이 재해석되면서 현실적인 힘이 되는 것이다. 이렇게 재해석된 정신을 헤겔의 용어를 빌려 '시대정신'이라고 부르기도 한다.

여러분이 지금부터 세우게 될 나라가 시장경제를 택했든 혹은 사회주의 경제를 택했든, 조건 하나를 걸어보자. 국가를 어떤 정신 혹은 가치 위에 세울 때 전쟁이 벌어질 확률이 가장 적을까? 물론 이 질문에 대한 답은 대단히 즉각적일 것이다. '평화' 위에 세우는 편이 그렇지 않은 경우보다 전쟁 발발 확률이 줄어들 것이란 점은 자명해 보이기 때문이다. 그런데 정말 그런가?

세상에는 실제로 평화 위에 세워진 국가가 두 개 있는데, 하나가 스위스이고 또 다른 하나가 일본이다. 물론 두 나라 모두 평화를 진정으로 원해서 평화 위에 국가를 세운 것은 아니고, 그 건국 과정 안으로 들어가보면 나름으로 복잡한 사회경제적 맥락들이 존재한다. 일본의 경우는 패전 후 연합국의 이름으로 미국이 들어가서 새로운 국가를 세우면서 '평화헌법'을 만들었다. 합스부르크 왕가를 피해 알프스로 들어온, 전혀 다른 세 개 언어권의 민족들이 하나의 국가를 형성한 스위스의 경우는 훨씬 더 복잡하다. 아주 거칠게 단순화하자면, 전자는 외부에서 강요된 것이고 후자는 스스로 선택한 경우라 할 수 있다.

그런데 한국의 경우는 불행히도 이념적 '증오' 위에 나라를 세운 경우라 하겠다. 한국의 국시는 바로 '반공'인데, 이 말을 풀어보자면 '공산주의에 대한 증오' 아니겠는가. 지금에 와서 여러분들에게 다시 우리나라를 세워보라고 한다면 아마도 이러한 증오 위에다 세울 리는 없겠지만, 하여간 국제적인 냉전의 와중에 우연히도 이 두 체제의 경계에 서 있던 한국은 여러 복합적인 맥락들이 작용하면서 결국 증오 위에 나라를 세우게 되었다. 분단과 전쟁, 게다가 '증오' 위에 세워진 나라가 오늘날과 같은 번영에 도달한 것은 사실 '경제기적'이라 할 수 있다. 그래서 지금까지도, 그리고 앞으로도 당분간 한국의 여러 경제적 속성에 대해 연구하는 것은 경제학자들에게는 즐거운―가끔은 숨통이 막힐 정도로 답답할―그런 작업이다.

'경제기적'이라는 용어는, 원래 한국 경제가 아니라 북한 경제를 얘기하면서 나온 것이다. 1965년 북한을 방문한 조안 로빈슨 여사는 「코리언 미러클」이라는 논문을 발표했는데, 당시 이러한 국제적 경제학자의 북한 경제 칭송이, 대통령이 된 지 3년째였던 박정희 대통령을 얼마나 자극했을지는 미루어 짐작할 만하다.(2007년 10월 31일자 『서울경제』에 실린 권홍우 편집위원의 「로빈슨」이라는 짧은 칼럼을 꼭 읽어보시기 바란다.)

여러분들이 상상 속에서 건설한 나라가 어떤 정신 위에 세워지더라도, 그것만으로 '전쟁 없는 국가' 혹은 '전쟁 없는 경제'가 만들어질 수 있는 충분조건이 되는 것은 아니다. 일단 하나의 시스템으로서 국가체계를 만들었다고 하더라도 이를 유지하기 위해서는 꽤 난이도 높은 작업이 필요하다. 물론 처음부터 전쟁을 준비하고 이웃을 점령하고 '맵'에 있는 자원, 즉 '머니'와 '미네랄'을 다 소비할 때까지 소모전이 계속해서 진행되는 스타크래프트 같은 게임이라면 이런 복잡한 고려는 필요없을지 모른다. 하지만 지금 우리에게 주어진 미션은 이보다는 훨씬 더 복잡한 게임이라고 생각해보자. 당연하겠지만 이 국가 안에는 군대도 있고, 공무원도 있고, 기업도 있고,

심지어는 다국적기업과 함께 범죄자도 있고, 실업자도 존재하는 거대한 프로그램 하나를 운용한다고 생각해보자. 여러분들은 이제 플레이어로서 사람들에게 일자리도 만들어줘야 하고, 실업수당도 만들어야 하고, 국민들의 '심통 지수'가 높아지면 틈틈이 대규모 축제도 만들어서 그걸 낮춰주어야 할 것이다. 그리고 '무식 지수'가 높아지면 새로운 신문사도 만들어야 하고, 국민들이 TV의 버라이어티 게임을 덜 보도록 하는 장치도 만들어내야 할 것이다. 그렇게 하지 않으면, '전쟁 지수'가 계속해서 높아질 것이다.

물론 시스템 설계자라는 독자 여러분들의 지위가, 독재자처럼 게임 안의 모든 플레이어들을 마음대로 보낼 수 있는 위치에 있지는 않다. 왜냐하면 '리퍼블릭'이라는 제약 조건에 걸려 있기 때문이다. 원한다면 '독재자 모드'로 게임을 운용해도 되겠지만, 그런 방식으로는 결코 '리퍼블릭 모드'라는 상위 단계로 올라가지 못할 것이다. 이 리퍼블릭 모드에서는, 중요한 의사 결정이 '국민'이라는 위상을 가진 개개인들의 다수결 의사에 의해서 결정된다.

하여간 어떤 식으로든—그것이 평화이든, 반공이든 혹은 그 어떤 가치이든—여러분이 선택한 설계를 놓고, 이제 프로그램을 구동해보자. 그리고 그것을 한번 지켜보자. 그 안에서 평화가 지켜질지, 아니면 어떤 식으로든 전쟁을 하여 때로 승리도 하다가 어쩌면 회복 불가능할 정도로 심각하게 다른 나라의 침략을 받아 당신의 디자인으로 세워진 나라가 망할는지 말이다. 여러분들이 디자인한 나라가 어떤 방식으로든 멸망하지 않고 지금까지 건재하다면, 이제 이 시뮬레

★ 한·중·일은 산업관계에야 할 이웃 국가지만, 지리적으로 가까운 만큼 서로 '증오 지수'를 높일 잠재적 사안들 역시 많을 수밖에 없다. (『한겨레21』, 484호, 2003년 11월 20일자/『한국일보』, 2008년 4월 29일자)

이번 게임의 2단계로 들어가보자. 그리고 그 시기를 2008년이나 2009년 정도에 맞춰놓고 다시 한 번 프로그램을 돌려보자. 각자 한국, 중국, 일본, 하여간 셋 중의 하나를 선택하고 약 30년 정도의 시간에 맞춰서 시뮬레이션을 시작해보자. 물론 원래의 프로그램에서 2008년 현재의 경제 및 사회와 관련된 데이터들이 한 번 업데이트될 것이다. 그리고 과감하게 '시작' 버튼을 눌러보자. 어떻게 될까?

한 가지 확실한 것은 화면 한 구석에 기록될 붉은색 '증오' 게이지의 눈금이 굉장히 빠른 속도로 올라갈 것이고, 아마 4~5년 후 이 시스템에서 '위험'이라는 경고등이 켜지기 시작할 것이다. 사실 어떤 국가 설계를 선택했든, 여기까지의 과정은 피하기 어려울 것이다. 현재의 한중일 세 나라에 대한 데이터가 제대로 입력되었다면 말이다. 안타깝게도 이건 사실이고, 우리는 이런 현실을 피할 수 없을 것이다.

편의상 이 증오를 중심으로 움직이는 게임 내 집단을 일단은 '극우파'라고 부르도록 하자. 이 집단이 움직이는 원칙은 앞에서 설명했던 군인들의 '적대적 협력관계'와 거의 유사하다. 차이점이라면 군인들이 전쟁이라는 구체적인 이해관계에 의해 움직이는 데 비해, 극우파 블록은 이런 이해관계가 없더라도 '사회적 증오'라는 매우 특수한 감정 그 자체가 지닌 재생산 메커니즘에 의해 작동한다는 정도이다. 때때로 이러한 증오는 쇼비니즘 마케팅이나 스포츠 마케팅과 결합하기도 하고, 심지어는 정치적 작동원리와 결합하기도 할 것이다. 그래서 국가 사이의 증오는 더욱더 균형을 맞추기가 쉽지 않다.

한중일 세 나라 사이에 서로를 증오하는 그룹은 불행히도 이미 자리를 잡고 있기 때문에, 여러분들이 이 게임에서 증오 자체를 없앨 수는 없다. 다행히 경제나 정치 혹은 사회나 문화와 같은 장치들이 잘 작동해서 아무리 사회적 증오의 에너지가 높아지더라도 전쟁이 없는 상태가 한동안 유지될 가능성도 물론 있다. 그러나 과연 역내의 각 국가별 경제상황이나 내부 상황이 그렇게 전쟁을 억제하고 제어할 수 있는 상태로, 이 게임의 궁극적 목표인 30년간의 평화 유지라는 미션을 달성할 수 있을까? 불행히도 상황이 그렇게 만만해 보이지는 않는다.

이렇게 증오와 결합되면서 한중일 역내 평화를 위협할 수 있는 경제의 장기적 구조 전환에 대해서, 실제로 이제부터 좀 차분하게 생각해보도록 하자. 이러한 요소들에 대한 이해가 여러분들이 새로운 국가 설계의 초기 변수를 구성할 때 도움이 될지도 모르겠다. 이제부터 주로 다루게 될 경제의 구조적 속성에 대한 주요 요소들은 ① 국민소득 구조, ② 생태적 구조, ③ 산업 구조, ④ 공황과 호황, 주기적 경기 패턴이라는 네 가지이다.

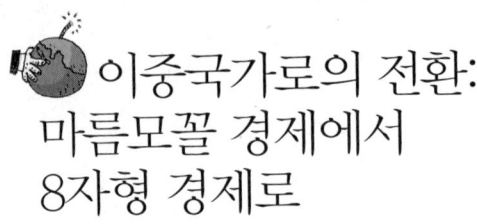
이중국가로의 전환:
마름모꼴 경제에서
8자형 경제로

경제학자들은 통상적으로 경제 시스템의 크기를 측정하기 위해 GNP국민총생산나 GDP국내총생산처럼 달러로 표시된 수치를 사용한다. 이러한 측정치에는 기본적으로 몇 가지 약점이 있지만, GDP와 유사한 지수들 혹은 이러한 수치를 전체 인구로 나눈 '1인당 국민소득'은 여전히 경제 전체의 흐름을 살피는 가장 일반적인 기준으로 쓰인다.(물론 이런 방식의 접근은 사실 경제 전체의 효율성을 장기적으로 보여주는 데는 유리하지만, 실제 그 내부에서 벌어지는 일들을 정확하게 보여주지는 못한다. 그래서 가난한 사람들과 부자들 사이의 소득 분포를 통해 시스템 내부의 불평등 정도를 알려주는 지니GINI계수라는 지표를 보완적으로 사용한다.)

사실 기분 같아서야, 경제 내부에 있는 모든 집단과 모든 구성원들의 실질소득 혹은 실질구매력 같은 것을 전부 구체적으로 알아서 그런 통계들을 또한 시간에 따라 배치해 계산할 수 있다면 얼마나 좋겠는가? 그러나 불행히도 21세기인 지금까지도 경제학자들이 분석할 수 있는 그렇게 자세한 통계는 애당초 존재하지를 않는다. 그래서 때때로 상위 몇 퍼센트의 국민들이 국토의 몇 퍼센트를 소유하고 있는지를 조사한다거나 상위 5%와 하위 5%의 임금 격차를 조사하여 사용하

―――― GNP는 한 국가의 경제가 일정한 기간(보통 1년)에 생산한 최종 생산물(재화·서비스)을 시장 가격으로 평가한 총액이다. 즉 국내·국외를 막론하고 그 나라 국적을 가진 국민들이 생산한 최종 생산물의 가치액을 말하며, 이에 비해 GDP는 국적의 여하를 막론하고 동일한 정치적 영역 내부에 살고 있는 사람이 생산한 최종 생산물의 가치액을 의미한다. 그러나 달러라는 고정되어 있지 않은 가치를 기준 척도로 삼는다는 측면에서, 또 한 사회의 가치를 시장에서 거래되는 재화만으로 표시한다는 측면에서 약간 약점도 있는 지표이다. ――――

기도 하는 것이다. 하지만 이런 것들도 실제 시스템이 어떻게 생겼으며 그 안에 부가 어떻게 분포되어 있는지, 그 대체적인 구조를 알기 위한 보조변수에 불과할 뿐이다.

대개 경제학자들은 GDP와 인구라는 두 가지 변수를 주변수로 하고, 여기에 몇 개의 보조변수들을 더해 경제의 지나온 모습들을 살피고, 그 산업 내부를 구성하는 수백 가지 구조변수들을 동원해서 미래예측 모델을 만든다. 이런 방식으로 매년 다음해의 국민소득에 관한 예측치를 발표하고, 때로는 10년 혹은 20년 정도의 장기 예측을 하기도 한다. 이런 식의 접근은 그야말로 현재의 추세가 앞으로도 계속될 것이라는 가설 아래 이뤄지는 것으로, 경제 내부에 전혀 다른 형태의 구조 전환이 있다거나 그런 변화가 수학식 혹은 계량식 형태로 잘 잡히지 않을 때에는 사실 좀 허망한 결과를 주기 십상이다. 4~5년 정도의 단기적인 예측에서야 '1만 달러 시대'니 '2만 달러 시대'니 하는 식으로 1인당 국민소득에 의한 사회적 예측이 나름의 의미를 가질 수 있겠지만, 10년 이상의 장기적 변화, 특히 지금 우리가 관심을 가지고 있는 20년이나 30년 후의 세계에 대해서는 의미를 갖기가 힘들다. 방법론적으로 현재의 구조에서 또 다른 구조로의 극적인 전환 같은 게 발생할 가능성들을 모델 내에서 제대로 고려하기 어렵기 때문이다.

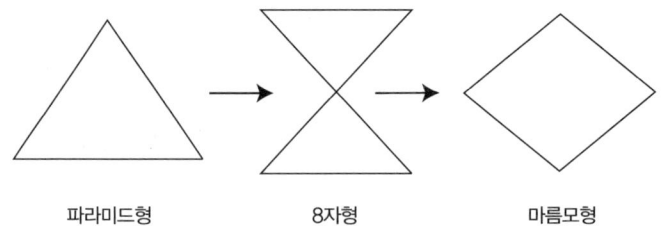

파라미드형   8자형   마름모형

그러니 이런 복잡한 통계 얘기는 잠깐 접고, 도대체 우리가 살고 있는 세계의 경제를 좀더 직관적으로 이해할 수 있는 방법이 무엇인지 생각해보자. 편하게 마름모형과 8자형, 피라미드형이라는 세 가지 소득분포도를 놓고 얘기해보자.

일반적으로 자본주의가 처음 시작되었을 때는 피라미드형 경제였다. 상부에는 귀족이, 하부에는 농노들이, 그리고 그 중간계층으로 하급공무원이나 성직자 혹은 퇴역 군인들과 같은 소위 고전적인 의미에서의 중산층이 존재했다. 이때의 중산층은 노동자가 아니고, 그렇다고 요즘의 사장들에 해당하는 자본가도 아니다. 국가에 따라 18세기에서 20세기 초·중반까지 대체로 이렇게 생긴 사회에서 자본주의가 출발하게 되었는데, 이 상태가 이른바 '본원적 축적'이라 불리는 최초의 자본축적이 이뤄지던 중세 사회였다.

——— 일정한 규모의 자본축적이 생겨나야 시장이 작동하기 시작하고 자본주의로의 질적 전환이 이루어진다는 뜻의 이 용어는, 발전경제학에서 '초기 도약'이라는 개념과도 연관된다. 대개 차관이나 외자 유치를 통해서 일단 본원적 축적 단계를 넘어서야 그 다음에 정상적인 경제발전이 시작될 수 있다고 한다. 이때 그 전환을 내부의 힘으로 할 것인가, 아니면 외부의 힘을 빌려서 할 것인가는 저개발국가들 사이에서 여전히 논쟁거리이다. ———

이러다가 8자형 경제로 전환된 때가, 마르크스가 『자본론』에서 말하던 '자본주의의 계급위기'가 돌발하는 20세기 초반 무렵이다. 위의 8자

────── 1929년 10월 24일 뉴욕 월 가(街) '뉴욕주식거래소'의 주가가 대폭락한 것이 발단이 된 일로, 그 여파가 유럽 대다수 국가들로 파급되어 세계대전의 도화선이 되었다. 이 공황은 파급 범위, 지속 기간 면에서 그때까지 있었던 어떤 공황보다도 두드러진 것으로, 대공황이라는 이름에 걸맞았다. 1차 세계대전 후 미국은 표면적으로는 경제적 번영을 누리고 있는 것처럼 보였지만, 사실 그 이면에서는 만성적 과잉생산과 실업상태가 지속되고 있었다. 이 때문에 그 해 10월의 주가 대폭락은 경제적 연쇄를 통하여 각 부문에 급속도로 파급되어, 제반 물가의 폭락, 생산의 축소, 경제활동의 마비를 불러왔다. ──────

형은, 경제공황으로 인해 중간계층에 해당하는 중산층들이 급격히 몰락하고 자본가라 할 부자들과 노동자라 할 빈곤층이 위아래로 급격히 분리된 모양새를 의미한다. 1929년의 세계대공황은 수요에 비해 생산능력이 지나치게 높아져 벌어진 '과잉 공급의 위기'라고 보는 것이 일반적인 시각인데, 이를 뒤집어보면 '유효수요의 부족'이 문제의 원인이라는 케인스John Keynes의 분석과 만난다. 너무 많이 만들어서인가, 아니면 물건을 살 돈이 없어서인가? 이것이 세기의 논쟁점이던 시절이 있었다. 어쨌든 이 상황에서 세계적으로 '1차 양극화'라고 부를 수 있는 구조적 위기를 맞게 된다. 자본론을 기계적으로 해석하면, 이 상황에서 자본주의는 붕괴하고 다음 단계로 전환되어야

할 테지만, 실제 미국이나 독일의 20세기 역사가 그렇게 움직이지는 않았다. 독일에서는 급격한 인플레이션 속에서 히틀러라는 영웅적(?) 인물이 등장하게 되고, 자연스럽게 나치즘으로 전환되었다. 유사한 구조 속에서 이탈리아에서는 무솔리니가 등장하게 되면서 '파시즘'이라는 역사적 용어가 등장하게 된다.(이탈리아어로 '파쇼'는 '묶음'이라는 의미인데, 독일어 '룸펜' 역시 '덩어리진 사람'이라는 뜻을 가지고 있다.) 잘사는 사람과 못사는 사람들의 격차가 너무 벌어지면서 동시에 중산층이 붕괴될 때, 역사는 민주주의 절차를 그대로 유지한 상태에서도 그 사회가 파시즘으로 전

환될 수 있고 제국주의 전쟁으로 나아갈 수 있다는 걸 보여주었다.

세번째 그림인 마름모형은 아랫부분이 상당히 줄어드는 대신 허리가 두툼해진 모양인데, 이런 상황은 대개 경제의 하단부에 있던 사람들의 형편이 나아지는 경우에 나타난다. 과거에는 이런 상황에서 사회가 보수적으로 변한다고 일부 좌파 경제학자들이 비판적으로 말하기도 했는데, 어쨌든 시스템 내부로만 본다면 이 상황에서 안정성은 가장 높아진다고 할 수 있다.

그렇다면 언제 이런 구조가 나타나는가? 2차 세계대전 이후 서구 경제 영광의 30년 동안 점차 그렇게 되었다. 일부에서는 케인스 정책을 강력하게 시행했던 북유럽식 복지국가가 그걸 가능하게 한 원인이라고 얘기한다. 그러나 중남미 학자들은 이런 구조가 사실 제국주의의 연장선에서 발생하는 '부등가 교환' 때문이라며, 이래서 유럽에 '귀족 노동자'들이 등장했다고 꼬집기도 했다. 이 마름모형 경제의 등장을 비유적으로 표현하자면 중산층, 즉 일부 "노동자들이 승용차를 타는 순간" 혹은 "노동자들이 비행기를 타고 관광을 시작하는 시점"으로 생각할 수 있을 것이다. 이 마름모꼴 경제는 '대량생산 대량소비'의 시대에 나타나며, 갤브레이스John Galbraith의 표현을 빌리자면 '풍요의 시대'라 할 수 있다.

한국과 일본 모두 21세기에 들어서는 즈

─────── 1929년에 시작된 대공황 시기, 케인스는 기존의 고전적 경제이론이 공황의 핵심 원인을 분석해낼 수 없다고 생각했다. 고전경제학은 경제요소 중 가격이라는 변수가 원활히 작동되면 시장이 항상 균형을 이룬다고 보았다. 하지만 케인스는 고전경제학이 결국 실업의 모든 책임을 노동자 측에 떠넘긴다고 보았고, 이 문제를 거시경제학의 눈으로 보라고 주문했다. 위기 극복을 위해 완전고용을 실현하려면 국가가 직접 나서서 각종 공공정책을 집행함으로써 유효수요를 늘리거나 줄이는 역할을 전담해야 한다고 주장한 것이다. ───────

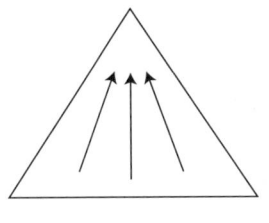
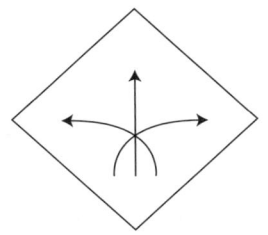

피라미드형의 균형점 　　　　　마름모형의 균형점

음엔 나름대로 이런 마름모형 경제구조를 가지고 있었다. 굳이 비교한다면 일본이 한국보다 훨씬 안정적인 마름모 구조였다. 국가 형태로서야 피라미드형이 자연스럽지만, 이 시스템에서는 상부로 향하는 균형점이 오로지 하나만 발생하게 된다. 그러나 마름모형 시스템에서는 세 개의 균형점이 형성되면서 시스템의 다양성이 극대화된다. 그렇지만 이 마름모형 경제는, '경쟁'이라는 관점에서 보면 진화론적으로 안정적인 구조를 가지고 있는 것은 아니다. 이 특수한 시스템 구조 내부에는 언제든지 피라미드형 혹은 8자형 경제로 돌아가려는 힘이 내재되어 있기 때문이다.

　　　　세계적으로는 이런 마름모형 경제를 유지하는 것이 점차 힘들어지고 있고, 특히 경제적 약자들에게 더욱 그러해지는 중이다. 그러나 이런 평균적인 변화의 속도보다 훨씬 빠르게 한국 자본주의는 기존의 마름모형에서 다시 8자형으로 되돌아가게 될 가능성이 높다. 한국에서는 이미 이십대를 축으로 하여 다음 세대가 정상적인 중산층으로 재생산되기 어려운 구조가 매우 빠르게 형성되고 있다. 여기에다 인구의 8% 정도를 점하고 있는 농촌 인구의 해체와 수도권 집중화 등

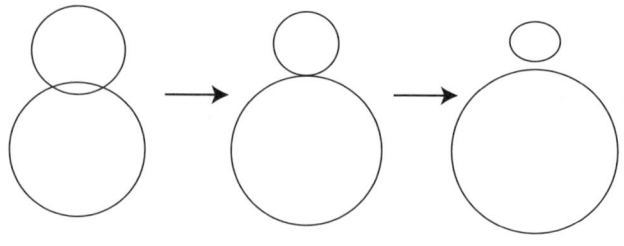

8자형 경제구조의 단절 현상

외국에는 존재하지 않는 불균형 구조 등이 결합되면서 OECD 국가 가운데 멕시코의 뒤를 잇게 될 가능성이 굉장히 높다.(이에 대해서는 넷째권 『괴물의 탄생』에서 더 자세하게 분석할 것이므로, 여기서는 이런 강력한 양극화의 위기가 존재한다는 정도만 기억해주시기 바란다.)

다시 등장하게 된 이 새로운 8자형 구조를 편의상 '중남미형 경제'라고 부르자. 8자형 구조에서 이렇게 상층부의 원이 하층부 원과 완전히 분리된 경우, 이를 중국식 표현으로 하면 '단절'—즉 중국 A와 중국 B의 비극—이라고 부를 수도 있고, 이중국가라고 부를 수도 있을 것이다. 단절 현상이 벌어질 때 아래쪽 원은 더 커지고 위쪽 원은 더 작아질 가능성이 높은데, 이렇게 완전히 단절된 국민경제는 사실상 두 개의 국가라고 할 수 있다.

이런 단절 현상은 중남미 국가들 일부에서 관찰되며, 보통은 교육의 분리, 주거의 분리, 노동의 분리를 거쳐 시장의 분리로 이어지게 된다. '시카고 보이'라 불리는 중남미의 상류층은, 시카고대학과 같은 미국 대학으로 유학을 간 뒤 돌아와서는 그 나라의 장관이 되는 현상을 보이곤 한다. 한국에서도 이러한 교육의 분리 현상이 급격히 진행되는 중인데, 이런 현상은 이명박 정부에서 더욱 빨라질 것으로 예상된다. 공간의 분리는 '수도권/비수도권'으로 완결되었지만, 주거 분리까지는 아직 미완 상태에서 진행 중이다. 노동의 분리 역시 '88만 원 세대'로 상징되는 이십대층의 노동 분리 현상을 필두로 그 단절이 어느 정도 완결되어가는 추세이다.

이어서 마지막으로 시장의 분리까지 진행되면, 즉 상층부의 경제활동이 돌아가는 시장과 하층부가 활동하는 시장이 국민경제 내에서 완전히 분리되면 한국은 완벽하게 이중국가로 재탄생하게 된다. 이를 상징하는 특징적 단어가 바로 '서민경제' 혹은 '민생경제'이다. '국민경제'라는 표현 대신 '서민경제'가 등장했다는 것 자체가 이미 두 개의 경제가 움직이고 있다는 사실을 반영한다. 거의 막바지에 도달한 이 단절 과정의 종료 시점은, 한국이 제국주의 경제로 본격 전환하는 시점일 것이다.(이명박 정부가 시위대 진압을 위해 전기충격기 도입을 검토하기 시작했다는 것과 같은 일련의 경찰국가로의 복귀 경향은 사실상 경제구조가 8자형으로 전환되면서 이중국가 체제가 완성됨에 따라 발생하는 필연적인 현상이다. 나프타 가입 이후 8자형 구조로 되돌아간 뒤 농민군까지 등장한 멕시코의 사례를 떠올려보시라.)

좀더 드라마틱한 변화는 중국의 경우에서 보게 될는지도 모른다. 중국은 사회주의 시절 극단적으로 평등했던 하나의 시스템에서 현재 일부 부유층이 형성된 독특한 구조를 가지고 있다. 시스템상으로 당연히 현재의 중국은 지극히 불안정한 상태이다. 10%를 넘는 과열된 성장률로 '세계의 공장' 역할을 하고 있는 중국의 발전 속도가 과거 개발도상국의 성장 패턴을 참고한다면 영원히 계속될 수 없음은 명백하다. 시장을 통해 성장하고 있는 '중국 A'와 이러한 경제성장에서 아무런 수혜를 받지 못하는 '중국 B' 사이의 단절은 그야말로 양극화 그 자체이다. 세대 간의 문제 역시 나타나고는 있지만, 중국은 구지식 체계에서 신지식 체계로 전환하지 못한 농촌지역의 40~50대가 오히려 신세대에게 불이익을 당하는 구조라는 점이 한국이나 일본의 경우와는 다르다.

그렇다면 중국 경제는 현재의 구조가 이대로 고착되어 시장경제의 부정적 폐해가 극대화되는 사회의 전형으로 남을 것인가? 물론 아직은 알기 어렵다. 무엇보다 중국은 중앙정부의 정책이 아직도 경제는 물론이고 사회 전체의 기조를 결정하는 사회주의 체제이고, 최근 사회적 불평등을 적극적으로 완화하려는 일련의 흐름이 있기 때문에 어느 정도는 지금과 같은 '단절적 상황'에서 나름으로 문제를 완화하기 위한 구조조정이 진행될 가능성은 있다.

그러나 향후 10~20년간 중국이라는 거대한 경제 시스템이 지금과 같은 단절적 구조에서 좀더 안정적인 마름모형 구조로 전환될 수 있을까? 이는 그야말로 이 거대한 공룡이 '나비처럼 날아 벌처럼 쏘는' 일만큼이나 어려운 일이다. 그러나 1990년대에 동구가 붕괴될 때, 아직 WTO에 가입하기 이전의 중국이 지금과 같이 거대한 세계의 공장이 될 것이라고 누가 상상했던가? 중국 지도부의 지혜를 다시 한 번 지켜보는 수밖에 없을 것이다.

한편 일본의 경우는, 이미 1인당 국민소득 4만 달러를 돌파한 일부 유럽 국가들을 제외하면 가장 안정적인 마름모형의 경제 시스템을 지향했던 나라이다. 특히 유럽의 지배층보다 훨씬 검소한 일본의 지배층은, 마름모꼴 구조의 상하가 상당히 근접한 시스템을 가능케 한 중요한 요소이다. 그렇지만 이러한 일본도 안정적 사회구조를 만들었던 연공서열제가 완화되면서 종신고용 체계도 지속적으로 붕괴되고 있다. 이에 따라 사회안전망을 보강하려 하지만, 일본 경제가 감당하기 어려울 정도로 높아진 고령화로 계속 지연되고 있는 실정이다. 한국만큼 빠르고 전격적이지는 않지만, 일본에서도 세대 간 불균형 문제가 점차 확산되고 있어 마름모꼴의 허리에 해당하는 중산층의 규모가 협소해지는 현상은 피하기 어려울 것 같다. 일본인들이 얘기하는 '격차 사회'는 사실 한국에 비하면 엄살에 가까울 정도지만, 문제는 양극화가 일단 시작되면 정치의 보수화 등 여타 사회적 요소들과 맞물리면서 점점 더 이런 경향을 강화하게 된다는 점이다.

여기서, 과연 일본이 세계화 국면 이전에 형성하고자 노력했던 '신뢰의 자본주의'라는 패러다임에서 세계화가 거의 절정에 이른 지금, '인간의 얼굴을 한 자본주의'의 일본 버전을 새로이 만들어낼 수 있을 것인가? 아니면, 일본 역시 결국 '워싱턴 컨센서스' 위에 세워진 신자유주의라는 새로운 흐름에 휩쓸려 이중국가 체제로 전환될 것인가? 일본은 이 중대한 전환점에 서 있다고 하지 않을 수 없다. 결론적으로 일본은 지금의 통통했던 마름모에서 상당히 야윈 마름모로 변화하는 정도에서 안정성을 찾게 될 가능성이 높다.

정확하게 일반 법칙으로 규정하기는 어렵지만, 한 사회가 가지는 증오의 에너지를 총량으로 측정할 수 있다면 분명 8자형 경제가 마

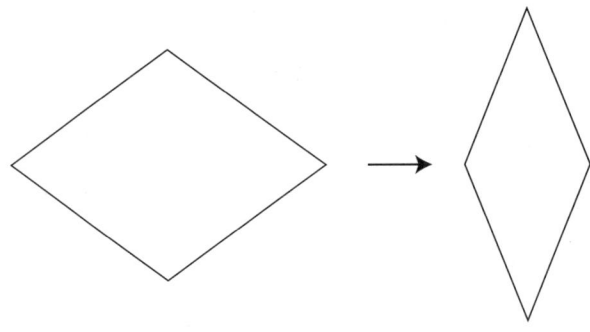

경제구조의 양극화 현상

름모형 경제보다 증오의 에너지가 높을 것이다. 10년 후에 한중일이 경제구조의 새로운 전기를 찾을 가능성을 완전히 배제할 수는 없지만, 아마도 향후 10년간 세 나라의 경제는 8자형 구조가 점차 굳어지면서 이중국가의 덫에 빠지지 않기 위해 발버둥치는 상황에 놓일 확률이 높다. 당연히 증오 지수 역시 높아질 것이다.

만약 1세기 전에 발행된 유럽의 신문들과 지금의 한국 신문들을 찾아서 비교해본다면, 놀랄 정도로 유사한 구절이 많다는 데 독자 여러분들도 놀라실지 모른다. 당시의 '새로운 식민지'라는 단어를 지금의 '수출'이라는 단어로, '새로운 자원 개발'을 지금의 '자주 개발'이라는 단어로 바꾸고, '오페라'를 '한류'라는 단어로 바꾼다면 그 당시 신문의 기사들 상당수가 요즘의 기사와 별로 다를 바가 없을 것이다.

생태적 전환의 지체,
그리고 운명의 순간

애덤 스미스가 '보이지 않는 손'을 말한 이후 1세기 정도가 지나서 "내버려두면 모든 것이 잘 될 것이다"라고 더는 얘기하지 않는 일련의 학자들이 등장하기 시작한다. 그야말로 우울한 시각으로 자본주의의 미래를 보았던 사람들인데, 그중에서 가장 특징적인 것은 프로이트의 시각이다. 그는 문명이 결국 공존을 위한 사회적 기반을 만들어내지 못할 것이므로, 인류는 거대한 전쟁으로 서로를 살상하면서 종말을 맞을 것이라고 예언했다. 인류는 자신들에게 주어진 자원이나 에너지 혹은 자연적 자산 같은 것을 제대로 사용해보지도 못하고 무기를 먼저 만들어 살상에 나섬으로써 결국 멸망하게 된다는, 그야말로 묵시록적인 예언이 아닐 수 없다.(프로이트와 같은 시대에 '전쟁 없는 사회'에 대한 지침서라 할 톨킨스의 『반지의 제왕』이 등장하게 되는데, 이 소설이 최초의 생태소설이 된 것은 우연이 아닌 셈이다.)

실제로도 1962년의 '쿠바 사태' 때 케네디나 흐루쇼프가 약간이라도 정치적 실수를 해서 쿠데타로 실각했다면, 그 해에 인류는 멸망하고 말았을 것이다. 만약 그 해에 재수 없게 부시가 미국의 대통령이었고 후세인 같은 인물이 소련의 서기장이었다면, 인류의 시계는

1962년 10월 29일 혹은 30일 중 어느 날에 멈추었을 가능성이 높다. '핵 억지력'은 실로 이렇게 허무한 개념이다. 이처럼 '핵 억지력'을 평계로 이뤄진 냉전시대의 핵확산은 실제로 인류가 멸망을 겪을 뻔했던 첫번째 위기였다고 보아야 옳을 것이다.

인류 멸망에 대한 두번째 예언은, 1974년 최초로 인류가 겪은 대규모의 자원 공황이라 할 석유파동과 함께 봇물을 이루기 시작했다. 이런 흐름의 맨 앞에 자리하고 있는 것이 도넬라 메도우 여사의 『성장의 한계』라는 '로마클럽보고서'이다. 이미 석유 없이는 더는 문명을 유지하기 어려운 인류에게 석유를 포함한 에너지와 자원이 '고갈'되는 순간이 올 것이라는 테제 위에 서 있는 주장이었다. 물론 이 보고서는 대중적인 성공을 거두었고, 이후 생태적 접근이라고 할 수 있는 다양한 학문 및 대체에너지 기술 등 수많은 새로운 흐름의 출발점이 된 것도 사실이다. 그러나 1970년대의 이런 위기감은 1980년대의 저유가 현상과 함께 슬그머니 사라져버렸다. 유가가 배럴당 10달러대까지 내려간 데에는 에너지 절약 기술들이 보편화되는 한편, 새로운 채굴 기술이 등장해 메도우 여사가 예측할 당시에는 의미 없던 유전들이 '경제성 있는 유전'으로 바뀐 탓도 있었다. 더구나 일부 산유국이 자국의 경제발전을 위해 OPEC석유수출국기구의 생산량 통제를 지키지 않고 석유 판매량을 엄청 늘리기도 했다. 그리하여 1980년대와 1990년대, 인류는 풍족한 석유 공급 위에서 다시 한번 자원 풍요 시대를 맞게 되었다.

그러나 이런 유가 하락은 수많은 개발도상국들이 새로운 생태적 경제체제를 구축할 기회도 없애버렸다. 실제 인류의 생존에 위협을 줄 정도로 큰 규모의 생태적 위기는 오존층 파괴와 기후변화 두 가지라고 할 수 있는데, 아프리카 경제를 강타한 사막화는 유럽과 미국의 번영과 관련되어 발생한 것이었다. 이러한 지구적 차원의 재앙은 시급한 대책을 요구하지만, 그 필요성을 절감하는 지구 시민들은 별로 없다는 게 또 하나의 인류 종말 예고편인 셈이다.

인류 멸망에 대한 세번째 예언은, 앞의 두 가지가 결합된 것이지만, 불행히도 중간에 연구자의 사망으로 완전본이 제시되지 않았기에 여전히 진행형이다. 도넬라 메도우 여사, 그녀의 연구 파트너였던 전남편 데니스 메도우, 그리고 조르겐 랜더스가 '로마클럽보고서'에 대한 새로운 연구를 하다가 2001년 메도우의 급작스러운 죽음 이후 남겨진 연구자들이 그녀의 죽음을 애도하며 그때까지 진행된 연구를 책으로 발간했는데, 그게 바로 『성장의 한계, 30년 만의 업데이트』이다. 이 책의 요지는, 전체적으로 석유를 비롯한 자원의 공급량이 여전히 늘어나기는 하겠지만 중국을 포함한 개발도상국의 자원 소비가 워낙 빠르게 증가하게 되어 결국 이 수요량을 따라갈 수 없는 순간이 오게 된다는 것이다. 물, 석유, 유가금속 등 대부분의 자원에서 부족 현상이 일반화될 시점은 2050년 정도이며, 그런 상태에 이르기 전에 이미 국지적 자원 갈등이나 전쟁과 같은 현상이 대략 2030년 정도에 나타날 것이라는 예측이었다.

내가 제대로 독해한 것이라면, 오랫동안 국제적 자원 문제에 대해서 연구했던 데니스 메도우와 조르겐 랜더스는 인류의 미래에 대

★ '대량살상무기'니 하는 명분을 내걸었지만 그 속내는 사실상 석유를 차지하기 위한 '자원전쟁'이었던 게 이라크전이다. (『경향신문』 2008년 3월 18일자)

해 상당히 부정적인 시각을 가지고 있는 것 같다. 속된 말로 하자면 "이 어리석은 족속들은 결국 지구를 파먹을 만큼 다 파먹고는 나머지 남은 걸 놓고 싸우다가 결국 멸망할 거야"라는 것이 메도우 여사의 동료였던 두 남자가 가졌던 생각일 것이다. 그러나 메도우 여사는 결국 그런 상황이 되면 인간이 '새로운 지혜'를 얻어 파국만은 피할 수 있을지도 모른다는 한 자락 희망을 가지고 있었다고 한다. 어떻게? 불행히도, 이 마지막 절의 결론 부분을 완성하지 못하고 메도우 여사는 급작스럽게 사망하고 말았다.

어쨌거나 이 세번째 예언은 논리적으로도 충분히 가능한 일이다. 실로 아프리카 일각에서는 물 부족으로 종족 간 전쟁이 벌어진 적도 있고, 해석하기에 따라서는 이라크 전쟁 역시 최초의 본격적인 '미래형 자원 전쟁'으로 볼 수도 있다. 실제로 이 전쟁이 벌어지기 전에 미국 부통령인 딕 체니가 중심이 되어 작성한 에너지 특별연구팀의 보고서는, 향후 미국이 석유를 해외 수입에 심각하게 의존하게 됨에 따라 정치적 독자성을 잃을 수도 있다는 점을 장기적 전망에 근거해서 지적하고 있다. 자원과 에너지와 환경오염이라는 국민경제의 생태적 문제가 국지전의 일반화와 연결될 수 있다는 메도우 연구팀의 생각은, 사실 경제학자들에게는 미지의 영역에 대한 질문이기도 하다.

이 질문을 한중일이라는 맥락으로 가지고 와보자. 메도우팀의 연구에서 운명의 시간이라 할 2030년 정도에 한중일은 어떠한 상태가 되어 있을까? 일본을 제외하면 한국과 중국의 에너지 사용 비율(보통은 이를 '탄성치'라는 변수를 사용해서 분석한다)은 대단히 높은 편이다. 이미 에너지 사용량 자체가 더 늘어나지 않는 방향으로 국민경제의 생태적 전환을 시도하고 있는 유럽과 비교해볼 때, 그런 노력을 보이지 않고 있는 한국이나 중국의 대외 자원 의존도가 획기적으로 줄어들지 않으리란 점은 자명하다. 이 상황을 쉽게 표현하자면 "경차를 타야 전쟁 위험이 줄어들게 된다"라는 문장으로 요약할 수 있다. 많은 한국인들은 돈 줘도 경차는 안 탄다고 자랑스럽게 말한다. 현실이 그렇다. 그렇다면 다음 세대는 좀 다를까? 승용차를 구입하는 십대의 90%가 '소나타' 이상의 중형차를 구입하는 것이 현재의 상황이다. 이 사람들의 생각이 바뀔까? 죽을 때까지 이 사람들의 생각은 바뀌지 않을 것이다.

외부 자원이 끊임없이 투입되어야 움직일 수 있는 자원 의존형 경제구조라는 점에서 한중일은 서로 크게 다르지 않다. 특별한 외부 힘의 개입 없이는 앞으로 20년 내에 '자원재순환형 경제' 혹은 '제로 투입경제', 아니면 '생태적으로 유지 가능한 경제'로 전환될 가능성은 '제로'라고 할 수 있다. 한국이나 중국이 추구하는 고도성장 전략이 지금처럼 진행된다면, 앞으로 최소한 지금의 규모보다 2배에서 3배에 해당하는 석유와 유가금속 등의 외부 투입이 계속해서 필요할 것이다. 이런 판이니, 이 세 나라는 당장이라도 자원형 식민지가 있어야 하는 상황이다. 20년 후에 그렇게 많은 석유를 공급받을 수 있는 가능성은 스스로 제국이 되는 길 외에는 거의 없다.

외부에서 자원을 확보하는 방법으로는 시장에서 직접 사오는 방법과, 최근 천연가스와 같은 부문에서 다시 강화되고 있는 국가와 국가 사이의 협정에 의한 장기 공급 계약, 그리고 개발업체에 대한 지분 참여에 의하여 유전이나 채굴 사이트의 지분을 확보하는 '자주 개발' 방식 세 가지가 있다. 결국 돈과 외교와 권력관계라는 세 가지 변수에 따라 자원 접근에 대한 우선권이 주어지는데, 일반 경제학자들이 생각하듯이 석유를 비롯한 국제 자원은 언제나 돈만 있다고 살 수 있는 그런 표준재화는 아니다. 점점 더 '희소성'의 법칙이 강하게 작용하면서 국제 권력관계의 문제가 될 가능성이 높다.

이미 한중일 세 나라는 동남아시아, 중동, 아프리카, 중남미 등 주요 유전에서 잠정적인 경쟁자로 서로 신경전을 벌이고 있는 사이다. 이러한 상황에서 에너지와 자원의 확보보다 더욱 문제가 되는 것은 소위 자원수송로다. 보통은 해상수송로와 파이프 라인 두 가지 형태로 자원수송로가 만들어지는데, 사실 한중일의 전쟁 개연성을 가장 높이는 것은 이 자원수송로의 확보를 둘러싼 군비 경쟁이다. 중동에서 오는 대부분의 해상수송로가 중국 근해를 거쳐 들어오게 되어 있다. 기본 구조만으로 본다면, 한국과 일본 두 나라는 해상봉쇄를 통한 에너지 보급망 차단만으로도 국민경제를 언제든지 마비시킬 수 있는 매우 위태한 나라들이다. 쿠바에서 벌어졌던 해상봉쇄가 실제로 벌어진다고 생각해보자. 열흘도 못 버틴다. 석유 공급 중단으로 경제가 엉망이 된 사례가 바로 북한의 몰락 아닌가. 한국이나 일본이라고 다를까? 지금의 북한 경제가 미래 이 나라들의 모습이 될 가능성은 언제든지 존재한다.

지난 50년간 한국에서 석유 소비가 줄어들었던 해는 딱 한 해, 바로 1998년 IMF 경제위기 때이다. 그리고 3년 후, 경제가 다시 회복되면서 2001년에 최초의 경차였던 티코가 단종되었고, 2002년에 아토스가 단종되었다. 일본은 국민소득 2만 달러를 지나면서 800cc 경차가 국민차가 되었고, 4만 달러를 바라보는 유럽 국가들은 최근 600cc 도시용 승용차 개발에 국민경제의 승부를 걸려고 하는 중이다. 반면 한국은 2만 달러를 막 넘은 시점에서 십대들의 승용차 구매 90%가 2000cc급 이상이다. 미국을 제외하면 승용차 크기가 두번째로 큰 나라 한국, 승용차 평균 크기가 2000cc인 위대하고 훌륭하신 나라! 이대로 10년이 지나면 어떻게 될까? 한마디로, 망한다!

일본은 아마도 10년 내에 온실가스 측면에서는 저탄소 경제를 달성할 수 있어 보이기는 하는데, 이것도 본질적 전환은 아니고 석유를 수입 우라늄으로 전환하는 데 불과하다. 그만큼 경제의 생태적 전환은 어렵다. 불행히도 일본의 이러한 에너지원별 전환 자체는 장기

★ 대개 영토나 영해 분쟁은 결론으로 국경 지키기에서 비롯되는 것이지만, 속으로는 '자원 차지하기'인 경우가 대부분이다. (『한국일보』 2008년 5월 17일자)

적으로 볼 때 외국으로부터의 자원 수입을 줄여주지는 않는다. 이것이 이 지역의 생태적 전환에 관한 객관적 조건이다.

그렇다면 자원수송로와 관련해 역내 협력의 가능성은 없는 걸까? EU는, 비단 역내 군사 긴장을 완화시키기 위한 이유만은 아니었지만, 어쨌든 오랫동안 나토라는 틀에서 합동으로 각국 군대를 운용해왔고, 점차 강화되는 정치통합 과정에서 역내 국가들 사이에서 자원수송을 둘러싼 군사적 충돌이 발생할 위험을 줄여왔다.

그러나 한중일은 그렇지 않다. 오히려 자원 희소의 시대에 서로를 가상 적국으로 간주하며, 독자적인 군사훈련을 할 가능성이 높다. 수년 내에 한국군도 중국의 남중국해 해상봉쇄를 가상 상황으로 설정하고 유조선의 운송로를 확보하는 것을 제1의 군사 목표로 설정하게 되는 날이 올 것이다. 북한의 위협은 이념적이지만, 자원의 위협은 현실적이다. 일본의 경우도 해상운송로와 다양한 방식으로 일본으로 향하는 에너지 파이프 네트워크의 안전을 지키는 것과 원거리에서의 '자주 개발' 형식의 유전들을 지켜내는 것을 중요한 군사 목표로 설정하는 순간이 오게 될 것이다. 그리고 아프리카에 일본 자위대가 자신들의 '에너지형 경제특구'를 지키기 위해서 원정길에 나서는 걸 보는 일이 아주 먼 미래는 아닐 것이다.

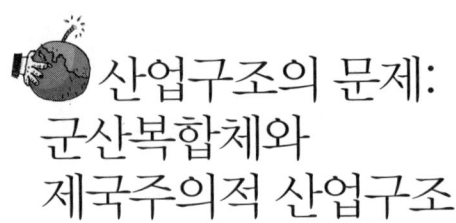# 산업구조의 문제: 군산복합체와 제국주의적 산업구조

경제학에서는 흔히 생산활동을 1차, 2차, 3차 산업으로 구분해서 접근한다. 1차 산업에는 농업과 광업 등이 포함되고, 2차 산업에는 제조업, 그리고 3차 산업에는 서비스 업종과 건설업이 포함된다. 그리고 그 안에는 다양한 산업들로 세분류가 들어가고, 그 안에 다시 세세분류가 들어가는 형태로 되어 있다. 이렇게 산업 사이의 관계에 대해서 연구하는 분야를 경제학에서는 산업조직론이라고 부르는데, 불행히도 아직까지는 국민경제의 산업구조와 전쟁 혹은 평화와의 관계를 체계적으로 연구하지는 않고 있다. 그 까닭을 조금 점잖지 않은 방식으로 이해하자면, 세계 인구의 5%를 차지하면서 세계 군사 시장의 50%를 차지하는 미국에서 평화경제학 대신 국방경제학이 성업 중인 데 있을 것이다. 평화학에 연구비를 지출할 기관은 거의 없지만, 국방비를 늘리거나 그 효율적 집행에 대해 연구한다면 큰 연구비를 받을 수 있는 것이 객관적인 상황이기는 하다.

한 국가가 어떠한 산업구조를 가지고 있을 때 제국주의적 양상이 높아지거나 전쟁을 더욱 선호하게 될지를 묻는 건 흥미로운 일이지만, 실제로 이런 연구가 활발하게 진행될 가능성이 별로 없는 건

'공공재의 비극Tragedy of the Commons'과 유사한 면이 있다. 전쟁이 벌어지거나 전쟁과 가까워질 때는 돈을 버는 특정한 사람들과 특정 직업이 존재하는 반면, 평화가 유지될 때 이 평화의 경제적 가치는 일종의 공공재적 성격을 가지고 있어서 아무에게도 경제적 혜택을 직접적으로 주지 못한다. 따라서 평화에 대해서는 개별적으로 그 대가를 지불할 이유가 없어지게 된다. 그래서 대부분의 자본주의 국가에서는 평화보다는 전쟁과 관련된 연구에 더 많은 비용을 지출하게 되는 것이다. 아쉽지만, 이것이 구조적 현실이다.

전쟁과 관련된 산업에서 가장 먼저, 그리고 가장 빈번하게 등장하는 것은 경제학 개념이라기보다는 정치학 개념인 군산복합체military-industrial complex이다. 이 단어는 1961년 미국 아이젠하워 대통령의 퇴임사에서 처음 등장했는데, 그는 미국이 이것과 끊임없이 싸워야 한다고 외쳤다. 그러나 결국 40년 후 미국에서 군산복합체는 완벽하게 승리했고, 2001년 군산복합체의 대변인으로서 부시가 대통령에 당선된다. 군수산업이라고 불리기도 하는 이 특별한 산업은, 국방예산은 물론이고 나머지 경제와 정치적 의사 결정에 깊숙이 관여해서 자신들의 경제적 이익을 위해 전쟁을 만들어내게 된다.

일본과 한국의 경우도 전체적으로 이런 군산복합체가 형성되어가는 과정에 있다고 보아도 무방할 것 같다. 일본의 '보통국가' 논의, 한국의 '자주국방'과 '대양해군'에 대한 논의는 군산복합체의 형성 및 확장 과정과 무관하지 않다. '전쟁도 하고 돈도 벌고 기술도 발전시키고'라는 모토를 가진 전쟁경제학은 기업 입장으로 볼 때 여전히 매력적인 경제적 대안이다. 실제로 한국의 경우도 국가 장기전략에서 무기 수출을 상당히 중요한 전략산업으로 설정하고 있으며, 이런 경향성이 남북통일 이후에도 적당한 수준에서 적절히 스스로 제어될 가능성은 그리 많아 보이지 않는다. 통일은 오히려 한국의 군산복합체에는 최대의 사업 기회가 아닐 수 없다. 어쨌든 순수한 기업과 산업의 논리만으로 볼 때 전쟁은 '자국 영토 내에서 벌어지지만 않는다면' 여전히 떼돈 버는 장사라고 많은 기업인들은 생각한다. 허술하게 대충대충 만들어도 꼬박꼬박 대금을 지급하는 바보 같은 소비자는 국방 소비자인 정부밖에 없는데, 이를 교과서에서는 '모놉소니monopsony', 즉 '수요독점'의 폐해라고 부른다. 전쟁과 경제 부흥에 대한 실증적 연구는 거의 없지만, 어쨌든 '한국전으로 일본이 일어섰다'라든지 '월남전으로 한국 경제가 도약의 계기를 갖게 되었다'라는 식의 주장들은 일반인들에게 여전히 설득력 있게 받아들여진다. 이 시기를 기억하는 많은 한국인들은 '한국에서 벌어지지만 않는다면' 전쟁을 두 손 들고 환영할 강성 전쟁경제론자들이다.

아직까지 한중일은 미국에 비하면 본격적으로 군산복합체 중심의 산업전략을 가지고 있다고 보기는 어려운데, 한국의 통일 과정과 자원 희소성 시대의 강화에 따라 마치 냉전기에 미국과 소련이 천문학적인 액수의 군비 경쟁을 했던 것처럼, 이 세 나라가 '적극적 방어'라는 개념과 '자원수송로 방어'를 명분으로 본격적인 무기 레이스로 들어갈 확률은 대단히 높다. 주식으로 돈 벌고 싶다면, 무기산업에 투자하라는 말을 경제신문이나 일간지에서 보게 될 날이 그렇게 멀어 보이지는 않는다. '동북아 무기 경쟁'의 최대 수혜자들이 바로 군산복합체이다. 지금 곡물 펀드와 에너지 펀드로 돈이 몰리는 것처럼 무기 펀드로 돈이 몰리는 날이 올까? 그런 날은 한국에도 오게 된다.

게다가 냉전시대에도 핵무장을 하지 않았던 한국과 일본은 오히려 북한의 핵무장 과정에서, 역내 정부들의 공식 입장은 아니지만, 핵무장이 필요하다는 사회적 목소리가 무시하기 어려울 정도로 높아졌다. 한국의 핵무장을 놓고 국민투표를 한다고 생각해보자. 아마 90% 이상이 핵무장에 찬성할 것이다. 일본은? 90%보다는 낮겠지만, 아마 50%는 넘을 것이다. 한국과 일본은, 평화로운 국가라서 핵무장을 안 하는 것이 아니라, 순전히 미국과 국제 여론 때문에 못하고 있는 것이 아닌가? 이런 외부 조건이 없을 때, 한국에서 핵무장에 반대할 정당이 과연 있을까? 유럽에서는 녹색당이 그런 내부 견제자 역할을 했다. 프랑스에서 우파 대통령인 시라크가 14년 만에 정권을 잡자마자 제일 처음 한 것이 핵실험이었다.

이런 흐름들이 아직은 동면 중인 한중일 군산복합체의 잠을 깨우게 될 확률이 높다. 구체적인 흐름으로는 미국이 주도하고 있는 MD Missile Defense 체제에 두 나라가 통합되는 과정 속에 '디펜스'라는 이름 뒤에서 좀더 적극적으로 무장하고 싶어하는 군산복합체의 희망이 숨어 있는 것도 사실이다. 일본의 이지스함에 탑재된 미사일과 광주의 패트리어트 미사일은 중국을 제어하겠다는 미국의 동북아 전략 위에서 있는데, 이러한 흐름의 어느 시점부터는 한국과 일본의 군산복합체를 사회적으로 제어하기 힘든 강력한 실체로 만들 가능성이 있다.

이런 흐름의 연장선에서 광주에 미사일이 들어갔고, 2005년 평화의 섬을 선언한 제주도에도 해군기지와 공군기지가 들어가게 된다. 그리고 언젠가는 전략 핵미사일도 제주도에 배치될 가능성이 매우 높다. 이 뒤에는 한국의 군산복합체가 있는데, 광주에서 제주도로 이어지는 이 지역은 이제 더는 후방이 아니라 석유수송로를 지키고 중국을 제어하는, 서울보다 훨씬 강력한 전방지역이 된 셈이다.

석유를 축으로 하는 에너지산업과 전쟁의 관계는, 한편에서는 안정적인 석유공급원을 확보해야 한다는 점에서 공격적인 패턴을 보이고, 여기에 맞서는 석유수출국에서는 국유화와 지역 간 안보 연대까지 포함한 '자원민족주의' 양상을 보이고 있다. 공급하는 사람은 더욱 적극적으로 고가에 공급하려 하고, 공급받는 사람은 저가와 함께 안정성이라는 두 가지 목표를 달성하고 싶은 상황에서, '영토 밖 전쟁'은 금단의 열매처럼 언제든 손을 뻗치고 싶은 유혹이 아닐 수 없다.

물론 모든 에너지산업이 반드시 전쟁과 연결되는 것은 아니다. 문제는 결국 지구를 하나의 자원 네트워크로 연결할 수밖에 없는 석유망과 이게 바로 경영활동의 생존 기반이 되는 정유산업과 석유화학 업종들은 기술적 대안이나 사회적 견제가 없다면 언제든지 즉각 전쟁산업으로 전환될 가능성이 높고, 이러한 상황을 실제 우리는 이라크전에서 본 적이 있다. 구축함과 잠수함과 항공모함을 가장 필요로 하는 것은 유조선이 아니던가?

한국과 일본의 경제구조에서 정유 산업과 석유화학 산업의 비중은 무시하기 어려울 정도로 높은 편인데, 일본식 표현을 빌리자면,

'중후장대형重厚長大型 산업'이 바로 이 나라들의 경제가 1970년대를 지나면서 주축으로 삼았던 경제축이어서 그렇다. 물론 뒤늦게 경제발전에 들어선 중국의 경우도 유사한 발전 패턴을 가질 것으로 보이는데, 석유 중심의 정유는 물론이고 여기에서 부산물로 발생하는 에틸렌이나 BTX(화학제품인 벤젠-톨루엔-크실렌의 머릿글자를 합해 부르는 말)에 거의 절대적으로 의존하는 석유화학 업종과 같은 유기화학 분야에서는 아직 석유 외의 대안을 찾기가 어렵다. 이런 거대산업들도 앞으로 한중일에서 30년간 점차 '전쟁'에 대한 목소리를 높여나가고 실제로 무기에 투자할 산업이라고 할 수 있다.

그렇다면 이 군산복합체와 정유 및 석유화학 등 에너지 분야의 큰 형님들을 데리고 직접 전쟁으로 나서게 될 전쟁산업의 실질적인 모사꾼이자 간판 타자 역할을 하게 될 산업은 무엇일까? 한국과 일본의 경우는 이건 누가 보아도 건설산업이다. 일본은 전 세계에서 건설산업의 비중이 가장 높은 경제였는데, 헤이세이 공황이라고 부르는 버블 공황이 시작되었을 때 일본의 실질적인 건설 지출은 국민경제 내에서 15% 내외였다.(선진국은 보통 7~13% 구간 내에 들어가 있다. 건설 지출에 대한 자세한 분석은 졸저 『아픈 아이들의 세대』를 참고하시기 바란다.) 선진국이라고 하기에는 가공할 정도로 높은 건설업 비중을 보여준 일본 경제를 개번 맥코맥은 1998년에 '토건국가'라고 지칭한 바 있다.(『일본, 허울뿐인 풍요』를 읽어보시기 바란다.) 이러한 건설업이 사실상 군산복합체와 에너지산업의 지지를 받으며 일본을 점차 '평화국가'에서 '보통국가', 그리고 장기적으로 '전쟁국가'로 복귀시킬 것이라는 시나리오는, 유럽 쪽의 분석가들에게는 의심할 여지 없는 '사실'로 받아들여지는 경향이 있다. 집을 부숴야 새 집을 지을 것 아닌가?

그렇다면 한국은 조금 다를까? 한국은 IMF 직전에 26%까지 건설 지출액 비중이 높아져서 1차 조정 국면을 맞았지만, 지난 5년 동안 토목자본의 비중이 20%선까지 높아진 상태다. 개혁되지 않은 '재벌' 시스템에서 삼성이든 현대든, 건설업과 국방산업과 에너지산업이 '재벌가의 영속성'이라는 하나의 목표 아래 동일 집단처럼 움직이고 있다. 그러면 IMF 이후에는 좀 달라졌는가? 천만에! 삼성을 보라. 구조조정본부를 통해 기업집단으로서의 속성이 오히려 강화되지 않았는가? 세계 최대를 자랑하는 한국의 조선업은 끊임없이 구축함과 잠수함을 건조하는 방향으로 나아가고 있는데, 이들의 의사 결정과 건설사의 의사 결정이 공식적이든 혹은 비공식적이든 하나의 테이블에서 주기적으로 열리고 있다는 사실은 명백히 한국적 현상이다. 게다가 정유산업을 비롯한 에너지산업들 역시 이러한 특수 기업들과 같은 지붕을 덮고 있기 때문에, 한국의 경우는 건설자본이 전쟁으로 나가는 힘의 맨 앞에 서게 될 것이라는 점은 의심할 여지가 없다. 게다가 산업 비중의 크기는 물론이고 대통령을 비롯한 실질적 정치권력까지 토목자본이 다 가지고 있는 경우는 전 세계적으로 지금 한국 외에는 전례가 없다. 만약 일본을 토건국가라고 불러야 한다면, 한국이야말로 '하이퍼 토건국가'가 아닐 수 없다.

사실 건설자본은 전쟁에서 가장 막대한 이익을 얻지만, 전쟁 이후의 참혹한 현장에서 재건을 맡기 때문에 스스로를 평화세력으로

위장하기에 아주 좋은 위치에 있다. 그래서 건설자본들은 전쟁터에서 '평화재건'이라는 깃발을 내거는 경우가 많은데, 이런 이유로 전쟁을 노골적으로 부추기는 세력은 실제로는 군산복합체라기보다는 건설자본이라는 껍질을 쓴 채 전쟁하자고 나서게 되는 경우가 많다.

그렇다면 뒤늦게 시장경제에 편입되는 중인 중국의 경우는 어떨까? 겉으로는 '조율된 시장경제'를 표방하지만, 실제로 중국 공산당의 주요한 결정에 점차 이러한 산업들의 입김이 강해지고 있다. 게다가 10년 후, 중국 공산당이 중국 경제에 미칠 정치적 조율의 힘은 현저히 약화되어 있을 것이다. 그러면 중국에서도 건설산업이 주도해서 전쟁 분위기를 사회적으로 형성하게 될 것이며, 그들도 결국 한국과 일본의 경제사회적 구조의 복사판이 되고 말 것이다.

결론적으로 산업구조 측면에서, 한중일 세 나라가 30년이라는 시간 지평에서 전쟁을 피할 가능성은 거의 없어 보인다. 구조적으로 그렇다. 그렇다면 전쟁이 아니라 평화를 중심으로 작동하는 경제활동이나 산업활동은 없는지 질문하지 않을 수 없다. 물론 이러한 영역들이 전혀 존재하지 않은 것은 아닌데, 어떤 산업을 지원하거나 지지하거나 혹은 육성해야만 전쟁의 가능성이 줄어들 것인가 하는 질문은, 적어도 내가 기억하기에는, 한중일 역내에서 진지하게 제시된 적이 없다. 시장의 작동원리대로 그냥 움직인다면, 앞으로도 이러한 질문에 대한 해답은커녕 질문 자체도 등장할 가능성이 거의 없다.

다만 확실한 것은 이런 일련의 전쟁산업들 틈바구니에서 어렵더라도 평화산업들을 만들어내야 하고, 역내의 평화가 유지될 때 오히려 경제적으로 번영하고 장기적으로 안정성을 지닌 직업들이 많아지고, 또한 이런 직업에 종사하는 사람들이 최소한 과반수를 넘어설 때 한중일 사이의 전쟁 발발 확률이 줄어들게 된다는 사실이다. 그렇다면 지금의 한중일 십대들이 나중에 경제생활을 하게 될 때, 50% 정도가 이런 평화산업에 종사할 수 있게 해야 30년 내에 전쟁 확률을 현저하게 줄일 수 있게 될 텐데, 과연 그게 어떤 산업인가? 어려운 질문이지만, 아직은 전쟁광인 한중일의 십대가 많지 않을 것이므로 사회적으로 충분히 해볼 만한 질문이다. 원리는 간단하다. 전쟁으로 덕을 보게 될 사람들이 직업군의 50%를 넘지 않게 하는 것이 산업구조적인 관점에서 본 평화의 1차 조건이고, 전쟁이 벌어지면 "쫄딱 망한다"라고 할 사람들이 50%를 넘어서는 것이 평화의 2차 조건이라고 할 수 있다. 물론 이것만으로는 불충분하다. 사회 전반에 평화에 대한 광범위한 지지가 있어야 할 텐데, 이 조건은 평화산업 없이는 만들어내기가 아주 어렵다.

  독자 여러분들에게는 약간 어려웠을 내용이지만, 여기까지를 문장 하나로 남긴다면 "평화는 평화로울 때 지켜야 한다"라고 할 수 있다. 평화는 단순히 군사적인 국제 역학관계만이 아니라 내부의 경제사회적인 구조와 관련되어 있다. 결국 모든 사람이 "너무 힘들다, 전쟁이라도 하자"라고 요구하게 된다면, 그 사회는 반드시 전쟁을 하게 된다. 비록 그로 인하여 모두 패자가 될지라도 말이다. 이것이 '세계화 시대의 지역전쟁'의 논리이다. 잊지 말아야 할 것은 위에서 거론된 전쟁을 요구하게 될 거대기업들이 다국적기업이라는 사실이고, 겉으로는 '국민기업'이라고 주장하지만 사실 많은 경우 그들 주식의 60% 가까이가 외국인 소유인 경우가 많다는 사실이다. 그들은 때때로 '우리'이지만, 주주총회에서는 때때로 우리가 아니다.

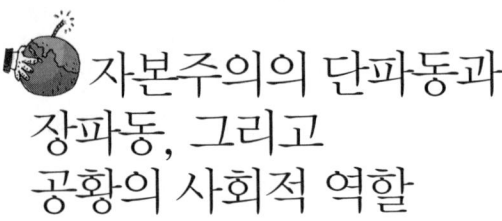자본주의의 단파동과 장파동, 그리고 공황의 사회적 역할

이 책에서는 아직 수학이나 경제학보다는 문학에 더 익숙할 것 같은 수많은 십대 독자들을 위해 수표와 그래프를 사용하지 않으려고 했는데, 어쩔 수 없이 이 절에서는 그래프를 잠깐 사용할 수밖에 없다. 잘 모르겠으면, 그런가 보다 하고 그냥 다음 장으로 넘어가도 좋다.

〈표 1〉은 한국은행이 제공한 통계에 기초해 1970년부터 2006

〈표 1〉

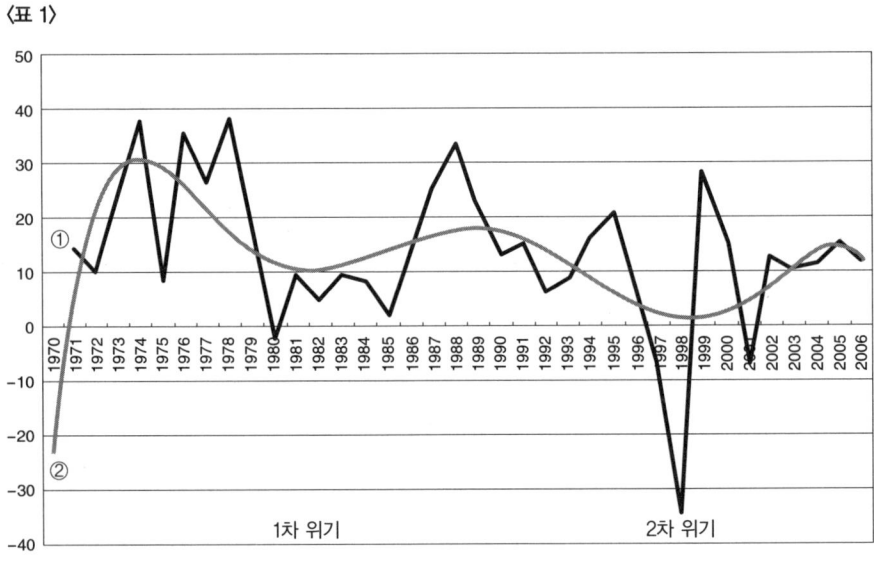

년까지 한국 경제가 어떻게 움직였는가를 보여주는 그래프인데, 국민총생산을 인구라는 변수로 나눈, 즉 1인당 국민소득이라는 변수를 중심으로 구성되어 있다. 물론 실제 그 해의 소득은 아니고, 가격변동에 의한 왜곡을 줄이기 위하여 2000년 가격 수준으로 조정되어 있는 수치이다.(단위는 달러) 물론 내가 그린 그래프의 ①번 선은 이 수치를 직접 사용한 것은 아니고, 각 수치를 연간변동률, 즉 1인당 소득증가율로 재구성한 것으로, 그 해에 한국인 개개인의 소득이 평균적으로 증가했는지, 아니면 감소했는지를 보여준다.

①번 선의 데이터를 6차항으로 분석한 추세선이 ②번 선인데, 한국 경제의 장기적 경향성은 이런 추세선처럼 생겼다고 할 수 있다. 그런데 이 요상한 ②번 선은 자본주의 경제에서는 여전히 비밀에 싸여 있다. 사실, 이 선의 의미를 이론적으로 모든 경제에서 일관되게 풀어내면 노벨 경제학상은 물론이고, 국제 컨설팅 회사에서 최소 수십억 원의 연봉으로 모셔갈 것이고, 어쩌면 노벨 평화상이나 심지어 노벨 문학상까지도 기대해볼 수 있을 것이다. 그리고 빌 게이츠가 부럽지 않은 거부가 될 수도 있다. 최근에 유행하는 금융공학이라는, 꽤 괜찮은 직업이 주어질 수 있는 이 분야에서 실제로 밝혀내고자 하는 것들도 왜 이러한 선들의 움직임이 생겨나는 것인가 하는 질문이다. 다음 얘기로 넘어가기 전에 이 자료를 가지고 작은 추세선을 한 번만 더 그려보자.

〈표 2〉는, 앞의 다항식 대신에 로그함수 방식으로 만들어낸 추세선이다. 장기적으로 보면 한국 경제는 경제발전을 시작한 1970년

〈표 2〉

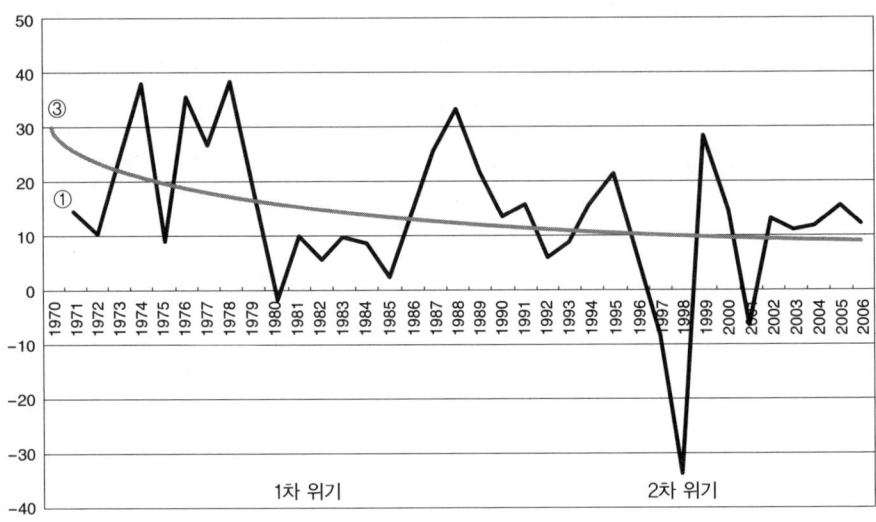

이후로 계속해서 1인당 소득증가율이 감소하는 추세를 보이는데, 이 선이 끝까지 감소해서 결국 0이 되는 순간이 있다고 생각한 사람들은 고전적 마르크스주의자들이라고 할 수 있는 구좌파들이다. 선진국의 경우에도 국민소득을 가지고 추정해보면 대체로 비슷한 추세선이 나오기는 하는데, 기울기는 훨씬 낮고, 1%와 2% 사이에서 가늘고 길게 옆으로 계속 이어지는 선으로 나온다. 이 선이 0의 수준까지 낮아지지 않은 상태에서 영원히 유지될 것이라고 생각한 사람들을 케인스 좌파 혹은 유럽식 복지국가주의자라고 부르기도 한다.(케인스 우파는 토목공사로 이 선을 위로 높일 수 있다고 생각한 노무현과 이명박 같은 사람들이다.) 가끔은 이 선이 오른쪽 끝에서 다시 더 올라갈 수 있다고 주장하는 사람들이 있다.(대개 극우파들이 이렇게 생각하는데, 군인들이 다시 집권하면 이 선이 위로 올라갈 것이라고 주장한다.)

이론적으로만 얘기한다면, ①번 선을 단파동short wave이라고 부르고, ②번 선을 장파동long wave이라고 부른다. 그리고 ③번 선을 '이윤율 저하의 경향적 법칙'이라고 부른다. 이 ①번 선에 주목하는 사람들은 국제적 투기꾼이나 경제연구소이고, ③번 선에 주목하는 사람들은 요즘은 대개 철학자들이다. 그리고 ②번 선에 주목하는 사람은, 세계적으로 몇 사람 없는데, 러시아의 경제학자 콘트라티에프Kontratiev라는 사람이 바로 이 선을 통해서 '장기파동설'이라는 이론을 만들었다.

콘트라티에프는 이런 장파동 주기를 30년 정도로 보았는데, 한국 경제는 압축 경제라서 그런지 약 15년을 주기로 움직인다. 장기공황이라고 부를 만한 것으로는 1980년의 공황이 있었고, 그 다음에는 IMF 경제위기라고 부르는 1998년 공황이 있었다. 공황의 회복에서 다음 공황까지 대략 15년 주기를 보인다는 점을 감안한다면 다음번 공황은 2013년에서 2015년경이 될 것이고, 또 그 다음번 공황은 2030년쯤이 될 것이겠지만, 이 분석은 신빙성 있는 분석은 결코 아니다. 왜냐하면 사이클처럼 생긴 파동이 생겨나는 근본적 이유에 대해서 우리는 전혀 모르기 때문에, 과거에 이런 추세가 있었다고 해서 반드시 그 흐름대로 될 거라고 예측할 과학적 근거가 전혀 없기 때문이다.

역시 이유는 설명되지 않지만, 국민경제 내에서는 이런 장파동 외에도 4~5년을 주기로 하는 호황과 불황의 작은 사이클이 존재한다. 이런 게 안 생기면 좋겠지만, 우리가 시장경제라고 부르는 이 경제 시스템에서 어떤 정부도 모든 것을 완벽하게 조율하거나 조종할 수 없기 때문에 어떻게든 경기순환은 생겨나게 된다. 이런 공황이 가급적 적은 규모로, 아니면 회복할 수 있을 만큼으로 그 파장을 줄이는 정도가, 좋은 정부가 할 수 있는 일이다. 공황 국면의 도래를 원천적으로 없앨 수 있는 그런 정부는 존재한 적도 없고, 앞으로도 꽤 오랫동안 존재하지도 않을 것이다. '영광의 30년'이라고 불리는 우리의 전후 복구 30년 동안에도 단파동은 계속해서 존재했다.

관련된 경제용어들을 잠깐 정리해보자. 단파동에서 파동의 위쪽에 있을 때를 '호황', 그리고 아래쪽에 있을 때를 '불황'이라고 부르고, 장파동의 윗부분은 '장기호황' 정도로 가볍게 부르지만, 장파동의 아랫부분은 '공황Economic Crisis', 가끔은 '대공황Great Depression'과 같은 이름으로 부른다. 여기서 문제는 이 공황 국면이라는 것이 얼마나 파동이 크고 깊게 나타날 것인가이다. 이 공황 현상 자체가 워낙 복합적인 요인들로 이뤄져서, 예컨대 1974년도의 석유파동, 한국이 겪었던 1980년 위기 혹은 1990년대 초반 중남미에서 등장했던 하이퍼 인플레이션에 의한 외환위기 등으로 양상도 많이 다르고, 발현 형태도 다르기 때문에 간단히 이론화할 수가 없다. 30년이 주기라고 한다면, 일반인이 평생에 두 번 정도의 큰 공황을 만나게 되고, 한국같이 15년이 주기라면 아마도 경제활동 기간 중 서너 번의 주요한 공황을 만나게 될 것이다.

1929년의 대공황을 예로 들어보자. 이 공황은 미국에서 시작해서 독일과 일본, 멀리는 식민지였던 한국까지 덮쳤으며, 결국 세계의 절반 정도가 파시즘으로 전환하여 거대한 전쟁을 치르고 나서야, 케인스의 용어를 빌리자면, 엄청난 '유효수요'를 창출해서 비로소 해소되었다.

　　이런 세계적 대공황이 또다시 발발할 것인가? 1세기 만에 이제는 증권 거래도 컴퓨터 프로그램이 할 정도로 개별적 대응전략은 발달했지만, 다시는 그러한 경제공황이 도래하지 않을 것이라고 과감하게 얘기할 정도로 간이 큰 경제학자는 아직 없을 것이다.

　　한중일 역내로 시선을 돌려보자. 1990년대에 그들이 '잃어버린 10년'이라 부르는 헤이세이 공황을 겪었던 일본 정부나, 1997년 IMF 경제위기 이후 다음번 공황으로 예측되는 일본식 버블 공황으로 열심히 달려가는 한국 정부나 이러한 장파동 혹은 공황 국면에 효율적으로 대응할 정도의 경제 조정 능력을 가지고 있지 않다는 점은 확실하다. 게다가 경제 내부의 양극화가 매우 심하게 진행될 중국의 경우에는, 그야말로 과거 한국이 1960~70년대에 그랬던 것처럼 10%에 가까운 가공할 성장률을 계속 유지할지 누구도 보장할 수 없다. 아무리 통제에 능한 중국 정부라 할지라도 이러한 경기순환을 제어할 특별한 재주를 가지고 있을 것 같지는 않다. 시장경제를 근간으로 움직이는 국민경제는, 당에서 명령을 하거나 권고문을 채택한다고 해서 시키는 대로 움직여주는 '열성 당원'이 결코 아니다.

　　피할 수 없는 것이 자본주의 경제 시스템이 가지고 있는 경기순환일진대, 이런 흐름 속에서 어떻게 사회의 연속성이나 통합성 같은 민주주의의 기조를 유지할 것인가는, 경제학에서는 잘 제기되지 않는 복잡하고 어려운 질문이다. 한국의 경우를 생각해보면, 1979년의 공황 발생 이후 전두환 장군을 축으로 하는 군부가 등장했고, 광주 사태가 벌어졌다. 일부 분석가들이 한국 자본주의의 과잉 생산능력을 재조정하는 과정이라고 무덤덤하게 해석하기도 하는, 이 1차 위기는 군부독재의 연장이라는 결과를 만들어냈다. 한국 자본주의의 2차 위기라고 할 수 있는 IMF 경제위기는 한국에서 처음으로 권위주의 정부를 청산하고 정권교체가 이루어지게 하는 여건을 만들어냈다. 그러나 그 이후에 노무현 정부의 '선택과 집중'이라는 경제기조로 급격히 진행된 경제 내부의 구조적 위기는 한국에 파시즘의 필요조건을 다시 만들어내었다. 물론 이것만으로 아직 한국 정치가 파시즘으로 전환되었다고 말할 수 있는 충분조건이 되었다고 하기는 어렵다.

자, 그렇다면 이러한 한국의 다음번 공황은 어떠한 역할을 하게 될 것인가? 현재와 같은 상황으로 경제구조가 전개된다고 할 때, 다음번 공황은 정치사회적 측면에서 한국을 파시즘에 훨씬 더 가까워지게 할 것이고, 외부식민지를 요구하는 사회 내부의 목소리에 더욱 힘을 실어줄 것이다. 원래 자본주의 내부에서의 경제위기가 그런 속성을 가지고 있기는 하다. 루돌프 힐퍼딩Rudolf Hilferding과 로자 룩셈부르크의 오래된 목소리를 다시 기억해보자. 자본주의는 끊임없이 낮아지는 이윤율이 시스템의 몰락을 만들지 않기 위해 금융을 발전시키거나 제국주의로 전환한 것이라고 할 수 있다. "여우를 피하려다 호랑이에게 간다"라는 격언을 생각해보면, 결국 경제위기가 그런 것이 될 가능성이 높다.

배고프다고 전쟁을 벌이는 일은 없을 것 같지만, 그렇게 하지 않을 장치를 특별히 만들지 않으면 결국은 배가 고파서 전쟁을 하거나 식민지로 진군하게 되는 일이 벌어진다. 이는 지난 2세기 동안 자본주의 역사가 보여준 교훈이다.

상투적 수법이기는 하지만, 이즈음에서 나름대로 유용한 질문이 하나 있다. "노아가 방주를 비가 오기 전에 만들었는가, 비가 오고 나서 만들었는가?" 물론 답은 뻔하게도 비가 오기 전에 만들었다는 것이다. 평화라는 매우 특수한 조건 혹은 매우 특수한 '공공재'도 이와 같다. 평화의 조건은 평화로운 시기에 만들어야 한다. 과거 프랑스와 독일은 현대사에서 숙적과도 같은 전쟁관계를 가지고 있는데, 이들의 '작은 차이의 나르시시즘'은 지금 과연 극복되었는가? 그러나 이런 것들은 극복되는 성격의 것이 아니다. 다만 그들은 절대로 전쟁을 일으키지 않을, 일종의 제도를 만들어내는 중일 뿐이다. 유럽의 경제 통합 한가운데에는 '전쟁 없는 상태'의 구조적 조건에 대한 고민이 매우 깊이 개입되어 있다. 지금 우리에게도 이런 질문이 필요한 때이다. 왜냐하면 새로운 전쟁이 이미 준비 중이니까.

4장
평화라는 이름의 공공재
대안은 있는가?

★ 이 장에서는 한중일 세 나라가 전쟁 발생 확률을 획기적으로 줄이고 완전평화체제를 만들 수 있도록 하는 역내 경제통합 등 일련의 제도적 대안에 대해 살펴볼 것이다. 전쟁을 만들어서 돈을 벌 수 있는 기회는 열려 있는 반면, 평화를 지키는 데서는 아무런 경제적 대가가 없는 공공재의 문제를 극복할 수 있도록 하는 몇 가지 장치들에 대해 우리는 깊이 생각해볼 필요가 있다. ★

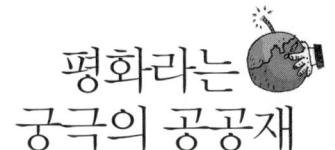

평화라는 궁극의 공공재

여기까지 읽으신 독자들은 이미 알아차렸겠지만, 이 책은 비판이나 비난에 관한 책이 아니다. 그보다는 문제의 발생을 원천 봉쇄하기 위한 실천을 말하는 책이고, 그러한 실천의 방향에 대해 함께 얘기해보자는 책이다. 그런 점에서 어쩌면 여러분과 나는 참으로 한가한 주제에 대해 논의하고 있는 건지도 모른다. 이 책에서 전제하고 있는 시점은 30년이다. 왜 30년인가는 여러 가지 이유를 댈 수 있다. 경제학에서는 단기, 중기, 장기라는 식으로 시점 나누기를 좋아하는데, 이때 장기는 기술 수준이 변할 수 있는 시간으로 정의된다. 요즘같이 기술 발전 속도가 빠른 때에는 시간에 대한 이런 정의가 약간 우습기는 하다. 어쨌든 대개 경제학에서 얘기하는 장기는 10년 정도의 시간을 의미한다. 그런 점에서 우리가 지금 얘기하고 있는 '30년'은 장기라는 시간이 세 번 반복되는 시간이다. 콘트라티에프의 장기파동설에서 말하는 장기도 30년 정도이다. 그리고 한 시민의 경제활동 기간 역시 통상적으로 25세에서 취업해서 55세에 은퇴한다고 할 때 30년이 된다. 따라서 이는 한 개별 경제주체의 경제적 평생이라고 이해할 수도 있을 것이다.

어떤 식으로 정의되든 이 30년이라는 시간은 경제를 실무로 다루는 사람들의 입장에서 매우 긴 시간이고, 비유컨대 은하계를 오가는 만큼이나 긴 시간이다. 물론 실제로는 단 하루, 아니 단 한 시간이라도 앞서서 미래를 정확히 알 수 있다면 아마 모든 경제학자가 엄청난 부자가 됐을 것이다. 그러나 그럴 수는 없다. 그런데도 30년이라는 시간에 대해 생각해보고자 하는 것은, 개인적으로는 그 기간이 '나의 남은 평생'이자 '학문적 평생'이기도 하기 때문이다. 나는 이 기간을 진심으로 전쟁이 없는 삶으로 채우기를 원한다. 이런 나의 소망을 가능하게 할 핵심 요소를 이론적으로 정리해보면, 다음 두 가지를 제시할 수 있겠다.

첫째, 평화란 '불안한 균형'이라는 사실이다. '전쟁 없는 상태'로 정의할 수 있는 평화는 고정되고 완료된 어떤 것이 아니라, 잠시 발생하는 불안한 균형과 같은 것이다. 이웃 나라끼리 무역 거래든 인적 교류든 이런저런 관계로 많이 얽히는 것은 전쟁을 줄여줄 수많은 필요조건 중 하나지만, 때때로 전쟁을 하는 것이 더 이익이 되는 경우도 생길 수 있기 때문에 그것만으로 충분조건까지 채워지지는 않는다. 이런 이유로 전쟁 없는 평화를 만족시키는 필요충분조건은 언제나 불완전하고 임시적인 균형 상태일 뿐이다.

둘째, 평화가 지닌 공공재로서의 속성이다. 평화는 개인에게 줄 수 있는 매우 특수한 서비스 중의 하나로, 많은 공공재 혹은 공공 서비스들이 그렇듯, 이 서비스는 누군가 더 수혜를 누린다고 해서 비용이 더 들지는 않는다. 그런 만큼 '전쟁 없는 상태'를 지키는 데 비용이 더 요구될 때 이를 지불해야 한다고 생각하게 될 가능성도 적다. 이는 '전쟁을 위해서 지불하는 비용'과는 약간 다른 의미다. 국방비에 쓰이는 국민의 세금이 전쟁을 일으키기 위한 세금인지 평화를 지키기 위한 세금인지를 따지자면 모호한 경우가 종종 있기는 하다. 국방비만 기계적으로 늘리면 한 국가에 평화가 달성되는가? 가령 아무리 국방비를 늘린다고 하더라도 그것이 반드시 평화를 위해 사용된다는 보장은 물론, 전쟁 없는 상태를 기계적으로 만들어 준다는 보장도 전혀 없다. '국방비 지출'이라는 것으로 이룰 수 있는 것이라고는, 제일 강한 한 개의 국가, 즉 '제국의 심장'이 최소한 '자기 땅에서의 전쟁은 없는 상태'를 유지할 수 있는 정도임을 지난 2세기 동안 전 세계가 자본주의를 운용해오면서 이미 깨달았다. 전쟁으로 간주되는 테러까지를 포함한다면, 사실 그 제국의 심장이 누리는 평화란 것도 상당히 위태로운 개념일 뿐이다.

여기에 최근 나타나고 있는 또 다른 경향들이 위협 요소로 추가된다. 신자유주의 흐름 속에서 많은 공공재를 민영화하는 것처럼, 실제로 선진국들은 전쟁도 민영화 대상 품목에 넣으려 하는 중이다. 그렇게 많은 공공재가 공공 영역에서 버텨내기 힘들어진 것처럼, 평화도 공공 영역

───── 정부재정을 통해 공급받아 모든 개인이 공동으로 이용할 수 있는 재화나 서비스를 말한다. 애덤 스미스는 정부가 맡아야 할 일로서, 첫째 국방, 둘째 사법행정, 셋째 공공사업과 공공시설을 들었는데, 이것들은 모두 민간 부문에서는 수행할 수 없는 일로 보았다. 공공재에 관련된 가장 중요한 과제는 정치기구를 통하여 적정한 공공재의 크기를 어떻게 정할 것인가 하는 일이다. 만일 사람들이 그 공공재의 중요성을 인정하고 세금을 부담하는 데 반대하지 않는다면 정부는 이를 적정 수준으로 하여 공공재의 범위를 결정할 수 있다. 공공재가 '모든 개인이 누릴 수 있다'는 특징을 갖다 보니 이른바 '공짜 승객(free rider)'의 문제나 해당 공공재에 대한 월권행위에도 눈을 감게 된다. 이런 일은 전쟁과 평화의 문제에서도 예외는 아니다. ─────

★ 전쟁도 민영화 대상이 되어 돈만 내면 기업이 이를 대신해주는 세상이 올지 모른다. 이미 이라크전에서 '민간 전투 용병'이 본격적으로 선을 보였다. (『문화일보』, 2006년 12월 6일자)

에서 유지하기가 어려워지고 있는 것이다. 모두가 군대에 가는 개병제가 평화에 도움이 될까, 아니면 징병제를 없애고 모병제로 전환하면서 국방비 자체를 줄이는 것이 평화 유지에 도움을 줄까? 현실적으로는 모병제로 바꾸면 국방비 지출이 더 늘어나게 될 텐데, 그렇게 군대를 유지하느니 차라리 기업에 맡기는 게 비용 면에서 오히려 효과적일 수 있다. 그러면 돈만 내면 기업이 대신 전쟁을 치러주는 형태도 가능할까? 물론 지금 추세대로라면 그렇게 간다. 실제로 이런 변화가 지금 현실화되는 중이다. 3~4세기 전 국민국가라는 근대적 국가가 생기기 전에 유행했던 용병傭兵이 최근 이라크전에서 다시 등장한 것은 그래서 의미심장한 일이다. 이렇게 전쟁 자체가 점차 자본의 일이 되면 더욱 빈번하게 벌어질 것이다.

평화라는 것은 이렇게 근본적으로 매우 불안정한 상태의 것인데, 정부가 이를 지킬 수 있는 동인과 잠재력은 갈수록 줄어든다는 게 문제이다. 그리고 우리는, 최소한 한중일 세 나라가 30년간 움직여나갈 경제활동의 영역 내에서 평화가 특히 더 위태로운 상태에 놓여 있는 공공재임을 이미 앞 장에서 확인했다.

개인적으로 '좋은 국민경제란 무엇인가'에 대해 여러 가지 정의를 시도해본 적이 있는데, 그 가운데 가장 궁극적이며 중요한 정의는 '전쟁 없는 경제'였다. 이 정의는 세계화라는 공간에서 더욱더 큰 의미를 가질 것이다. 세계화라는 이 특수한 공간은 점차 넓어져 갈 테니 동시에 정부의 역할과 국가의 특수성이 더욱 강화되는 일이 벌어질 것이다. 세계화는 이렇게 아나키스트들의 오랜 꿈과는 정반대의 흐름을 갖는다. 자본에는 국경이 없어지겠지만, 좋은 정부가 있는 곳에서는 선한 모습을, 나쁜 정부가 있는 곳에서는 가혹한 모습을 보이게 될 것이다. 그것이 현재 세계화의 추세이다. 그리고 이런 흐름 속에서 어떤 특정한 공간은 전쟁이 벌어질 가능성이 현저히 높아지고, 또 어떤 곳은 그렇지 않게 될 것이다. 아마 스위스나 스웨덴 혹은 덴마크 같은 곳이 전쟁에 휩싸일 가능성은 아프리카의 어느 국가가 삼십 년 내에 전쟁에 휘말릴 가능성에 비하면 사실상 제로라고 할 수 있다.

우리 시대의 가장 큰 전쟁 위기는, 이미 이라크전에서 보았듯이, 일종의 생태적 의미에서의 자원전쟁으로 나타나고 있다. 지금은 아프리카의 사막화에서 시작된 가난한 나라와 이름 없는 부족들의 작은 전투 정도라 하지만, 서방 세계에서 이런 경고적 사태에 주목하는 경우는 수천 명이 한꺼번에 사망하거나 자국의 국민들이 수십 명씩 어떤 식으로든 연루될 때뿐이다. 그러나 이러한 분규는 석유, 물, 우라늄, 기타 유가금속, 때때로 농산물 자체의 '희소성' 위기로 인해 앞으로 30년간 점차 확대되어갈 것이다. 물론 인류가 전혀 생각해보지 않은 새로운 차원의 '절대 기술back-stop technology'이 기적적으로 등장해 앞으로 30년간 세계경제의 전개 양상이 완전히 달라질 수도 있겠지만, 아마도 지역전쟁이 일반화되는 양상이 벌어질 것이라고 보는 게 더 현실적인 판단일 것이다.

만일 그런 상황이 된다면, 사람들이 '전쟁 확률이 적은 곳'으로 거처를 옮기거나 국적을 옮기는 일도 나타날 것이다. 또 이는 부자 국가나 부자에게는 쉬운 일일 수 있어도 가난한 국가나 가난한 사람에게는 좁은 문일 게 뻔하다. 따라서 지금처럼 국가를 평가하거나 선택하는 잣대가 국민소득이나 복지가 아니라, 국가가 제공할 수 있는 궁극의 공공재로서의 평화인 시기도 도래할 수 있다.

그런데 평화는 다른 공공재와 마찬가지로 이런 딜레마를 갖고 있다. 누군가가 만들어준 평화를 누리는 것이야 모두가 좋아하겠지만, 정작 그 평화라는 공공재를 위해 애쓰려는 개인은 거의 없다는 점이다. 이걸 재정학 교과서에서는 '무임승차자의 딜레마'라고 부른다. 사실 평화라는 특수한 서비스 앞에서 우리는 모두 기회주의자들인지도 모른다. 평화를 유지하는 것에 대한 구체적인 경제적 동기를 만들어내기가 대단히 어렵기 때문이다. 너무 재미있어서 평화를 지키는 일을 열심히 하겠다는 사람이 과연 있을까? '중독' 현상은 전자오락에 자신의 모든 것을 건 듯 탐닉하는 사람을 만들어내기도 하지만, 평화를 위한 활동에 그렇게 중독되는 사람이 생길 것 같지는 않다. 하다못해 시뮬레이션 게임 가운데서도 평화 게임은 아직 출시된 적도, 디자인된 적도 없다. 평화는 대개 심심하고 재미없는 법이니, 전자오락에서의 평화란 '갤러그' 시대부터 미사일과 총알을 날리고 상대 진영을 전멸시키는 것으로 구현되었을 뿐이다. 만약 어떤 정부에서 평화를 지키기 위해 국민 세금으로 무료 평화 게임을 만든다면? 예컨대, 이순신을 등장시키는 평화 게임이라면? 볼 것 없이 뻔하다. 거북선과 판옥선으로 세키부네關船 함대를 닥치는 대로 깨부수고 나면 '미션 석세스, 평화 달성'이라는 자막이 나오는 형태 아니겠는가.

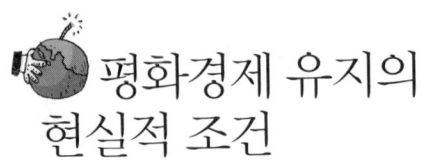
평화경제 유지의 현실적 조건

세계적인 자원 부족 사태는 지금까지 평화노선을 유지했던 나라들까지도 신제국주의 대열에 합류하게 만들 위험이 있다. 전쟁의 양상과 이유가 바뀐다는 얘기이다. 이를 일부에서는 신냉전new cold war이라고 부르기도 한다. 이번에는 소련 대신 중국과 미국이 주축으로 작용하게 될 것이지만, 과거의 냉전기와는 달리 신냉전기는 단순히 자본주의/사회주의라는 두 축이 아니라 중남미와 중동, 아프리카, 여기에 러시아까지 등장하는, 여러 가지 자원민족주의가 복잡하게 충돌하면서 언제든지 열전hot war으로 전환될 잠재성을 가지고 있다.

그런 전제 아래, 이런 상황을 한번 생각해보자. 전쟁을 찬성하는 사람이 50%, 전쟁을 반대하는 사람이 50%일 때 그 나라는 전쟁을 할까, 하지 않을까? 한국을 놓고 생각해보면, 이 정도면 참전 여부는 국민투표에 올라가보지도 못하고 전쟁론자들이 흐름을 주도해서 참전 쪽으로 의사 결정이 이루어질 것이다. 왜냐하면 참전론자는 국익으로 전쟁을 포장할 것이고 반전론자는 세계시민 혹은 평화에 대한 보편적 가치로 반대할 텐데, 한국을 비롯한 많은 나라의 민주주의 수준에서 이 정도면 대부분 전쟁으로 가게 된다. 완벽한 민주주의 국가라면 50:50의 상황에서는 참전하지 않겠지만, 불행히도 많은 나라의 민주주의는 아직은 흔들리는 절차적 체제일 뿐이다. 스위스에서 이라크 파병을 국민투표에 붙여 결국 파병을 막아낸 세력이 극우파들이었다는 점이 역설적으로 국익 논리의 힘을 잘 보여줄지도 모르겠다. 당시 스위스의 다수당이었던 중도좌파와 중도우파는 국익을 근거로 파병을 추진했는데, 오히려 극우파들이 적극적으로 평화라는 국가 가치를 지키자며 전쟁을 반대했다. 국익으로 포장된 전쟁의 이익은 인류의 보편적 이익보다 현실에선 훨씬 구체적이고 더욱 강력한 설득력을 갖는다. 그러므로 한국 민주주의 수준을 감안하면, 국민경제 내에서 최소한 평화론과 전쟁론의 비율을 6:4 혹은 7:3 정도로 유지할 수 있을 때 비로소 평화의 기본 조건이 만들어질 것이다. 완벽한 평화를 원한다면, 9:1에 이를 정도까지 평화와 관련된 일로 먹고사는 사람들이 늘어나야겠지만, 현실적으로 이런 경제는 만들어내기가 어렵다. 대체로 6:4 정도의 비율에서 나머지 부족한 부분은 평화에 대한 가치의 공유로 메워가는 것이 한국이나 일본에서 평화국가를 만드는 평화경제의 현실적 조건이라고 할 수 있다.

  평화에도 '산업'이라는 말을 붙여야 하는 상황이 그리 아름다운 모습은 아니다. 그러나 평화에 기대어 비로소 월급을 받거나, 아니면 경제적 삶을 유지할 수 있는 사람을 평화로울 때 만들어내야 한다는 것은, 냉정하지만 현실이다. 평화를 사랑까지야 못한다 해도, 평화가 현실적으로 필요한 시민들로 국민경제의 절반을 유지해야 한다는 것이 핵심이다. 시장은 평화산업과 전쟁산업을 구분하지 않는다. 특히 국가가 점차 제국주의 체제로 전환되는 상황에서는 전쟁산업의 비중이 계속 높아지면서 전쟁산업에 종사하는 사람들의 사회적 지위도 높아진다. 그리하여 전쟁에 찬성하는 흐름이 사회 내에서 증가하면서 지난 수세기 동안—한국 같은 경우는 수십 년 동안—쌓아올린 민주주의의 성과가 시험대에 오르게 될 것이다. 불행히도 이 과정에서 가장 마지막까지 안전판 역할을 할 수 있는 것은 세계시민으로서 국민들이 가지는 가치가 아니다. 오히려 전쟁 찬성론자들이 만들어낼 파시즘 구조에도 불구하고 단기간에 쉽게 바꾸기 어려운 평화산업의 구조가 문제일 것이다. 이때 평화산업은 각 국민경제의 특수구조 내에서 구체적으로 정의될 수밖에 없다. 예를 들면, 농업은 일반적으로는 평화산업이지만, 2차 세계대전 때 통조림이 과잉 생산되기 시작한 후 대농장과 대규모 식품가공업자들은 미국의 전쟁 참여로 쾌재를 부른 바 있다.(이 장면이 제일 적나라하게 표현된 영화는 〈에덴의 동쪽〉이다. 여기서 통조림 가공을 하는 제임스 딘의 아버지는 누구보다도 전쟁을 반긴다.)

  속도와 정도의 차이는 있지만, 21세기 선진국 대부분은 마케팅이 많은 것을 결정하는 '마케팅 사회'로 전환되고 있다. 한국에서 고구려의 신화와 이순신의 영광을 위해서는 통신회사를 비롯한 재벌들이 기꺼이 광고비를 지출하고, 경제영토를 찾아 외국으로 떠나자는 공익광고에는 정부가 돈을 댄다. 그렇다면 평화를 얘기하는 광고에는 누가 돈을 댈 것인가? 여기에 돈을 대고 평화로부터 이익을 얻는 것이 바로 평화산업이라고 정의할 수 있지 않을까? 옷과 음료수 혹은 작은 핸드폰의 마케팅을 위해서도 수백억 원이 기꺼이 동원되지만 정작 사회 전체를 위한 장기적 평화에는 아무도 돈을 내지 않는 상황에서, 이 평화라는 공공재가 산업적 여력을 갖게 되는 일이 장기적으로는 전쟁에 대한 거의 유일한 안전판처럼 보인다.

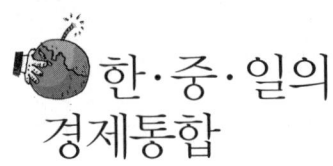
한·중·일의 경제통합

경제통합economic union이란 개념은 원래, 세계 각국이 전후 복구 과정에서 전 세계의 무역 촉진을 위해 '관세 없는 무역'을 논의하면서 시작된 것이다. WTO 협상이 한창 진행되던 시절, 전 세계의 무역관세 철폐 논의가 실제로 진행되었고, 언젠가는 그렇게 하자는 것이 WTO 정신 중의 하나이다. 20세기가 끝나기 전까지는 전 세계를 무관세 지역으로 만들자고 합의한 내용이었다. 그러나 실제로 이는 부작용도 많고 워낙 어려운 과정이라서, 이 세계 무관세 체제가 언제 등장할지, 그리고 실제로 등장하기나 할는지 그 누구도 확신하기 어렵다. 어쨌든 이 주제를 WTO에서는 '조기 개방Early Liberalization' 문제라고 부른다. 이렇게 세계경제를 통합하는 게 과연 좋은 것인지, 그리고 이러한 WTO 중심의 세계화가 실제로는 선진국 일부 기업들의 이득만 얻게 해주는 부당한 것은 아닌지 하는 의문은 여전히 남아 있다. 이러한 논의의 와중에 지역적으로 무관세 지역을 먼저 출범시키자는, 우리가 이해하는 형태의 경제통합이라는 것이 등장하게 된다.

이 경제통합에는 두 가지 형태가 있는데—지역화와 지역통합 등 여러 가지 얘기들이 있지만—크게 보면 EU형과 FTA형이 있다. 여기에는 노동통합 등 몇 가지 형식적인 차이와 더불어 상대방을 배려하는 일종의 지역통합으로 진행되는가, 아니면 "너희도 좋아서 한 거 아니냐"는 식의 결과론적 일방주의가 작용하느냐 하는 운용 과정상의 차이가 있다. 이중에서 EU형 경제통합에 대해서 잠깐 살펴보자.

EU 경제통합은 시장통합, 화폐통합에서 정치통합으로 나아가는 복잡한 단계로 구성되어 있다. 현재 화폐는 영국 등 일부 국가를 제외하면 유로화라는 단일 통화로 통합되어 있고, EU 의회가 벨기에의 브뤼셀에 설치되어 회원국 국민들의 직접선거로 5년마다 의원들이 선출된다. 통합 대통령과 통합 행정부를 만들어내는 제도에 대해서는 지금 논의가 진행 중이다. 이러한 경제통합이 추진될 수 있었던 정치적 배경에는 두 번의 큰 전쟁을 겪고 난 뒤 '전쟁 없는 유럽'에 대한 사회적 열망이 있었다. 또한 이 통합에 속도를 붙인 경제적 배경에는 1980년대 후반의 경제적 위기가 자리하고 있었다. 거대한 미국 경제권에 맞서기 위해 어느 정도는 규모화를 추진해야 한다는 의식이 있었던 터에, 당시 속도감 있게 진행되던 일본 경제의 유럽 진출 역시 경제통합에 대한 사회적 논의를 촉발시켰던 것이다.(영화 〈비지터〉를 보면, 오래된 유럽의 전통적 성채를 사들여 호텔로 개조하는 일본 부동산업자 얘기가 나오는데, 바로 이런 것이 유럽 전체에 일정하게 위협감을 주었다.)

한중일 사이에서도 어떠한 방식으로든 이러한 경제통합 논의가 등장할 것이다. 현재로서는 유럽 방식보다는 FTA 방식의 통합 논의로 갈 확률이 높기는 하다. 물론 어떠한 방식이라도 유사한 효과를

낼 수 있다. 따라서 이는 실제 협상에 임하는 나라들이 어떻게 협상을 하느냐에 달린 문제이므로, 굳이 미국이 제시하는 FTA 형태만을 모범으로 삼을 이유는 없다. 그러나 EU 방식의 경제통합에는 경제의 균질성이나 문화적 공통성과 같은 요소보다는 정치적 성숙도가 더 중요한데, 불행히도 일본을 제외한다면 한국이나 중국은 아직은 복잡하고도 미묘한 방식의 경제통합을 감당할 수 있는 정치적 수준에 도달하지 못한 것도 사실이다. 따라서 최근의 국제적 경제협상이 '호혜성'을 강조하는 추세인 점을 감안해서도 동북아 나름의 독자적인 통합원칙이 제시될 필요가 있다.

이런 점에서 동북아 지역의 경제통합은 문화적·경제적 균일성으로 인하여 굉장히 속도감 있게 진행되었던—그러나 성과가 그렇게 화려하지는 않은—동남아시아 지역의 '아세안 ASEAN'과는 구체적 조건이 다르다. 그러나 중남미 지역에서의 자원민족주의를 축으로 하는 경제권과 러시아를 중심으로 석유·가스 자원을 축으로 하는 구소련의 재구성이 이루어지면, 동북아의 경제통합 문제는 수면 위로 급속히 떠오를 것이다. 그렇다면 머잖아 닥치게 될 이 과정에서 우리가 꼭 짚어봐야 할 것은 무엇일까?

첫째는, 경제통합을 역내 평화 혹은 장기적인 평화체제의 구축이라는 관점에서 볼 필요가 있다는 점이다. 그래서 단기간에 성과를 내기

——— 아세안의 정식 명칭은 'Association of South-East Asian Nations'이다. 1967년 8월 8일, 타이의 방콕에서 인도네시아, 말레이시아, 필리핀, 싱가포르, 타이 다섯 나라가 모여 설립한 지역협력기구다. 이후 브루나이, 베트남, 라오스, 미얀마, 캄보디아가 가입해서 회원국이 10개국으로 늘어났다. 정치적으로는 안전보장기구화 혹은 군사기구화 경향이 강해지고 있지만, 경제협력 측면에서는 상호 경쟁관계에 있기 때문에 실질적인 성과를 얻어내지 못하고 있다. ———

위해서 각 국가별로 FTA를 체결하고 이를 미국 중심의 나프타NAFTA 방식에 기계적으로 연결하려는 시도는, 장기적으로 보면 오히려 평화에 위험한 결과를 만들어낼 수도 있다. 경제통합에는 일정하게 군사통합의 의미도 따를 가능성이 높기 때문이다. 즉, 그런 방식이 중국을 배제하는 한국-일본-미국의 단순한 국방체계의 경제적 방어선으로 작용하게 될 경우, 역내 군사적 긴장이 오히려 높아질 것이기 때문이다. 그리고 한국과 일본도 자기 나라 방어가 아니라 미국 중심축의 방어를 위해서 오히려 국방비를 높이고, 전쟁경제로 더 빨리 전환해야 하는 위험성이 나타나게

─── 미국, 캐나다, 멕시코 3국이 서로 관세와 무역장벽을 폐지하고 자유무역권을 만들기로 한 협정을 말한다. 1992년 12월, 세 나라 정부가 조인하여 1994년 1월부터 발효되었다. 인구 수나 GNP 규모 면에서 EU 다음으로 큰 시장을 형성하는 경제권이다. 2007년에 노무현 정부가 미국과 FTA 협상을 할 당시, 우리나라 주요 언론은 협상 타결이 곧 "EU와 NAFTA에 이은 연 GDP 14.1조 달러 규모의 세계 3위 경제블록 창출"을 의미한다며 'FTA 선도국'으로 발돋움할 수 있는 좋은 기회를 제공할 것이라고 주장한 바 있다. ───

된다. 그래서 역내 경제통합 문제에 대한 논의에서는 장기적인 평화체제, 개별 국가들의 평화경제 구축, 궁극적으로는 평화국가의 전환에 대해 나름의 전략이 있어야 한다.

둘째는, 양자bilateral 통합 방식, 즉 '한-중' '한-일'과 같은 두 나라 간의 경제통합을 거쳐 3자의 통합으로 가는 것이 좋을지, 아니면 처음부터 세 나라 혹은 함께하기를 원하는 주변 국가들까지 포함한 포괄적 지역통합으로 가는 것이 좋을지를 검토하는 것이다. 확실한 것은 양자 통합으로 가는 것이 속도도 빠르고, 어쨌든 짧은 시간 안에 경제적 성과도 낼 수 있는 방식이기는 하다. 그러나 이런 빠른 통합은 부작용 또한 단기간에 발생하게 되고, 무엇보다도 사회구조 자체에

대한 안전판 없이 벌어져서, 궁극적으로는 통합 효과가 양국의 우호관계가 아니라 오히려 적대적 구조로 나타날 위험성마저 있다. 안 하느니만 못한 결과가 벌어지는 것이다. 따라서 근본적인 역내 평화체제를 만들어간다는 시각으로 처음부터 단계적이지만 포괄적인 역내 통합을 디자인하는 것이 바람직하다. 물론 통합 협상 자체가 모든 것을 만들어주는 것은 아니다. 어떤 생각과 의견을 가진 세력들이 이 통합을 주도하는가에 따라 전혀 다른 결과가 발생한다.

그래서도 이런 경제통합을 만들어가는 과정을 역내의 경제사회 및 정치문화까지 포함하여 평화에 대한 일종의 '사회적 학습social learning'을 만들어나가는 공진화共進化 과정으로 디자인하는 것이 중요하다. 실제로 유럽의 경우, 여전히 지적되는 부작용에도 불구하고, 최소한 평화체제만큼은 이 통합 과정을 통해서 확실히 달성되었다고 평가할 수 있다. 게다가 그 과정에서 달러화에 대한 과도한 부담을 상당히 줄일 수 있었기 때문에, 결국 유로화라는 통합화폐를 통해서 1990년대까지도 기대하지 못했던 프랑화나 마르크화의 강세를 만들어내었다. 앞으로도 수년간, 달러화의 폭락에도 불구하고 안정적으로 EU 역내 경제를 운용할 수 있는 경제적 기반이 만들어진 것이다.

현재는 북한이라는 특수 변수 때문에 한중일의 역내 통합에 대한 논의 대신에 자원 협력 방안, 양자 통합 등의 논의가 산발적으로 제기되는 정도이기는 하지만, 통합으로 얻을 수 있는 생태적 효과 등을 포함하여 더욱 진지하고 종합적인 역내 경제통합을 고민해야 할 단계에 이르렀다고 할 수 있다. 만일 19세기 후반의 프랑스·독일·이탈리아가 각자 선택한 민족패권주의와 제국주의의 길 대신 경제통합을 통한 역내 경제효율성에 대해서 고민했다면 세계사가 어떻게 전개되었을까? 지금 우리가 맞고 있는 문제는 사실 이와 동일한 고민이다.

한·중·일의 평화 인프라: 에라스무스 프로그램을 보라

유럽 통합 과정에서 평화의 인프라에 해당하는 가장 중요한 제도로는, '에라스무스'라는 이름으로 시작되어 '소크라테스 1'과 '소크라테스 2'로 전환되었다가 최근에 다시 '에라스무스'로 통합된 유럽 대학생 교환 프로그램European Community Action Scheme for the Mobility of University Student을 들 수 있을 것이다. 성경 번역을 처음으로 시작한 개혁파 신부이자 철학자인 로테르담의 에라스무스의 이름을 딴 이 프로그램은 우여곡절 끝에 1987년에 출범했다. 당시 이 프로그램에 참여한 대학생은 3244명이었지만, 지금은 총 140만 명이 거쳐간 거대한 프로그램으로 성장했다. 2006년 한 해만 해도 유럽에서 이 프로그램을 통해 다른 유럽 국가 혹은 유럽 역외로 3개월에서 1년가량 머물면서 공부한 대학생이 15만 명이고, 이는 전체 대학생의 1%에 해당한다. 일부 학자들은 이들을 '에라스무스 세

─── 건설자본용 용어처럼 쓰이는 이 말은 원래 마르크스의 『경제학 비판』 서문에 나오는 '하부구조'라는 단어에 그 기원을 둔 말이다. 그런데 국민경제가 작동하기 위한 하부구조, 즉 이를 뒷받침하는 장치라는 의미를 더 많이 가지게 됨으로써 보통은 다리나 도로 같은 기반시설물을 가리키게 되었다. 최근엔 탈포드주의 생산양식이 확대되면서 문화나 지식과 같은 보이지 않는 것들에 대한 기반이라는 의미로도 종종 사용된다. 인터넷 망과 같은 새로운 종류의 인프라뿐 아니라 도서관이나 서점과 같은 오래된 인프라에 대한 관심이 새롭게 높아지는 것이 요즘 추세이다. ───

★ 에라스무스 프로그램은 우리 사회가 고려해볼 만한 평화 인프라로서 훌륭한 모델이다.

대'라고 부르며, 이들이 사회에 주도적으로 진출하는 시기가 되면 전혀 다른 유럽이 될 것이라고 예측하기도 한다. 특히 이런 프로그램을 통해서 유럽의 다른 나라들을 경험한 학생들을 기업들이 선호하는 경우가 많아서, 최근 더욱 선호도가 높아지고 있다. 학점 인정은 물론, 등록금도 소속 대학이 비용을 대는데, 대부분의 유럽 대학들의 등록금이 연간 20~30만 원 정도이므로 수업료 부담이 크지 않다고 할 수 있다. 왕복 교통비에다 월 약 500만 원 정도의 생활비가 지원되는 이 프로그램을 통해서 유럽이 만들어내는 것은, 단기적으로는 지식의 교류이지만 장기적으로는 바로 유럽 평화라는 공공재이다.

연간 1000만 원이 넘는 등록금을 받는 나라에서는 상상하기 어려운 일일 것이다. 그러나 이 프로그램이 시작되던 1987년, 유럽에서 1인당 국민소득이 2만 달러를 넘어서는 나라는 거의 없었다! 특히 최근 동구권 국가의 학생들에게 영국이나 독일, 프랑스에서 수업을 받을 수 있는 기회란 각별하지 않을 수 없으며, 체코나 헝가리로 가는 학생들도 적지 않다. EU 경제통합에 참여하지 않는 스위스도 2007년부터 자국 학생을 위해 이 프로그램에 적극적으로 참여하기 시작했다.

장기적으로 볼 때, 한중일의 평화를 만들기 위해 역내에 필요한 교육문화 프로그램들의 기반은 이런 에라스무스 프로그램과 비슷한 것들 아니겠는가. 이렇게 해서 만들어지는 것은 특정 국가의 공공성이 아니라 역내의 공공성이며, 그렇게 해서 생겨날 가장 큰 공공재는 바로 평화이다. 최근 이 프로그램은 평생교육 프로그램으로 전환 중이며, 규모는 작지만 유럽 역외와의 교환 역시 늘고 있는 추세이다. 이십대 초반에 이런 경험을 해본 대학생들의 인생은 어떻게 될까? 그리고 그런 사람들이 지키는 나라가 세계화와 전쟁에 대해서 어떤 태도를 취하게 될까?

유럽만큼 안정된 프로그램을 만들려면 시간이 많이 걸리겠지만, 교육 예산상 충분히 여력이 있는 한국과 일본에서라도 시범적으로 이런 교환 프로그램을 먼저 시작할 수 있을 것이다. 그리고 점차 중국, 타이완, 러시아 등도 참여하는 동북아판 역내 학생교육 교환 프로그램으로 발전시킬 수 있을 것이다.

이런 프로그램의 정신 위에서 문화나 사회 각 분야의 평화 인프라를 만들어내는 것이, 현재 한중일의 경제 수준이나 문화 수준에서 불가능한 일은 아니다. 오히려 이런 공공성과 역사성을 결합시키는 문화적 통합들이, 길게 보면 수출산업이라는 단 하나의 경제적 동인과 민족패권주의라는 사회적 열광 두 가지만이 결합된 '한류'보다는 역내 기여도가 훨씬 더 높을 것이다.

경제통합 외에도 경제적인 측면의 평화 인프라로서 훨씬 더 빠르고 안전한 장치들이 많이 있다. 외환위기가 발생했을 때 공동의 기금으로 대처하는 '한중일 경제안전기금'과 같은 것은 역내 경제통합과는 별도로 서로 필요하기도 할 것이므로 좀더 빠르게 추진할 수도 있는 일이다. 특히 '중남미 금융기금'의 경우처럼, IMF와는 별도로 역내 외환관리기금을 만드는 것이 요즘 유행이다.

또한 다양한 정부 간 교류 프로그램들도 평화라는 관점에서 훨씬 더 폭넓고 장기적으로 검토해볼 수 있을 것이다. 특히 개별 국가 차원으로 진행되는 공공사업 일부를 한중일의 통합 공공체제로 전환한다면, 단기간에 효과가 나지는 않을지라도 오랜 기간에 걸쳐 실질적인 평화 인프라로 작용하게 될 것이다. 예를 들면, 장애인 프로그램이나 일부 난치병에 대해서 통합기금을 조성하고 그 치료 시장을 역내 차원으로 넓힌다면, 개별 국가 내에서는 충분한 수요가 없어 대처하지 못하는 난치병에 대한 연구개발을 최소한 '규모화'를 통해 한 국가에서 직접 처리하는 것보다 나은 방안을 얼마든지 찾아낼 수 있을 것이다. 이러한 일련의 일들을 기획하고 입안하는 한중일 정책협의회 같은 것들은 비록 제한된 규모에서라도 즉각 추진해도 될 것이다.

이런 식으로 30년에 걸쳐 작은 기구들이 만들어진다면, 언젠가는 그것이 역내 의회나 통합위원회 같은 것으로 변화·발전하면서 지금은 상상할 수 없는 거대한 통합 효과를 만들어낼지도 모른다. 그런데 문제는 현실적으로 훨씬 민감하고 까다로운 군사협력 프로그램이다. 지금 한국군은 주적을 북한으로 설정하고 있지만, 자원 문제에 관한 역내 충돌이 잦아질수록, 그리고 통일에 가까워질수록 주적을 중국 혹은 일본으로 설정하게 될 가능성이 높다. 이런 상황에서 세 나라의 군대가 공동의 목표를 가지고 합동군사훈련—혹은 '합동평화훈련'이든—을 시도해본다는 것은 상당히 민감한 일인 게 사실이다. 유럽은 냉전시대에 나토라는 이름으로 소련에 대항하는 합동군의 틀을 가졌는데, 여러 논란 속에서도 이 체계는 일종의 합동 안전보장 장치처럼 작동하고 있다. 경제를 기반으로 한 통합체제인 EU와는 달리 나토는 미국이 여전히 주도권을 쥐고 있지만, 일부의 비판에도 불구하고 생각보다는 효율적으로 작동하고 있는 것으로 알려져 있다. 한중일도 최소한 세 나라를 관통하는 가스 파이프라인이나 원유수송로 같은 에너지 네트워크 등 실질적인 필요가 있는 부분에서부터 제한적이라도 군사협력 장치와 절차를 만들면 장기적으로 평화 인프라로서 너끈히 기능할 것이다. 이런 협력은 부수적으로 역내에서 국방비가 급증하는 부작용도 줄여줄 수 있다.

평화 인프라가 단순한 비용 지출로 끝나버리지 않게 만드는 일은, 좋은 정책입안자나 경제학자들의 힘만으로 되는 게 아니다. 전체적으로 개개인들이 평화 시스템에 대한 이해도를 높이는 것이 핵심이다. 한중일이 서로 역내 보편성의 기반을 끊임없이 만들어내고 전쟁에 반대하는 사람들이 지속적으로 생성될 수 있는 제도와 장치를 만들지 않으면, 세 나라 모두 민족패권주의에 적극적으로 반응하는 극우파들 사이의 대결적 블록들이 지금의 빈 공간을 이내 채우고 말 것이다. 이 상태를 협력과 공진화 방향으로 전환하기 위해서는 지금 평화 인프라에 대해서 논의하고 조금씩 손에 잡히는 무엇인가를 만들어내야 한다. 신냉전기에는 한 해가 다르게 통합 프로그램이나 협력 프로그램에 대해 각국에서의 반대가 더 강력해질 것이다. 그래서 비록 준비가 부족하고 여건이 미비하더라도, 지금이 씨앗을 뿌리기에 가장 좋은 시점이 아닐까 한다. 최소한 민족팽창주의의 증가 속도보다 평화 블록이 증가하는 속도가 빨라야 불안한 균형이나마 유지할 수 있으며, 이것이 한중일 평화의 사회문화적 조건이라고 할 수 있다.

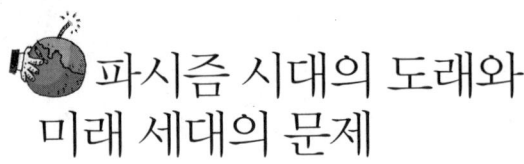 파시즘 시대의 도래와
미래 세대의 문제

명목적으로는 20세기가 만든 두 종류의 평화국가라 할 스위스와 일본. 그런데 스위스의 평화는 오히려 점점 더 공고해지는 경향이 있지만, 일본의 평화는 점차 해체되는 흐름에 놓여 있다. 그 차이가 무엇일까? 일본 내부의 정치체제나 경제 운용방식 혹은 사회적인 문제가 있었던 것일까, 아니면 북한과 같은 '불량 이웃'이 주위에 있어서 스스로를 지키기 위해 끊임없이 더욱 강해질 수밖에 없었던 것일까? 이 질문은 경제학자가 대답하기에 적절치는 않다.

다만 한 가지 확실히 해야 할 것은, 이러한 변화에 대해서 가장 나쁜 설명방식이 "그들이 나쁘다"라고 얘기하는 것과 "그들은 원래부터 군국주의자였다"라고 말하는 것이다. 이게 바로 민족패권주의적 설명방식이기도 하고, 극우파식 설명방식이기도 하다. 원래부터 나쁜 사람과 원래부터 나쁜 나라는 세상에 존재하지 않는다. 구체적인 맥락 속에서 그렇게밖에 할 수 없던 문제들이 존재한다는 것이 조금 더 합리적인 설명일 것이다. 물론 이것 역시, 극우파들이 '자위'라는 이름으로 새로운 팽창을 준비하기 위한 핑계거리 이상은 아니다.

★ 전쟁을 부르는 '무기 경쟁'은, 사회 내부에 평화를 지향하는 힘이 약화하거나 구조적인 병
 장으로 약해질 때 일어난다.(『동아일보』 2006년 1월 6일자)

韓中日 잠수함 증강 '물밑전쟁'

도서영유권 분쟁 - 海路확보 싸고 뜨거운 氣싸움
韓 "2018년까지 9척 늘려" 中日 "年 1~3척 건조"

대결과 위협, 공포라는 작동원리에 의해 움직이는 국민경제가 전쟁체제로 전환되는 것을 보통은 '무기 레이스'라고 부른다. 만약 오늘의 독일과 프랑스 사이에 이런 체계가 한중일과 같은 논리로 작동했다면, 이 나라들의 기술력과 경제력으로 오래 전에 무기 레이스가 세상을 뒤덮었을 것이다. 그러나 현실은 그렇게 움직이지 않았고, 실제로 경제통합과 사회적 이해를 이룸으로써 이 지역에서 다시 전쟁이 일어날 것이라고 생각하기는 쉽지 않게 되었다. 왜냐하면 사회를 구성하는 대부분의 힘들이 전쟁을 억제하고 평화를 만드는 방향으로 가고 있기 때문이다. 이러한 공간에서는 군산복합체가 존재한다고 하더라도, 전체 시스템이 전쟁 쪽으로 흐르지는 않는다.

4장 평화라는 이름의 공공재

반면에 한중일의 경우, 일본은 평화국가에서 보통국가로, 그리고 한국은 대양강국을 명분으로 계속해서 강한 군대를 갖는 전략으로 전환하려고 하는 중이다. 그리고 중국은? 역시 다를 바 없이 패권주의 방향으로 나아가고 있다. 이 흐름을 막아설 사회 내부의 힘이 점차 경제 내부의 양극화와 극우파 블록의 급격한 팽창에 의해서 약화될 것이라는 것이 객관적인 전망이다.

이런 상황에서 이 세 나라가 30년간의 신냉전 시기를 거치면서 평화체제를 유지할 수 있는 길은 대단히 좁다. 논리적으로 가장 빠른 길은 한국이 평화국가 체제로 전환하는 길이고, 이런 변화 속에서 북한과의 통일을 추진하는 길이다. 그리고 이러한 변화 속에서 최소한 한국과 일본 두 평화국가를 축으로 동북아를 평화지역으로 전환시키는 것이, 좁게 펼쳐진 거의 유일한 길이다. 이러한 과정에서 중국을 포함한 동북아 지역에서 평화국가 체제로 전환한 나라들 사이에 경제통합이 이루어진다면, 역내의 경제적 번영은 물론이고 세계평화에 실질적으로 가장 확실하게 기여하는 길이라고 나는 생각한다.

여기서 문제는 한국이다. 사실 일본은 파시즘을 조금은 버틸 수 있을 것으로 보이고, 중국도 빠른 시간에 파시즘으로 전환되지는 않을 것이다. 최소한 지금의 중국 정부는 자신들의 경제와 사회 내부에 어떠한 문제점이 발생했고, 이것이 장기적으로 어떠한 위험을 만들어낼 것인지 어느 정도는 인식하고 있는 것 같아 보인다. 그러나 한국의 경우는, 지난 10년간 집권 세력이 미국 민주당의 자유주의자들과도 완전히 축을 달리하는 집단이었으며, 또한 유럽의 사민주의 정당이나 좌파 정당과도 흐름이 완전히 다른 독특한 집단이었다. 그 안에서 수없이 많은 작은 생각들이 맹아처럼 존재하기는 했지만 거의 사회적 발언권을 갖지 못했다. 완벽하게 '제국'의 속성을 가지고 있는 미국의 민주주의를 불안하게나마 지키고 있는 것은, 절차가 아니라 세력들 사이의 균형이다. 한국 정치에도 절차는 있지만, 서로 갈 길이 다르거나 사회적 기능이 다른 세력들 사이에서 균형을 찾는 과정이 존재하지 않는다. 이런 것들이 바로 파시즘으로의 전환을 거치면서 한국 경제가 민족팽창주의라는 단일한 목표를 가지고 '촌놈들의 제국주의'에서 진짜 제국주의로 나아가게 되는 객관적이고 물리적인 조건이다.

한중일 세 나라 영화인들이 합작으로 만든 〈묵공〉이라는 영화가 있다. 원작은 일본 만화인데, 중국이 진나라로 통일되기 직전 춘추전국 시대의 마지막 무렵의 한 작은 지방 성이 배경이고, 한국 배우들이 같이 참여했던 영화이다. 어떻게 성을 지킬 것인가에 초점을 맞춘 이 영화에서 우리는 중요한 시사점 한 가지를 배울 수 있다. 영화에서 조나라의 대병에 맞선 3000명 남짓 되는 성 거주민들 중에서 실제로 변화를 만들고 무엇인가 지키려고 했던 2세대들은 대단히 불행해지고, 부패한 1세대들이 결국은 권력을 다시 쥐게 된다. 평화에 대해서 새로운 생각을 하게 된 왕세자 양적은 1세대 장군의 명령에 의해 활을 맞고 죽는다. 잘못된 일에 반기를 들었던 젊은 여장군 양왕은 목청을 잘려 아무 말도 할 수 없게 되고, 활을 잘 쏘았던 현장 지휘관 자단은 활을 쏘던 손목이 잘리게 된다. 말하자면 이 영화는 부패를 없애고 변화를 시도하며 뭔가를 소중하게 지키고자 했던 한중일의 2세대들이 앞으로 30년간 맞게 될 운명에 대한 슬픈 서곡 같은 것일지 모른다. 변화를 시도한 2세대들의 비극, 그것이 파시즘이라는 정치체제가 갖는 특징인데, 그렇게 죽지 않기 위해서 '열광의 목소리'로 협조한 십대들이 전부 공식적인 유겐트Jugent가 될 수밖에 없었던 그런 슬픈 역사가 인류사에서 불과 1세기 전에도 펼쳐진 적이 있다. 나치즘은 십대들을 유겐트로 만들어 전쟁에 동원했다.

한 가지 확실한 것은, 세상이 이렇게 파시즘으로 전환될 때 그 주도자들이 내세울 구호가 바로 "우리의 아들, 딸의 행복을 위하여!"가 될 것이라는 점이다. 지금의 십대가 30년 후에 무엇을 선택할 것인가, 혹은 지금의 한중일 십대가 30년 후에 취할 선택이 무엇일까? 그들이 평화를 선택할 수 있는 조건, 즉 아주 가깝지는 않은 30년 내의 어느 날 국민투표에 '참전'이라는 항목이 올라올 때 '평화'에 투표할 수 있는 사람들이 적어도 국민의 절반이 되는 조건, 그것이 지금 우리가 만들어야 하는 경제구조에 관한 이야기이다. 그리고 그것이 국민경제의 궁극적 대안이라고 할 수 있다.

맹자는 "항산恒産이라야 항심恒心이라" 하고 말했다. 개개인에게 어느 정도는 먹을 것이 있어야 항상심을 유지할 수 있다는 말인데, 수없는 논란에도 불구하고 이 조건은 대체로 관철된다. 물론 때때로 더 많은 탐욕을 위하여 전쟁을 선택하기도 하지만, 파시즘으로의 전환을 통해 전쟁으로 나아가는 길은 배고픈 민중들의, 돌이킬 수 없는 외통수와도 같은 것이다. 그 상황이 올 수 있는 길을 피하는 것이, 내가 생각하는 평화의 경제적 조건이다. 다음 세대, 즉 지금의 십대와 이십대는 평균적으로 살기가 어렵고, 점차 더 어렵게 될 것이다. 그리고 이 구조가 10년 이상 유지된다면 그 시스템은 필연적으로 전쟁을 선택하게 된다. 다음 세대에게 '평화'를 물려주는 것은 기성세대의 의무라 할 수 있지만, 실제로 한국의 기성세대는 '경제성장'이라는 단일한 목표로 국민들에게 무조건적인 단결을 요구하고 있다. 이 구조는 생태적으로나 경제적으로 '안정적'이지 않을 뿐 아니라 평화라는 시각에서는 대단히 적대적이다.

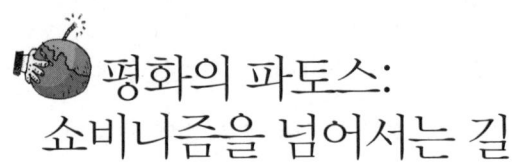# 평화의 파토스:
쇼비니즘을 넘어서는 길

　　　　　　그리스에서는 사람의 본질 혹은
사람의 행위를 로고스logos와 에토스ethos, 파토스pathos라는 세 가지
개념으로 설명했다. 혹시 이 시리즈를 처음부터 계속 읽어온 독자 가
운데는 첫째권의 결론이 에토스에 관한 얘기였고, 둘째권의 결론이
로고스에 관한 얘기라고 생각하신 분들이 있을지도 모르겠다. 『88만
원 세대』의 마지막 부분에 등장하는 '인간에 대한 예의'라는 표현은
에토스에 대한 알레고리였다. 둘째권의 마지막에 등장하는 '슈퍼보
드'는 일종의 로고스에 대한 요구 같은 것이었는데, 대기업이 조직론
적으로 빠지기 쉬운 함정을 뚫고 나갈 이성과 합리성을 희망하는 내
용이었다. 그리고 평화에 대한 이 책의 결론에서 마지막으로 내가 제
시하고 싶은 것은, 바로 파토스이다. 그리스인들이 생각했던 인간의
여러 본성 중에서 가장 다양한 얼굴을 가지고 있으면서, 여전히 정의
하기 어렵고 21세기가 된 지금도 사회과학에서 다루기 어려운 개념이
이 파토스이다.

　　　여러분들이 십대라면 이 파토스라는 단어를 접했을 가장 확실
한 경로는 아마 음악일 것이다. 베토벤의 소나타 〈비창〉, 차이콥스키

의 교향곡 6번 〈비창〉은 모두 파토스라는 제목이 붙여진 곡들이다. 여러분들이 만약 영화나 현대소설을 좋아한다면, 이중의 어떤 작품에 대한 평론에 늘상 따라붙는 상투적 용어인 '삶의 페이소스'라는 표현을 본 적이 있을 것이다. 그 페이소스가 바로 파토스이다. 정열이라는 의미를 가진 패션passion이라는 단어의 어원도 바로 이 파토스이고, 근대까지는 이성, 그리고 자본주의 사회에서는 '이익interest'과 대결하는 개념 역시 바로 이 파토스이다.

──── 철학에서 이성을 뜻하는 로고스에 상대되는 말로 감성, 충동, 열정 등으로 풀이된다. 예술에서는 감정적 요소를 뜻하기도 하는데, 인간 의식 밑바닥에 자리한 근원 충동에 더 가까운 정서를 표현한다. ────

이 파토스라는 단어는 뭔가 계산하거나 이해관계를 따져서 발생하는 것과는 조금 다른 차원의 행위를 지칭하는데, 철학에서 말하는 이성, 경제학에서 얘기하는 합리성과는 또 다른 차원의 '무엇인가가 있다'는 뉘앙스를 가지고 있다. 중세와 근대에는 이 파토스라는 단어가 비극적인 것과 많이 연계되었는데, 현대에 와서 파토스는 열정 혹은 자신의 즉각적인 경제적 이익을 벗어난 탈이익적 행위라는 의미를 더 많이 가지고 있다.

그럼에도 불구하고 그리스인들이 워낙 이성적이고 합리적이며 구분을 좋아해서 그런 것인지, 파토스라는 단어는 흔히 파시즘을 묘사할 때 사용하는 '열광'과 같은 단어와는 움직이는 방향이 전혀 다르다. 〈비창〉 소나타와 정신적으로는 정반대에 있는 양식은 '미친 시들에 붙이는 노래'라는 의미인 '광시곡狂詩曲'으로 흔히 번역되는 '랩소디'인데, 랩소디는 민족적 서사라는 배경과 훨씬 더 잘 결합한다. 물론

19세기의 낭만주의 경향과 결합한 광시곡은 상당히 감미롭고 때로는 서정적이지만, 리스트의 〈헝가리 광시곡〉에서 거슈윈의 미국에 대한 오마주인 〈랩소디 인 블루〉에 이르기까지 특정 민족의 서사들과 잘 결합하는 특징을 갖는다. 열정과 열광이라는 두 단어를 기계적으로 비교하는 일이 쉽지는 않지만, 아무래도 '파시즘적인 열광'과 '예술적인 열정'이라는 두 표현 밑에는 때때로 전혀 양립하기 어려운 두 요소가 갈등하는 모습이 보이는 것 같다. 물론 바그너처럼 때때로 이런 것들이 한 몸에 모이는 경우가 있기도 하지만 말이다.

    20세기 후반에 많은 사람들이 다가올 21세기의 모습에 대해 여러 가지로 예측을 했는데, 그들 중 누구도 예상하지 못했던 것이 바로 '마케팅 사회'였다. 미디어와 광고가 더욱 큰 힘을 발휘할 것이고 개인들에게 '물리적 수요'를 뛰어넘어 '사회적 욕구'를 확대할 것이라는 점은 이미 사회학자 보드리야르Jean Baudrillard가 사실적으로 묘사한 바 있다. 그러나 지금과 같이 사람들의 일상과 생각의 구석구석에까지 마케팅이 쇼비니즘으로 파고들어 민족팽창주의와 결합하게 될 것이라고 예상한 사람은 아무도 없었다. 세계화 시대에 마케팅을 통한 민족팽창주의라니! 더구나 그런 기묘한 결합이 미디어와 인터넷 같은 새로운 양식을 통해서 쇼비니즘 마케팅으로 등장하게 될 줄, 10년 전이라 한들 누가 상상이나 했겠는가? 그러나 한국에는 그런 시대가 이미 몇 년 전부터 펼쳐졌고, 이러한 경향성은 더욱 강화되고 있다. 오랜 군사정권기 이후 30년 만에 '동원경제'의 추억이 훨씬 강화된 민족패권주의로 등장하고 그것들이 소비자들의 구매를 유혹하는 감성의 장에서 맹활약하는 순간을 다시 보게 될 줄이야…….

한국 자본주의는 개인들을 움직이고 조정하는 장치로 '마케팅 사회'와 자연스럽게 손을 잡게 되었는데, 이 손은 워낙 달콤하고 감성적이어서 누구도 거부하기가 쉽지 않다. 그렇게 만들어진—혹은 형성된—획일성 앞에서 '다르게 생각해보자'는 얘기가 들어설 공간은 어디에도 없다. 이것이 바로 오늘날 한국 자본주의가 지닌 속성이다. 물론 자본주의가 원래 그렇기는 하다. 그러나 독특한 21세기 한국 자본주의를 규정하는 가장 큰 힘은 교육 파시즘과 쇼비니즘 마케팅이라는 두 축이다. 자본이 더 큰 이윤을 획득하기 위해 스스로 만들어낸 이 문화적 장치는, 절반은 세계 자본주의의 일반법칙을 따르고 절반은 한국 자본주의의 '압축적 속성'을 따른다. 교육 파시즘과 쇼비니즘 마케팅이 만나서 만들어낼 미래의 1차적 모습이 제국주의이고, 2차적 모습은 전쟁이다. 그리고 바로 그 전환 단계에서 지금 보이는 현실의 모습이 바로 '촌놈들의 제국주의'이다.

이런 일련의 흐름을 사회과학에서는 광란이라 표현하기도 한다. 물론 19세기 후반에서 20세기 초반까지 일련의 역사가 보여주었듯이, 이런 와중에도 절차적 민주주의는 완벽하게 구현되고 선거도 차질 없이 진행된다. 그러나 실제로는 전쟁을 막고 이런 광란을 막을 사람들이 아주 극소수로 줄어들게 된다는 데에 사태의 심각성이 있다.

전쟁을 사랑하는 사람은 아무도 없다고? 난 그렇게 믿지 않는다. 전쟁을 하면 이득을 얻는 사람이 있고, 민족이 강해진다고 생각하면 기분이 좋아져서 지갑을 열고 물건을 구매하는 사람들도 있다. 문제는 전쟁을 반대하는 것이 경제적 이득이 되는 구조를 만들기가 쉽지 않고, 평화를 지키는 일에 기꺼이 지갑을 열면서 기분이 좋아지게 만들기가 어렵다는 점이다. 이 묘한 비대칭성 때문에 정책적 해법과 국제적 협력관계 등 경제학이나 행정학 혹은 정치학 같은 학문에서 제시하는 대안들이 작동할 수 있는 공간이 열리지가 않는다.

그래도 우리가 사는 이곳에서 전쟁이 벌어지는 일 정도는 피할 수 있지 않을까? 이 소박하지만, 지독하게도 이기적인 질문에 답하기 위해서 경제학자들이나 정책전문가들이 여러 가지 대안을 제시할 텐데, 이런 현대 학문이 제시할 수 없는 것 중 하나가 바로 '평화의 파토스'라는 개념일 것이다. '전쟁 없는 상태'가 열정의 대상이 되고, 그것 자체가 하나의 파토스가 되는 그런 문명 혹은 그런 사회가 가능할 수는 없을까? 물론 모두가 그럴 필요도 없다. 최소한 두 사람 중 한 명이 평화의 파토스를 가지고 있다면, 그 나라가 침입을 하거나 침략을 받을 확률이 1/100 정도로 줄어들게 될 것이다. 스위스를 비롯한 서유럽과 북유럽 국가들은 그런 상태에서 국민경제를 운용하고 있다. 이런 나라에서는 평화가 그 자체로 에토스이고 로고스이며 파토스이다. 그들은 두 번에 걸친 세계대전 끝에 그런 사회를 만들어냈고, 그 상황을 경제구조가 뒷받침해주며, 이를 다시 문화가 강화한다.

한중일에도 그런 상태가 언젠가 오기는 할 것이다. 이곳에도 언젠가 '완전평화' 상태가 오기는 할 것인데, 그게 100년 후의 일이 아니기를 희망하는 것이다. 큰 전쟁을 겪은 이후가 아니라 비록 미흡하더라도 이번 세대에 평화의 '불안한 균형'을 유지하는 것이 우리의 소망인 것이다. 불행히도 로고스를 가장한 한중일의 많은 학문과 미디어의 평론, 이미지 광고 같은 것들이 대개는 민족패권주의를 은근히 부추기는 것들이며, 이런 활동을 위해서 돈을 대고 기운을 북돋울 세력은 많다. 많다 못해 넘친다. 그럼에도 불구하고 최소한 두 사람 중 한 명이 평화의 파토스를 유지할 수 있도록 하는 활동에 돈을 대거나 지지할 세력은, 한중일 내에 아직 뚜렷이 형성되어 있지 않다.

"전쟁에 반대한다"라는 단 한 문장을 자신의 파토스로 간직하고 사는 사람이 두 사람 중에 한 명이 되는 상황을 만들어내고 유지하는 것, 그게 그렇게 어려울까? 마케팅 사회에서는 아주 어려운 미션이다. 그렇지만 '미션 임파서블'은 아니다. 평화는 달콤하고 감미로운 것이기 때문이다. 평화의 맛을 본 사람은 그 맛을 잘 잊지 못한다. 그래서 평화는 파토스를 요구하고, 스스로 작동할 수 있는, 그런 특수한 속성을 갖는다.

누군들 전쟁을 좋아할까? 정말로 많은 사람들이 그렇게 생각하면 국민경제 문제의 대부분이 풀리고, 최소한 '인간의 얼굴을 한 자본주의' 정도로 상황을 유지할 수 있게 된다. 그게 나의 믿음이다.

교육 파시즘의 시대, 학교 파시즘에 부쳐

<u>닫는글</u>

한국 경제가 평화로 가는 길에 가장 결정적 키를 쥐고 있는 사람은 공교롭게도 지금의 십대들이다. 그래서 이 십대들에게 한국의 전쟁 세력들은 파시즘을 심어주기 위해서 최근 광란의 몸짓을 보이고 있다. 한국에서 가장 먼저 등장한 파시즘은 바로 교육 파시즘인데, 이는 십대들이 사회에서 가장 약한 고리이며, 동시에 가장 중요한 주체들이기 때문이다. 이들을 교육 파시즘으로 길들이고 나면, 한국 경제에서 전쟁산업은 영원한 승리를 얻게 된다. 무서운 음모다. 그런데 이 음모에는 주도적 기획자가 없다는 게 더 무서운 일이다. 이 십대들에게 해방의 꿈은 고사하고 상대적 자율성이라도 부여하지 않으면, 제국주의로의 전환을 멈추게 할 내부적 힘은 영원히 사라지게 될 것이다.

감옥과 군대와 학교

세계 역사에서 청소년에게 자유를 주어야 한다는 흐름이 강력하게 생겨난 것은 1970년대 후반의 일이다. 미셸 푸코의 『감시와 처벌』이 1975년도에 발간된 것도, 당연하게 생각했던 억압의 장치들이 가지고 있는 부작용에 대해서 사람들이 적극적으로 생각하기 시작한 것도 이 시기의 일이다. 대체로 이 시기를 전후해 프랑스 국립대학에서 졸업식이 없어지기 시작했는데, 졸업식이나 입학식 같은 공식적인 행사들이 억압의 출발점이고 억압적 관계의 '약속'과 '확인' 과정이라고 생각하는 흐름이 생겨났기 때문이다. 졸업식에 가지 않는 것은 학생들이 할 수 있는 가장 수동적인 '억압에 대한 저항'의 수단인데, 아무도 오지 않는다면 결국 졸업식이라는 행사가 진행될 수 없다. 입학식의 경우 불참한 학생들에게 여러 가지 불이익을 줄 수 있지만, 아무리 잔인한 학교라도 학교와 사실상 공식관계가 종료되는 졸업식에 불참한다고 해서 불이익을 주기는 어렵다. 졸업해버렸는데, 어쩌겠는가? 그러니 이것은 "나는 그게 싫어"라고 표현할 수 있는 자유인으로서의 첫번째 의식인 셈이다.

한국에서는 이런 소극적 저항도 생각해보기 무서울 정도로 억압이 강력하기 때문에, 학생들은 졸업식에 참석해서 다른 학생들의 교복을 찢거나 때려주는 걸로 대신하게 된다. 슬픈 일이다. 이런 소극적 저항들로 인해 결국 프랑스 국립대학에서는 졸업식은 물론이고 입학식도 사라지게 되었다. 대학을 억압의 장치로 받아들일 학생들이 사실 사라진 셈이다. 그래서 신학대학으로 출발해서 세계 최초로 대학이라는 교육 장치의 원형을 제시한 소르본대학에서 치렁치렁한 가운을 입고 바보같이 멀뚱멀뚱 서서 총장과 교수들의 축사 따위나 듣고 있을 학생은, 유럽에는 거의 없다.

억압에는 언제나 작용과 반작용이 있다. 반작용이 없으면 작용은 끝없이 강해진다. 역설적으로 한국에서는 민주화가 되면서 학교의 억압이 더욱 강해졌다. 사라졌던 두발 규제를 다시 도입한 이후에 슬금슬금 다시 교복도 입혔다. 핑계야 많겠지만, 푸코가 생각했던 '감시와 처벌'이라는 억압기제에 의하면 억압해도 되는 만만한 대상으로 십대를 다시 가두기 시작한 것이라 할 수 있다.

그렇게 머리와 복장에서부터 다시 시작된 억압의 역사는 학생들과 부모들의 주머니를 노리는 사교육의 형태로 한층 세련되게 이어졌는데, 이 과정에서 한국의 지배자들에게 위협이 될 만한 저항은 아무것도 없었다. 대체로 사회는 십대에 대한 이러한 억압의 강화에 찬성하는 쪽이었다. 자신들의 머리에 손을 대거나 자신들이 입는 옷에 손을 대지 않는 한 기성세대는 십대들의 자유가 어떻게 억압되든 아무 상관을 하지 않았고, 침묵으로 억압에 동조했다. 박정희 시절에는 남자들의 장발과 여성들의 미니스커트 길이를 경찰이 단속했다. 바로 그런 이들이 사회를 지배하는 순간, 여학생들의 머리카락이 잘리고 복장이 단속된다. 이 과정에서 참을 수 없는 일은, 정작 자신들은 머리를 자유롭게 하고 교복도 입지 않았으며, 게다가 전두환 덕분에 과외 따위는 하지 않아도 좋았던 바로 그 사람들이 이런 억압에 대해서 침묵했을뿐더러 오히려 은근히 방조했다는 사실이다. 억압은 또 다른 억압을 낳는다.

이렇게 해서 한국에서 강화되기 시작한 교육 파시즘은 대학서열화를 통해 마치 대지를 휩쓸고 가는 토네이도처럼 에너지를 잔뜩 머금은 후, 드디어 전국 일제고사까지 부활시키기에 이르렀다. 정확히 얘기하면, 한국의 십대는 군대와 탈영병 둘만으로 구성된 집단과 같다. 학교는 군대이고, 미처 군대에 들어가지 못한 가난한 십대는 탈영병 신분을 갖는다. 이 탈영병은 노동도 해야 하고 세금도 내지만, 투표권도 없고 결혼할 권리도 없다. 중등교육 과정에 들어가지 못한 이러한 십대 청소년들은 성인과 완전히 같은 사람인데, 무슨 권리로 이들에게 투표권과 결혼권을 제약하는가? 집안이 가난해서 학교에 가지 못하는 십대 노동자들은 한국에서 가장 심각한 인권 사각지대에서 살고 있다. 그들에게는 최소한 학교에서 가해지는 억압은 받지 않아도 좋다는, 슬픈 행복이 유일한 보상이다.

이렇게 해서 한국 지배자들이 가질 수 있는 혜택은 무엇일까? 절대로 반항하지 않고 자유와 인권 같은 고귀한 가치는 아예 머릿속에서 지워버린 노예를 가질 수 있고, 필요하면 언제든지 군대로 동원할 수 있는 청소년 예비군을 가질 수 있다. 이것이 한국의 공교육이다. 그들은 십대들이 고분고분하지 않고 상대적 안정성을 가진 노동자나 중산층으로 재생산되는 것을 원하지 않는다. 할 수만 있다면 모든 노동자를 비정규직으로 바꾸고 싶은 한국의 지배자들은, 20세기 이후의 자본주의 역사에서 다시 찾아볼 수 없는 좀 한심하면서도 잔인한 인간들이다.

그러나 아직 교육 파시즘은 미완성 상태이다. 대부분의 지배자들은 자식들을 이미 미국으로 빼돌린 상태라서, 한국에서 이루어지는 감시와 억압은 그 자식들이 나중에 한국에 돌아왔을 때 충분히 경쟁력을 갖출 조건이 되고 있다. 이 바보 나라에서 교육받지 않았다는 사실은, 그것만으로도 충분한 경쟁력이 된다. 그러나 여전히 약간의 제약 조건이 남아 있다. 지배자들이 지배자로서의 권한을 영원히 세습하기 위해서는, 그들 중 일부는 장관을 비롯한 국가권력을 틀어쥐어야 할 것이다. 그래서 그들의 2세 중 일부는 어쩔 수 없이 한국에 남아서 교육을 받아야 하는데, 이들이 가난한 아이들이나 중산층 따위와 같이 얽혀서는 곤란하다. 그래서 재산의 유무로 학교를 나누려는 것이 한국 교육 파시즘이 나아가는 궁극의 이상향이다. 2년 내에 이 이상향은 한국에서 현실이 될 것이다.

이 슬픈 파시즘 가운데서도 가장 슬픈 사실은, 이 구조에서는 부자든 가난한 사람이든 모든 십대가 영원히 회복할 수 없는 정신적 외상을 입게 된다는 점이다. 사람이 정신적 충격을 참고 견뎌낼 수 있는 데에는 한계가 있다. 한국에서 지금 십대 시절을 보내면, 누구라도 멍해질 것이다. 이 정도로 고강도 억압을 하는 곳은 감옥도 아니고, 군대도 아니다. 이 정도로 청소년에게 강한 억압을 가하는 나라는, 불행히도 전 세계에 한국밖에 없다. 북한만 해도 거기에는 최소한 과외는 없다.

영혼을 판 사람들의 억압 게임

정책적으로 얘기하면, 몇 가지 간단한 조치만으로도 현재의 상황을 훨씬 개선시킬 수 있다. 3~4년 정도의 종합대책만 추진해도 최소한 OECD 평균 수준으로 청소년의 억압 정도를 개선할 수는 있다. 그러나 그렇게 하지 않는 것은 두 가지 이유 때문이다. 지금의 부모 세대가 자신들이 지내온 역사와는 상관없이 극단적으로 이기적인 '내 자식만'이라는 악마에게 영혼을 판 사람들이기 때문이다.

이 사람들이 평균적으로 더 악질인 것은 『페다고지』 같은 책을 통해서 그렇게 교육하면 좋지 않다는 것을 이미 알고 있고, 또 인권, 특히 청소년 인권에 대해 보고 듣고 배워서 알고 있는 사람들이기 때문이다. 부모와 자식 사이에 학교를 매개로 억압 게임이 벌어지고 있는 것이다. 부모들이 원하는 것은 자식들의 행복이 아니라 자신의 과시, 그리고 절대로 자신의 2세가 민주주의나 자유 따위를 외치는 일이 없도록 하는 것이다. 그래서 많은 부모들은 자신의 자식들이 바보가 되는 것을 기꺼이 선택했다. 그래서 그들은 진짜 악질이다. 진실로 한국의 평균적인 부모들이 원하는 것은 자식들이 억압을 떨치고 지혜로워지거나 용감해지는 것이 아니라, 비겁하고 나약한 노예가 되는 것이다. 게다가 남의 집 자식도 똑같이 바보가 되면, 이 게임은 문제 없는 것으로 안전하게 돌아간다. 아주 공평한 게임이다.

386세대이기도 한 지금의 많은 부모들은 지금과 같은 공교육과 사교육을 통해서 자식들이 어떻게 될 것인지에 대해 모르는 사람

★ 피해자인 양 어쭙 떨지만 부모들은 안다. 자신들이 '자녀교육 올인'이 무엇을 의미하는지, 누구를 위한 것인지. 《한겨레》 2008년 5월 27일자)

자녀교육 '올인' 물불 안가리는 학부모

고3 아빠 보직 바꾸고

중3 가족 제사 안지내

5살배기 엄마 주말 반납

중 150만·초등 60만원
월 사교육비 부담 감수

들이 아니다. 사실 너무 잘 알고 있어서 문제가 된 것이다. 마치 잘못된 교육제도에 부모들도 피해자인 것처럼 숨어 있지만, 십대들의 억압에 관한 한 그들이야말로 무서운 공범자이며, 사실은 집단적인 주범이다.

이런 시스템을 정부가 방조하고 오히려 강화하는 것은, 지금이 바로 극우파들의 세상이기 때문이다. 진정한 우파는 교육에 대해서 고민하고, 조금이라도 조국의 2세들이 총명해지기를 바란다. 그러나 극우파들은 그들이 쉽게 다스려질 수 있고, 또 언제든 총체적 전쟁에 동원될 수 있는 병사 혹은 바보이기를 원한다. 아무 생각 없이 밤 12시까지 혹은 그 이후까지 학원에 붙잡혀 있는 십대를 보면서, 한국의 지배층들이 머릿속에서 그려보는 것은 미래의 충실한 병사들이다. 그들이 원하는 것은 상징적인 경제전쟁이 아니라 총칼을 드는 진짜 전쟁이고, 애국심이 충만해져 언제든지 전선으로 뛰쳐나갈 신체 건장한 바보들이다. 정말로 경제전쟁을 원한다면, 영혼이 사라진 이런 '클론'들을 데리고 OECD 상층부의 기업들과 경쟁할 수 없다는 사실은 너무도 명확하다. IMF·경제위기 때, 한국의 지배층이 "이대로!"를 외친 적이 있다. 그 결과 만들어진 "이대로!"의 세상이 바로 지금의 교육 파시즘이다.

부모들의 역사에 대한 배신과, '촌놈들의 제국주의'로 끊임없이 국가체제를 전환하고 싶은 극우파의 꿈이 만나서 한국의 교육 파시즘이 작동되고 힘을 얻게 되는 것이다. 이런 작동은 끊임없이 움직이면서 한국의 내부를 중남미형 경제구조로, 외형은 제국주의형으로 변화시키는 중이다.

1970년대 후반까지도 유럽에서는 청소년들에게 자유를 주면 큰일난다고 생각했다. 그 부모들이라고 뭐 엄청난 천사였겠는가? 유럽 자본주의라고 처음부터 복지 장치를 가지고 인권 교육을 했겠는가? 아니다. 해보니까 그 편이 나았기 때문에 그렇게 간 것이고, 그렇게 자유의 힘으로 국민소득 2만 달러와 3만 달러를 넘어간 것이고, 스웨덴과 스위스 같은 나라들에서는 4만 달러를 넘어선 것이다. 그런데 한국은 규모만을 바라보며 동원경제와 파시즘을 재동원해서 쥐어짜고 또 쥐어짜는 방식으로 2만 달러까지 왔고, 한 번만 더 '죽었다고 생각해라'는 방식으로 경제도약을 시도하고 있는 꼴이다.

구조적 문제를 버티다 못해 외국인 노동자들을 국내 생산현장으로 끌어들였지만, 한국의 외국인 노동자 관리는 도대체 한국이라는 나라가 어떤 나라였는지를 전 세계에 알려주는 그로테스크한 홍보 창구이자 내부를 보여주는 거울 같은 것이었다. 자국민도 억압하고 착취하는 나라에서, 외국인 노동자를 어떻게 대했겠는가? 급기야 UN에서 '단일민족주의를 그만두라'라는 권고안까지 만들었다. 그만큼 한국 자본주의에 대한 국제적 원성이 자자하다는 말이다. 한국 자본주의의 내부를 속속들이 들여다보면, '인간의 얼굴을 한 자본주의'가 아니라 '저질 악마 자본주의'라는 말이 절로 떠오른다. 평범한 한국 십대의 1년간의 삶을 다큐멘터리로 만든다면, 디스커버리나 내셔널 지오그래픽의 다큐멘터리보다 보존 가치가 훨씬 높은 자료가 될 것이다. 세계에서 가장 비싼 고비용 노예들을 만날 수 있을 테니 말이다.

사회적 논의의 장을 만들어내는 '총파업'

한국의 지배층은 어지간해서는 정신 차릴 줄 모르는, 좀 심하다 싶을 정도로 게으른 극우파들이다. 웬만해서는 반성하거나 성찰하는 일은 거의 하지 않는, 상식적 우파나 건전한 보수와 아주 거리가 먼, 그저 틈틈이 거짓말이나 하고 논리가 밀린다 싶으면 '민족의 영광' 혹은 '미국의 번영'에나 기대는 극우파일 뿐이다. 그래서 내가 여전히 기대하는 것은 일종의 총파업이다. 이들과 상식적으로 대화하기 위해서라도 총파업이 한 번은 필요하다는 생각이다. 지금까지는 노동자들의 임금협상을 위해서 학생들이나 다른 계층이 힘을 모아서 동조 파업을 하는 것이 일반적이었지만, 이제 좀 다른 방식을 생각할 필요가 있다.

지금 한국의 경제적 약자들에 관한 문제 중 제일 시급한 것 세 가지를 생각해보자.

첫째, 십대들의 억압에 관한 문제를 해소하는 것이다.

둘째, 이십대들의 비정규직에 관해 다른 접근방식을 만들어내는 것이다.

셋째, 농업의 생태적 전환에 관한 문제이다.

이 문제들을 사회적 논의의 장으로 모아내는 총파업이 우리 사회의 한 단계 진화를 위해서 반드시 필요하다는 것이 내 생각이다. 물론 정상적으로는 대화로 가능한 일인데, 대상이 한국의 극우파들이라는 데에 문제의 참담함이 있다.

이 총파업에 내걸어야 할 과제 중 첫째는 당연히 십대들 문제이다. 한국의 모든 경제 영역에서, 예컨대 등록금 연간 50만 원이 가능한 대학 운용 방안을 요구하고 총파업을 한다면 어떤 일이 벌어질까? 그리고 중학교 4시간, 고등학교 6시간 수업을 제안하고, 그 대신 대학서열제의 금지 같은 것을 내걸고 사회 전 부문에서 총파업을 벌인다면 어떻게 될까? 그러면 그 일이 현실이 된다. 비정규직 문제도 마찬가지다. 가능한 정책들이 있는데 정부가 전혀 하지 않고 지배층이 이것을 막아서고 있을 때, 사회가 할 수 있는 거의 마지막 수단이 총파업이다. 기껏 정례적으로 연봉을 결정하기 위해 자본주의 역사가 총파업이라는 제도를 만들어낸 게 아니다.

물론 사실상 총파업이 물리적으로 반드시 필요한 것은 아니다.

총파업이 가능하다고 많은 사람들이 생각하는 순간, 정말로 문제를 풀기 위한 대화의 테이블이 열리게 된다. 그리고 실제로는 총파업이 불가능할 것이라고 극우파들이 생각할 때에는 아무런 일도 벌어지지 않고, 많은 사람들이 감옥에 가는 불행한 일이 생긴다. 이건 간단한 게임의 법칙이다.

프랑스와 독일이 국민소득 2만 달러이던 시절에 대학의 연간 등록금은 10만 원이 안 되었고, 미국의 최상급 대학보다는 못할지 몰라도 지금의 한국 대학들보다는 훨씬 우수한 시설과 훌륭한 자원들을 가지고 대학이 운용되었다. 정말로 대학을 좋게 만들기 위해서는, 학생들에게 한국 수준에서는 연간 50만 원 정도 받으면 충분하다. 그리고 정부가 부족한 부분을 메우기 위해서 고민하는 것이 좋은 나라이지, 정부가 이 모든 것을 방치하고 가정에서 대신 고민하게 만드는 것이 좋은 나라인가?

지금 진행되는 십대들에 대한 교육 파시즘과 이십대에 대한 착취, 이를 멈추는 길이 사실은 한국 자본주의가 가지고 있는 많은 문제들을 당분간이라도 해소하는 거의 유일한 길이다. 지금 그것을 하지 못한다면, 장기적으로 우리에게 열린 길은 파시즘과 제국주의 외에는 없다. 이 문제를 해소하는 것 외에 또 다른 돌파구는, 없다!

나에게 중등교육을 디자인하라면, 나는 수요일을 휴일로 바꾸고 주 4일, 1일 4시간 수업제로 만들겠다. 그러면 학력 저하가 벌어지지 않겠느냐고? 절대 그럴 일 없다. 20세기 초반에 형성되어 21세기에 잘 맞지도 않는 교과체계의 빈 부분을 문화와 예술로 채우면, 학력이 지금보다 나아지면 나아졌지 뒤떨어지지 않는다. 학교에 있지 않으면 십대들이 더 방황하고 방탕해지지 않겠느냐고? 그럴 일 없다. 이미 방황하고 있는데, 이 이상으로 더 방황할 가능성은 없다. 지금 부지런하고 성실한 학생처럼 보이는 것은 억압에 의해 로봇처럼 왔다갔다 하는, 꿈과 희망을 잃고 영혼마저 무너지고 있는 '청소년 군인'일 뿐이다. 인간은 없고, 로봇과 암기기계만 있다.

스위스에 가보거나, 프랑스에 가보거나, 스웨덴에 가보거나, 아니면 정부가 그렇게 예찬하는 핀란드에 가보시기 바란다. 십대들의 교육은 대화로 진행되며, 억압하는 방식으로 암기시키고 학생들 폭행하는 선진국은 이제 거의 없다. 의심스러우면 캐나다나 오스트레일리아에라도 가보시기 바란다. 교육 파시즘을 가지고 청소년을 쥐어짜서 선진국이 되겠다는 나라가 한국 말고 또 있을 줄 아시는가?

나에게 대학생 정책을 디자인해보라고 하면, 유럽의 에라스무스 프로그램 같은 교환학생 프로그램을 만들겠다. 그러면 그 재정은 어떻게 하는가? 1%의 대학생들을 석 달씩 외국에 보내줄 예산은 토목공사와 방위산업에 들어가는 재정을 약간씩만 줄여도 얼마든지 만들어낼 수 있다.

억압은 줄이고 자유를 늘리며 다양성을 넓히고 안정성을 높이는 길, 그런 게 국민경제의 효율성을 높이고 살기 좋은 나라를 만드는 길이지, 지금처럼 십대들을 클론으로 만들기 위해 교육 파시즘을 단계적으로 강화하는 길은 한국 경제의 대안이 아니다. 이 길의 끝에는 제국주의와 전쟁이 기다리고 있을 뿐이다.

'촛불'이 '횃불' 되기를 바라는가?

한국의 십대는 오랫동안 인권의 사각지대에 있었다. 그들은 사유의 주체나 소통의 대상이 아니라, 부모의 주머니를 노릴 때나 소용되는 인질에 불과하다. 게다가 세상의 어떤 노동자도 8시에 일을 시작해서 밤 11시까지 하지는 않는다. 9시에 출근해서 오후 5시에 퇴근하는, 소위 '나인 투 파이브'가 20세기에 인간들이 도달한 최적의 노동 리듬이고, 이게 상식이요 기준이다. 이보다 더 많은 시간을 노동에 뺏긴다면 일단 선진국 수준은 아니며, 노동자의 착취에 대해 말할 산술적 권리가 생긴다.

그러나 한국의 중·고등학교에서 이런 선이 무너진 지는 오래다. 거창하게 무슨 행복추구권 같은 걸 말하려는 게 아니다. 한국의 헌법이 보장하고 있는 기본적 권리는 고사하고, 생리적 권리마저 박탈된 상황이다. 밤 11시를 넘어서야 학원에서 돌아오고 다시 아침 6시에 일어나야 한다면, 한국 청소년들의 평균 수면 시간은 여섯 시간이 안 된다. 휴식이나 재충전 혹은 레저 운운하며 어른들에게는 점차 보장하려고 하는 고급스러운 권리를 떠나서, 이들은 성장기의 인간에게 꼭 필요한 기초 수면 시간도 제대로 보장받지 못하고 있다. 그렇다면 개인적인 사색이나 방황, 혹은 자신의 삶을 위한 고민들은 다 어쩌란 말인가? 개인당 국민소득 2만 달러를 넘었다는 이 나라에서 벌어지는 이 참담한 인권 유린과 영혼마저도 앗아갈 듯한 이 노예적 착취의 상황이 과연 자본주의 고유의 '경쟁'이란 말인가? 그렇지는 않다. 이는 한국의 위정자들이 아주 독특하게 악랄하고, 그들의 부모가 입으로는 "아이들을 위하여"라고 말하지만 자신들의 경제적 상실감을 2세대들에게 강제하는 정신병리적 증상으로, 미친 짓에 불과하다. 이런 나라, 이런 자본주의는 세계 어디에도 없다. 2008년, 오직 유일하게 한국에서만 벌어지는 집단적 인권 탄압이요, 경제 착취이다.

이제 십대들은 정신적으로나 육체적으로나 더는 버틸 수 없는 거의 마지막 단계에 와 있다. 더 버틸 수 있을까? 이는 경제나 학문 혹은 예술을 논하기에 앞서, 과연 인간이 육체적으로 감당할 수 있는 착취의 한계가 어디인가를 논의하는 것과 비슷한 일이다.

지금 절정에 도달한 학교 파시즘, 여기에서 벗어날 출구는 두 가지뿐이다. 이 미친 짓을 어른들이 갑자기 깨달음을 얻어 정지시키든지, 아니면 십대들의 총파업, 예를 들면 '동맹휴학'이나 '수능 총파업' 같은 걸로 그들 스스로 정지시키든지 둘 중의 하나다. 이를 통해 사회적 해법을 찾지 못한다면, 그 다음은 제국주의를 돌파구로 생각하는 파시즘형 사회의 도래가 있을 뿐이다. 도저히 출구가 보이지 않을 때, 국민들은 파시즘을 선택하게 된다.

이 교육 파시즘의 입구를 전임 노무현 대통령에게서 넘겨받아 이를 활짝 열어버린 이명박 대통령의 가장 큰 문제점은, 그가 너무 무지하다는 점이다. 예전 경기고등학교 출신들이 지금도 자랑하는 얘기 가운데 하나는, 자기들 학교는 오후 3시면 파했지만 다른 학교는 더 오래까지 공부를 했다는 것이다. 자기들은 그렇게 고등학교 때 오후 3시에 끝나서 독서도 하고, 시도 쓰고, 대화도 하고, 틈틈이 연애도 했

다고 자랑하면서 도대체 왜 30년 후의 십대들에게 이 가혹한 지옥을 열어놓았는가? 정말이지 그 잘난 경기고 시절만큼만 수업을 해도 세상이 지금보다는 훨씬 나아지리란 걸 장담할 수 있다.

  한국의 십대, 오후 3시가 되면 집에 돌아갈 수 있게 해주고, 수요일에는 놀 수 있게 해주면 좋겠다. 월·화 학교 가고, 수요일 쉬고, 목·금 학교 가고, 토·일 쉬고, 이런 리듬을 만들어주면 좋겠다. 그리고 그 빈 시간을 채울 수 있도록 도서관과 문화센터, 문학회와 그룹사운드 혹은 과학실험실 같은 것을 만들어주는 게 지금 정부가 해야 할 일 같다. 그리고 어른들은 지금의 십대가 그렇게 지식과 여유, 도전과 예술, 포용과 인권 같은 것들을 내면화한, 그런 자유로우면서도 창의로운 시민으로 성장할 수 있도록 도와주는 일을 해야 한다. 스위스와 스웨덴 혹은 독일이 이미 그렇게 하고 있고, 핀란드와 네덜란드, 덴마크도 이렇게 한다. 이게 안 되나? 세계 7대 강국은 이렇게 해서 만들어지는 것이지, 1000만 원씩 등록금 내라고 하고 하루 여섯 시간도 못 자게 하면서 학생들을 '좀비 프로그램'에다 집어넣어서 만들어지는 게 아니다.

　우리에게 주어진 것은 두 가지 모델이다. 프랑스의 68혁명처럼 결국 중·고등학생들이 못 참겠다고 들고 일어나면서 바뀌든지, 아니면 스위스나 스웨덴처럼 어른들이 알아서 바꾸어주든지. 좌파든 우파든, 십대들에 대한 문화적 해방과 경제적 지원 프로그램을 마련해야 한다. 그들을 육체적으로 더 버틸 수 없는 이 가혹한 공간에서 최소한 숨이라도 쉴 수 있게 해주어야 한다. 그렇지 않고 이대로 간다면, 21세기 한국은 십대들의 물리적 반란을 경험하게 될지도 모른다. 어른들이 이를 마련하지 못하면, 언젠가 지금의 십대들에 의해 좌파든 우파든, 보수든 극우파든, 길거리에 끌려나와 사죄하게 되는 일이 벌어질지 모른다. 한국의 교육 파시즘, 너무 끝까지 왔고, 갈 데까지 가버렸다.

　한국의 십대들이 지금 청계광장에서 들고 있는 촛불들, 그것이 1년 후에는 횃불이 되어 있기를 진정으로 바라는가? 1년 후에는 그들이, 지금의 정치인은 정치인도 아니고 지금의 부모는 부모도 아니라고 외치게 될지도 모른다.